羅振玉

殷虛書契考釋

原稿

信札

本書出版得到
國家古籍整理出版專項經費資助

羅振玉（一九二五年攝于天津）

羅振玉（一九三五年攝于長春）

羅振玉（一九三七年攝于旅順『大雲書庫』）

羅振玉（一九三八年攝于旅順）

目録

羅振玉先生小傳

羅振玉（一八六六—一九四〇年）浙江上虞人。初名寶鈺，後改振玉。初字堅白、式如，後改字叔藴、叔言。號雪堂、永豐鄉人、貞松老人、松翁、仇亭老民。十五歲應童子試，入上虞縣學。二十五歲在鄉間爲塾師並著書。

一八九六年，三十一歲在上海建學農社，出版《農學報》。一八九八年建東文學社，出版《教育世界》。一九〇〇年至一九〇四年先後入幕張之洞、岑春煊、端方，考究農學及教育各事，在蘇州創建江蘇師範學堂。一九〇六年調京任職學部，一九〇九年補參事官，兼京師大學堂農科監督，開拓現代農學研究。

一九〇一年在江南初見甲骨，一九〇三年手拓編次，力促劉鶚出版《鐵雲藏龜》，此後致力于甲骨的搜集、整理、刊佈和研究。一九一〇年發表《殷商貞卜文字考》，首先考定甲骨真實出土地爲河南安陽小屯，並派人到小屯村收集甲骨。更首指甲骨乃商朝遺物，『可證史家之違失』。一九一一年遷居日本，從事學術研究，先後出版《殷虛書契前編》、《後編》、《續編》及《殷虛書契菁華》等甲骨著作。一九一五年出版《殷虛書契考釋》，釋讀甲骨文四八五字，對照《史記·殷本紀》，考訂出商先王先公廟號等，一九二七年改訂刊行《增訂殷虛書契考釋》三卷，學術界譽爲甲骨學奠基人。

一九一九年歸國，住天津。一九二一年參與發起組織『敦煌經籍輯存會』。同時還竭力搜集金文、簡牘、碑刻、璽印等，搶救、保護、整理敦煌遺書及明清檔案等各類文物。爲建立敦煌學奠定基礎，並開創遼、金、西夏文字與文獻研究之先河。一九二四年奉溥儀之召至京，入值南書房。一九三二年隨溥儀赴長春，曾任僞滿洲國監察院長。一九三七年委職，移居旅順，專心著述。先生平生論著一百七十一種，今見録二〇〇五年版《羅雪堂合集》。尚有輯編圖録、秘卷及校綴經籍逾五百種。一九四〇年六月病逝，享年七十五歲。

羅振玉先生的學術研究，及搶救、保護各種文物之貢獻，深得海内外學術界首肯。古文字學家唐蘭先生曾説：『卜辭研究，自雪堂導夫先路。』甲骨學家董作賓先生評論：羅氏畢生殫力治學，于學術貢獻最大者厥有五事，即内閣大庫明清檔案之保存、甲骨文字之考訂與傳播、敦煌文卷之整理、漢晋木簡之研究、古明器研究之倡導，還有其他傳古之功皆不可没也。由此爲建立羅氏之學奠定基業。

殷虛書契考釋原稿

宣統壬子冬，予既編印殷虛書契，欲繼是而為考釋，人事乖午，因循不克就。越歲，甲寅，乃發憤鍵戶者四十餘日，遂成考釋六萬餘言。既竟，爰書其端曰：予讀詩書及周秦之間諸子、太史公書，其記述殷事者，蓋寥寥焉。孔子學二代之禮，而曰杞宋不足徵。是殷商文獻之無徵，二千餘年前則已然矣。吾生三千年後，乃欲根據遺文，補苴往籍，譬若觀海，茫無津涯，予尤懼其[illegible]，又以不知[illegible]也。實有未[illegible]，[illegible]前言探賾，為字[illegible]許未當。

吳縣蔣氏雙

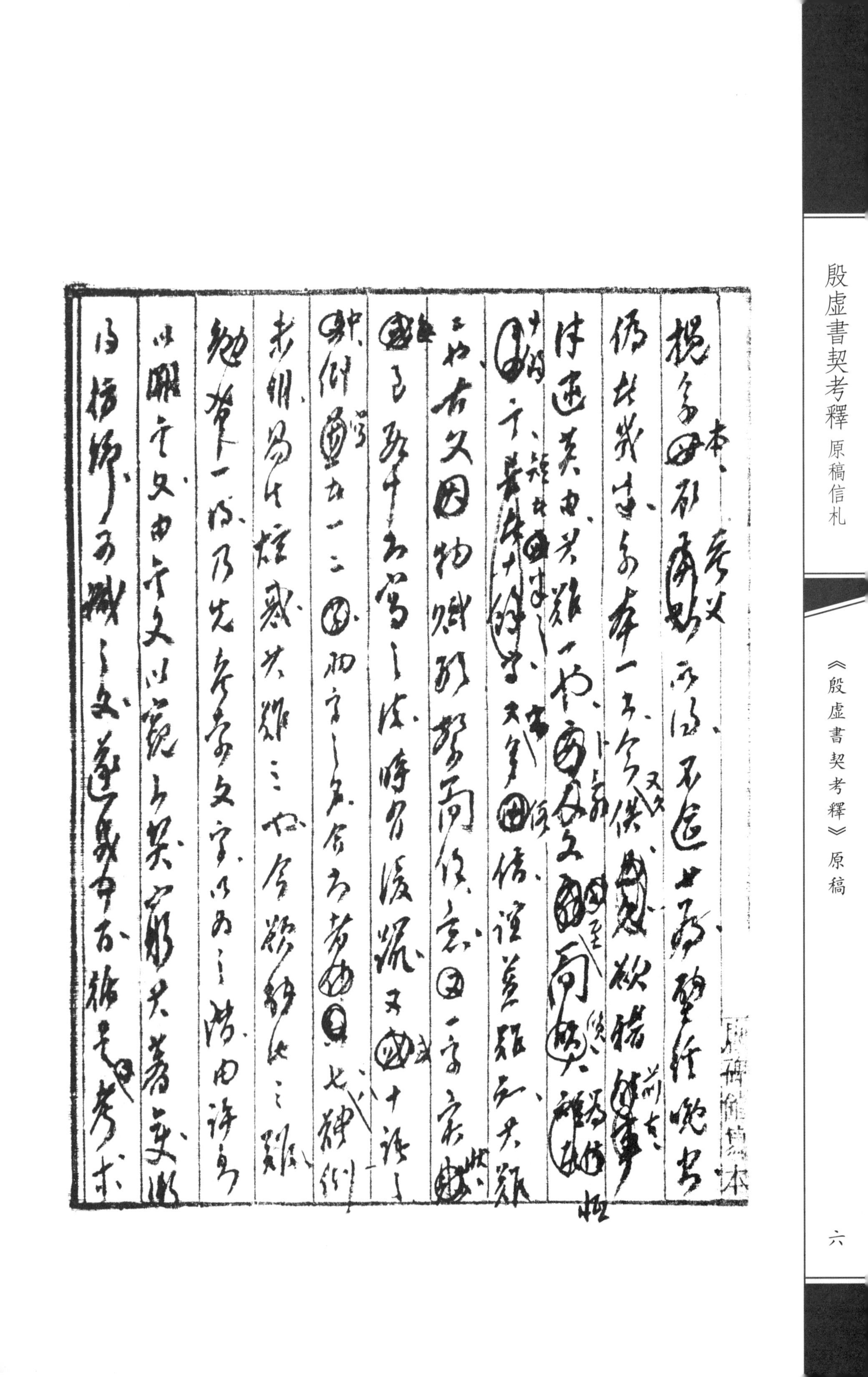

[illegible]

典制，縉紳舊聞，網羅遺文，庶幾其近可而[illegible]哉

閱處之說，求之條敘，繇其不可以六諸一

日帝系，商自武湯逮于受辛，共卅有[illegible]為世三

十，先王之立者二十有三，其稱大丁、未立而卒

亦祀禮稅同于帝者，又大乙、羊甲、卜丙、卜壬，

按以前史，並有[illegible]異，而庚丁之作康祖丁，武乙

之作武祖乙，文丁之稱文武丁，則可商京正者

也。求之諸[illegible]，[illegible]日之一事，二日商之遺，商遺都著

以盤庚以前記之國邑，而小辛以降紀[illegible]

夕遷。經水阮[illegible]，蕃稱日甲，乃遷之下[illegible]

徵于武乙，孝辛之帝乙，又史稱盤庚以後，商遷殷

殷而稷、卜祭、曰彡、曰殷、曰又、曰歲、曰翌、曰酒
而已、曰往曰出、曰禘于六世、又曰一世、曰翌、曰禘
古禮、遺殷及祭祀而祖祭、則于賓、曰祈
二祀、三日祀社、祭一祀社、祭及乙亥、因祭于祖祭
賓祭于祭于賓一酉、母祭于祭六室
遺一祭一祖卜賓、王賓一祖、而祭諸于祭
三曰酒、鬯宗祭、祭于母、祀己、日祖
祖祭多而未祭、出于賓、祭于三世、四日卜祭
祭人卜祀、十干一日、祖依祖父兄有祭、祖依祭
祭、又大乙、大甲、祖乙、祖卜、祭祀、則先依祭
問、出于賓、祭曰、祭四也、至日官制、祭于一

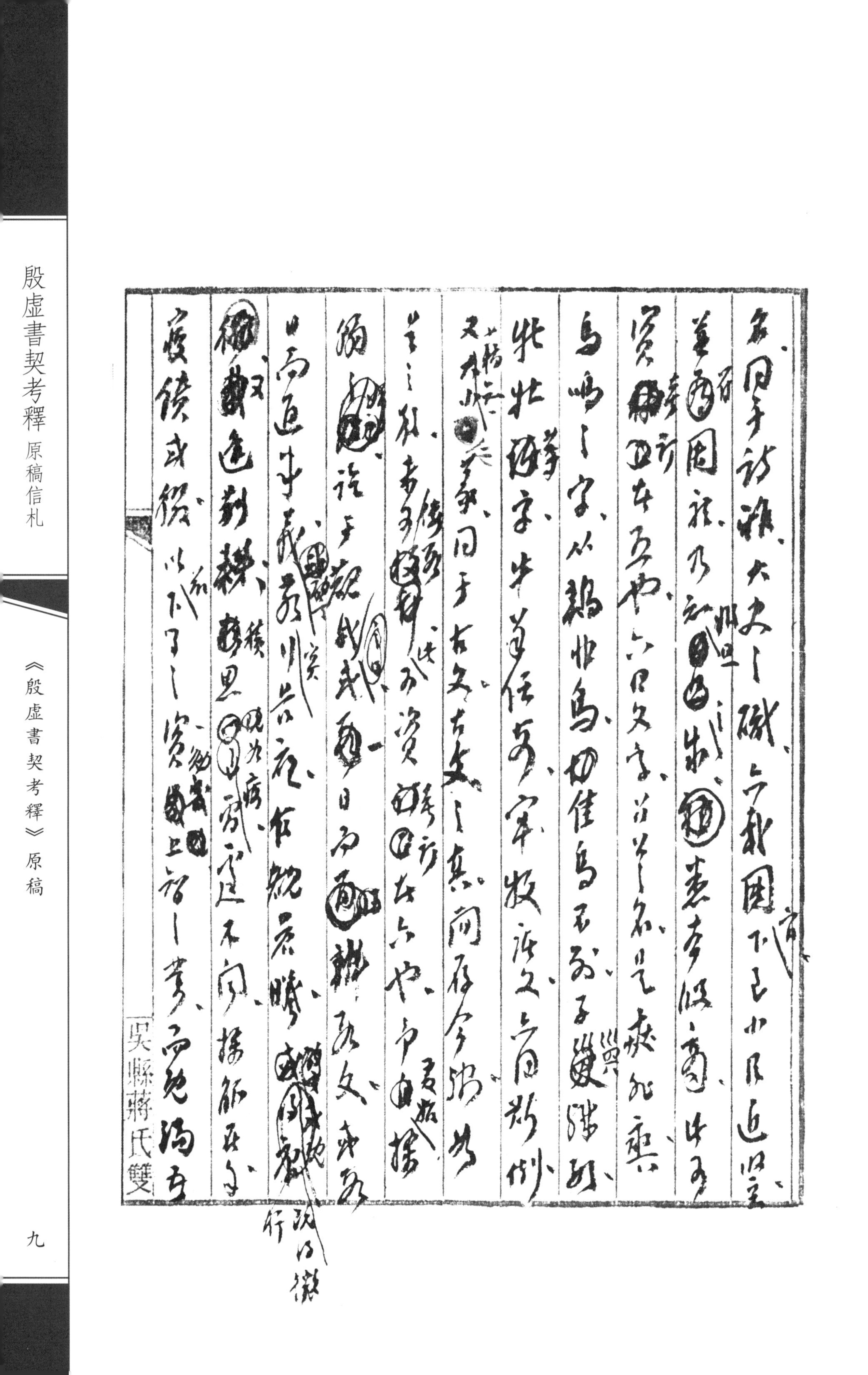

[illegible]

小小時弋獲，意且天啟其衷，初由艱而力終易，
但拾[illegible]題詮為多，[illegible]其所[illegible]
[illegible]之成，[illegible]
徒[illegible]有作[illegible]
[illegible]有[illegible]之年，相成[illegible]
[illegible]係諸[illegible]，[illegible]
[illegible]甲寅十二月十九日上虞羅振玉[illegible]
東山僑舍。

殷虛書契考釋

上虞 羅振玉

都邑第一

商自成湯至於殷庚凡五遷都武乙立復去亳徙河北其地當洹水之陽今安陽縣西五里之小屯即其虛矣方志以為河亶甲城者是也

史記殷本紀正義引竹書紀年謂自盤庚徙殷至紂之滅二百七十五年更不遷都然考之史記殷本紀武乙立殷復去亳徙河北三代世表作庚丁徙河北今本竹書紀年武乙三年自殷遷於河北十五年自河北遷於沫生民詩地理考引帝王世紀帝乙復濟河北徙朝歌案帝乙自洹陽徙沫本在河北不得言復濟殆有誤字是殷庚以後至於末季凡再遷也非諸家

均言從河北不言何地考史記項羽本紀項羽乃與章邯期洹水南殷虛上集解引應劭曰洹水在湯陰界漢省安陽入蕩陰師古曰蕩音湯 湯陰即蕩陰今爲安陽殷虛故殷都也瓚曰洹水在今安陽縣北去朝歌殷都一百五十里然則此殷虛非朝歌也史記殷世家正義引括地志相州安陽本盤庚舊都即北冢殷虛南去朝歌城一百四十八里竹書紀年云盤庚自奄遷于北冢曰殷墟(墟字衍)南去鄴四十里是舊城鄴西南三十里有洹水南岸三里有安陽城西有城名殷虛所謂北冢者也水經注洹水篇洹水出山東逕殷墟北又云洹水自鄴東逕安陽城北又引魏土地記鄴城南四十里有安陽城城北有洹水東流者均之謂洹水之陽有殷虛武乙所徙蓋在此也顯正義誤以

安陽為殷庚所都又誤以安陽殷虛為北蒙徐氏竹書統箋已正之而洹陽之有殷虛則諸說咸同彰德府志載安陽縣西南有河亶甲城以此殷虛屬河亶甲並河亶甲居相其地蓋在今內黃縣之東南非今安陽西今龜甲獸骨出土之處則正在今安陽縣西五里之小屯確當洹水之南土人謂之安陽河與前記甚合故知武乙所徙實是此處方志以為河亶甲城者誤也至紀年作武乙十五年徙沬帝王世紀謂帝乙徙沬之說不合今以卜辭中所載帝王之名考之直至武乙而止據此可知遷沬必帝乙之世竹書誤而世紀所記為得實也

帝王第二

史記商本紀載成湯以來至於帝辛傳世三十今見於卜

辭者二十有二

曰大乙 [illegible] 殷虛書契卷一第三葉 [illegible] 同上 [illegible] 卷一第四葉

史記作天乙書釋文同 索隱引譙周說天亦帝也殷人尊湯

故曰天乙案天與大形近易譌故大戊卜辭中亦作天

戊卷四第十六葉 以大丁大甲諸名例之知作大者是譙周為曲

說矣

又案卜辭中書人名或直行書之或旁行書之或合二

字為一字書之又或[illegible]書

又反書其旁行書者又或左讀或右讀書法至不一故

一人之名常舉其書法變異者照原式寫於釋文之下而注明

其卷某葉其小異同者不復備舉

曰大丁 [illegible] 卷一第四葉 [illegible] 同上 [illegible] 同上

孟子及史記皆言大丁未立而卜辭中屢見之豈未立
而仍祀以帝禮與抑記載有誤與不可考矣
曰卜丙 卜丙卷一第五葉 卜丙同上 卜丙同上
孟子及史記均作外丙尚書序云成湯既沒太甲元年
不言有外丙與仲壬太史公采世本有之今卜丙之名
屢見諸卜辭則孟子與史公爲得實矣
曰大甲 大甲卷一第四葉 大甲[illegible]第五葉 大甲同上
曰大庚 大庚卷一第六葉 大庚同上 大庚同上 大庚同上 大庚[illegible]第五葉 大庚第三十七葉
史記作大庚與卜辭同竹書作小庚誤
曰小甲 小甲卷一第六葉 小甲同上
曰大戊 大戊卷一第七葉 大戊同上 大戊同上 大戊同上 大戊同上 大戊同上 大戊同上
[illegible]卷四第十六葉

殷考 三

曰中丁　中口書契菁華卷一第八　中口同　中口同　中口上同

曰卜壬　工卜卷一第九葉　工上同　工上同

史記作外壬與卜丙作外丙同

曰且乙　且乙卷一第九葉　且乙上同　且乙上同　祖同　且同第十葉　且同第十一葉　祖上同　且

祖上同

曰且辛　且辛卷一第十一葉　且辛上同　祖上同　且辛第二十七葉　且辛第十二葉

曰南庚　南庚卷一第十三葉　南庚上同　南庚同　南庚上同　南庚上同　南庚上同　南

南庚第十四葉　南庚上同　南庚上同　南庚上同　南庚上同　南庚第十五葉　南庚上同

曰羊甲　羊甲卷一第十二葉　羊甲第四十三葉　羊甲第四十一葉　羊甲

第四十二葉　羊甲第四十三葉　羊甲上同　羊甲第四十二葉　羊甲

羊甲即羊字（說見文字篇）羊甲即史記之陽甲　羊陽古通漢

書古今人表有樂陽師古注即樂羊漢綏民校尉碑治

曰且丁　且口卷一第十二葉　且口上同　祖上同　且口上同

日康丁 書契後編

史記作庚丁，殆康丁之譌。以日為名，固無兼用兩日者矣。

歐羊尚書，歐羊即歐陽，均其例矣。

日般庚 般庚 卷一第十五葉 般庚 同上 般庚 同上 般庚 同上 般庚 同上 般庚 第十六葉 般庚 同上 般庚 同上 般庚 同上

日小辛 小辛 卷一第十六葉 小辛 同上 小辛 同上

日小乙 小乙 卷一第十六葉 小乙 同上 小乙 第十七葉

日武丁 武丁 卷一第十七葉 武丁 同上 武丁 第十八葉 武丁 同上 武丁 同上

日且庚 且庚 卷一第十八葉 且庚 第十九葉 且庚 同上 且庚 同上 且庚 第廿五葉 且庚 第二十四葉

且康即且庚，古庚康字或作。在敦文曰馬既迪口口康。

康康康即庚庚矣。

日且甲 且甲 卷一第十九葉 且甲 第二十葉 且甲 同上 且甲 同上 且甲 同上

日武乙 武乙 卷一第二十葉 武乙 同上 武乙 同上 武乙 同上 武乙 第二十葉

日康丁

上同

又有曰示丁　祊　書契菁華

曰示壬　示工　卷一弟一葉　工示　上同　工丁　上同　工工　上同　示工　上同　工工　上同　工工　上同　工工　上同

曰示癸　[illegible]示　卷一弟二葉　[illegible]　上同　[illegible]　上同　[illegible]　上同　[illegible]　上同　[illegible]　上同

殆湯之先世及其祖若考矣

史記微卒子報丁報丁子報乙報乙子報丙報丙子主壬主壬子主癸主癸子天乙此之示丁殆即報丁示壬示癸殆即主壬主癸其稱示丁示壬示癸者殆湯有天下以之後神之禮祀其先猶周之追王矣

又卜辭中所祀之祖或以妣配食其可徵者十有四

示壬之配曰妣庚　[illegible]　卷一弟一葉　[illegible]　弟三十五葉　[illegible]　上同　[illegible]　上同　[illegible]　上同　[illegible]　上同　[illegible]　上同

又有帝甲[illegible]十 書契後編
史 史記以為且甲恐未[illegible]偏信也
記殷本紀之祖甲三代世表作帝甲然卜辭於帝甲文後有其梁字即遠
卜辭中已有祖甲且
且丁謂則帝甲在且丁之前
前為且丁者有 河亶甲有沃甲皆卜辭所無[illegible]矣
即二[illegible]之一[illegible]矣

凡所祀之稱祖之曰王賓（說見禮制篇）所配食之妣稱之曰

奭（即赫字說見文字篇）亦祀有祖不配以妣者亦有祀妣不及祖

者

示癸之配曰妣甲　□（卷一第三十一葉）□（第三十二葉）□（十第三十八葉）

□（十一第三十一葉）

大乙之配曰妣丙　□（卷一第三葉）□（第三十三葉）□（書契後編）

大丁之配曰妣戊　□（書契後編）□

大甲之配曰妣辛　□（卷一第五葉）□（第三十七葉）□（書契後編）□（同上）

大庚之配曰妣壬　□（書契後編）

大戊之配曰妣壬　□（書契後編）

中丁之配曰妣癸　□（卷一第八葉）

且乙之配曰妣己　□（卷一第三十四葉）□（書契後編）

又曰妣庚（備殷考）□（書契後編）□（同上）

五

祖丁之配曰妣己 卷一第三十四葉 卷一第十七葉

又曰妣辛 書契後編 同上 又曰妣癸 書契後編

小乙之配曰妣庚 卷一第十七葉

武丁之配曰妣辛 卷一第十七葉 第二十五葉

又曰妣癸 卷一第十七葉

又曰妣戊

祖甲之配曰妣戊 書契後編 卷一第三

康丁之配曰妣辛 書契後編 十三葉

諸帝皆一配且乙祖丁二配者猶虞帝之有二姚與柳 祖丁武丁三配

先祖而後繼與不可知矣

人名第三

卜辭中人名於前篇所列帝王之名前籍可徵者以外更

得七十有四

曰祖丙 卷一第二十二葉

曰中己 [甲骨文] 書契後編

曰小丁 [甲骨文] 卷一第二十二葉 [甲骨文] 上同

曰且戊 [甲骨文] 卷一第二十三葉 [甲骨文] 上同

曰南壬 [甲骨文] 卷一第四十五葉 曰且卯 [甲骨文] 卷一第二十四葉

曰父甲 [甲骨文] [甲骨文] 卷一第二十四葉 [甲骨文] 上同 [甲骨文] 上同

曰父乙 [甲骨文] 卷一第二十四葉 [甲骨文] 卷一第二十五葉 [甲骨文] 上同 [甲骨文] 上同 [甲骨文] 上同

曰父丁 [甲骨文] 卷一第二十六葉 [甲骨文] 上同 [甲骨文] 書契後編

曰父己 [甲骨文] 卷三第二十三葉 [甲骨文] 卷一第二十七葉

曰父庚 [甲骨文] 卷一第二十六葉 [甲骨文] 卷一第二十七葉

曰父辛 [甲骨文] 卷一第二十七葉

曰父卯 [甲骨文] 卷一第二十八葉 卷五葉第二十七 [甲骨文] 鐵雲藏龜第百十一葉

自虞通殷以生日名子不以子丑為名然卜辭中以十

二枝為名者不少父卯以外有妣巳妣戌寅父皆以枝

六

名也者

曰妣乙 [illegible]卷一第三十二葉 [illegible]同上 [illegible]同上 [illegible]同上 [illegible]卷二第二十七葉

卜辭中字或倒書之前之般庚般字倒書此列匕乙匕

字皆倒書

曰高妣丙 高匕丙卷一第三十二葉

曰妣丁 匕丁卷一第三十二葉 [illegible]書契菁華

曰高妣己 高匕己卷一第三十四葉 高匕己同上 高匕己同上 高[illegible]

第三十五葉

曰高妣庚 高匕庚卷一第三十六葉

曰妣己 [illegible]卷一第三十八葉 [illegible]卷三十葉

曰妣戊 [illegible]卷一第三十八葉 [illegible]同上

凡稱妣亾殆皆帝王之妃匹其祀食者得知為何帝之

曰母戊 □ 書契後編

妣列之前篇其不知為何帝之妣者則列之此篇

曰母甲 □ 卷一第二十八葉

曰母丙 □ 卷一第二十八葉 □ 上同

曰母丁 □ 卷一第二十八葉

曰母己 □ 卷一第二十八葉 □ 上同 □ 第三十九葉 □ 第十八葉

曰母庚 □ 卷一第二十九葉 □ 上同 □ 上同 □ 第三十葉 □ 上同

曰母辛 □ 卷一第三十葉 □ 上同 □ 上同 □ 第二十八葉

曰母壬 □ 卷一第三十葉 □ 書契後編

曰母癸 □ 卷一第三十葉 □ 上同 □ 上同

曰母巳 □

卜辭中辰巳之巳皆作子 □ 作□見者惟此一見

曰兄甲 □ 卷一第三十八葉

七

曰兄丁　兄丁卷一十九葉　卷三兄丁同上　兄丁同上　兄丁同上

曰兄戊　兄戊卷一第四十葉　兄戊同上　兄戊同上

曰兄己　兄己卷一第四十葉　兄己第四十一葉　兄己殷書契後編

曰兄庚　兄庚卷一第四十一葉　兄庚同上

曰兄壬　兄壬殷書契後編

曰兄辛　兄辛殷書契後編

商家以日爲名殆即取十干或十二枝一字爲之不復加他字金文中每有日甲日乙等者是也商帝王之名稱大甲小甲大丁中丁大乙且大者殆後來加之以示别蓋有商一代帝王就史記所載三十人中以甲名者六以乙名者五以丁名者六以庚名者四以辛名者四以壬名者二惟以丙與戊與己名者僅一帝耳使不加字彼來史家記無以别爲何代何帝矣然在嗣位之君則承父者追稱其所生爲父乙承兄者追稱其所先者

八

乃兄乙則當時已自疑與故疑上所列父□曰兄乙即前者

□所載諸帝矣

曰□□ 卷一第四十二葉

曰丁□ 卷第五十二葉

曰己巳

曰□戊 □生 卷一第四十四葉及 □生 第四十四葉又□藏龜所百五十七葉□ □也……

曰畫戊 □壬 卷一第四十四葉 □壬 同上 □壬 同上 第四十五葉 □生

曰□ 卷一第四十五葉

曰寅父 □□ 卷一第五十一葉 □父 同上 □父 同上

曰□卯 □□ 卷四第五十二葉

皆以日為名者也亦有不以日名者

曰多□ 卷一第二十七葉 □□ 第二十三葉

曰□□ 卷一第四十六葉 □□ 同上 □□ 同上

八

曰多父[illegible] 卷一第四十六葉

以上三名或是一人

曰[illegible] 卷一第四十八葉

曰[illegible] [illegible] 卷一第四十八葉

曰東當 東[illegible] 卷一第四十八葉

東當不知即東與當二人否 卜辭中東當者二 或[illegible]

無 稱先王

一人[illegible]矣

曰[illegible]下東 卷一第四十一葉 第五

移後

曰[illegible] 庚 [illegible] 卷一第十七葉

[illegible]康疑即康丁有妣辛配食於帝王之名也

曰唐 [illegible] 卷一第十七葉

曰[illegible] [illegible] 卷一第十八葉 [illegible]同上

曰季 [illegible] 書契後編

六朝時???

一七三〇二

曰杏 [oracle form] 卷一第四十七葉

曰蔑 [oracle form] 卷一第四十九葉 [oracle form]同上 [oracle form]同上 [oracle form]卷六第七葉 [oracle form]卷六第十葉

曰昌 [oracle form] 卷一第四十九葉 曰[oracle form] 卷六第七葉 [oracle form]同上

曰兕 [oracle form] 卷一第五十葉 此與前書諸敢異 始析為二不知是一人否

曰[oracle form] [oracle form] 卷一第五十葉 [oracle form]同上 [oracle form]同上 [oracle form]同上 [oracle form]同上

曰咸 [oracle form] 卷一第四十四葉 [oracle form]同上 [oracle form]同上

此不知即咸戊否

曰[oracle form] [oracle form] 卷一第四十五葉 [oracle form] 第四十八葉

曰[oracle form] 卷一第四十八葉

曰之 [oracle form] 卷一第五十葉 [oracle form] 土 第四十六葉

曰木 卷一第五十二葉

曰洛 [oracle form] 卷一第五十一葉

九

曰田 卷二第四十八葉 又卷五第十葉 曰[illegible] 卷二第二十五葉

曰[illegible] 卷一第十一葉

曰[illegible] 卷一第五十二葉

曰[illegible] 卷一第五十二葉

曰[illegible] 卷六第十六葉 [illegible] 書契後編

曰[illegible] 卷一第十六葉

曰[illegible] 卷四第五十二葉 [illegible] 第五十五葉

曰[illegible] 卷四第七葉 曰[illegible] 卷一第七十葉

曰[illegible] 卷一第四十七葉 [illegible] 曰多方[illegible] 卷二第二十七葉 多[illegible]之同 [illegible] 二十四葉 多[illegible] 卷二第二十六葉

皆於前籍靡有徵矣其名臣之名見卜辭中者二

曰咸戊 [illegible] 卷一第四十三葉 [illegible]上同

白虎通姓名篇 殷民亦得以甲乙生日名子 殷有巫咸

有祖己也 王氏經義述聞云巫咸今文並作巫戊 白虎

曰[illegible] 書契後編

適用今文尚書故與古文不同後人但知古人之作咸

而不知今文之作戊故改戊為咸耳今囗卜辭有咸戊

殆即巫戊意者巫其官戊其名咸其謚矣

曰且巳　且己卷一第二十三葉　且己同上　且己同上　且己同上

其於且巳也尊之曰王賓與帝王同書殷庚之誥予大享

于先王爾祖其從與享之觀卜辭益徵信矣

地名第四

卜辭中地名之見於者百九十有三其數十有六曰王在

厶曰往于厶曰至于厶曰往于厶曰出于厶曰步于厶曰

入于厶曰田于厶曰狩于厶曰驅于厶曰舟于厶曰在厶次

曰伐厶曰正厶曰厶方其字或可識或不可識然以上下之文與

例考之確知其為地名也其稱王在厶者八十有一

曰旁 卷二第三葉

曰樂 書契菁華 書契後編

曰反 卷二第四葉

曰帛 卷二第十二葉

曰白 卷二第五葉

曰余 卷二第十三葉 同上

曰雇 卷二第四葉 第六葉

曰木 卷二第十五葉

曰林 卷二第八葉

曰谷 卷二第五葉

曰曹 卷二第五葉

曰卯 卷二第十葉

曰閈 卷二第九葉 同上

曰辥 卷二第八葉

曰龔 [illegible] 卷二第十三葉

曰杞 [illegible] 卷二第八葉

曰徽 [illegible] 書契後編

曰逢 [illegible] 書契菁華 [illegible] 書契後編

曰叉 [illegible] 卷二第十九葉

曰膏 [illegible] 卷二第十五葉

曰奠 [illegible] 卷二第十五葉 [illegible]

曰鳴 [illegible] 卷二第九葉

曰冀 [illegible] 卷二第十一葉

曰澫 [illegible] 卷二第十一葉 [illegible]

曰潢 [illegible] 卷二第五葉 [illegible] 第六葉

曰甾 [illegible] 卷二第八葉

曰徐 [illegible] 卷二第六葉

曰湟 [illegible] 卷二第六葉

曰廿 廿 卷二第十一葉 廿 同上

曰杏 杏 卷二第十一葉 [illegible]

曰臭 [illegible] 卷二第十九葉 [illegible] 第十八葉

曰潒 [illegible] 卷二第四葉 [illegible] 同上

曰汏 [illegible] 卷二第四葉

曰夒 [illegible] 卷二卷十葉

曰伇 [illegible] 卷二第十六葉 [illegible] 第十七葉

曰畀 [illegible] 書契菁華 [illegible] 書契後編

曰勤 [illegible] 卷二第七葉 [illegible] 同上 [illegible] 第八葉

曰敔 [illegible] 卷二第九葉 [illegible] 同上

曰康 [illegible] 卷二第十二葉 曰[illegible] [illegible] 卷二第十二葉

曰[illegible] [illegible] 卷二第十五葉 [illegible] 第十六葉 曰上[illegible] 二[illegible] 卷二第四葉 二[illegible] 第三葉

曰廩 [illegible] 卷二第四葉 [illegible] 書契後編

曰酥 [illegible] 書契後編

曰[illegible] 書契菁華

曰[illegible] 書契後編

曰[illegible] 書契後編

曰谷 卷二第四葉

曰[illegible] 卷二第四葉

曰[illegible] 卷二第五葉

曰[illegible] 卷二第四葉

曰[illegible] 卷二第六葉

曰[illegible] 卷二第七葉

曰[illegible] 卷二第七葉

厶

曰[illegible] 卷二弟七葉

曰[illegible] 卷二弟五葉

曰[illegible] 卷二弟七葉

曰[illegible] 卷二弟七葉

曰[illegible] 卷二弟八葉 [illegible] 書契菁華

曰[illegible] 卷二弟六葉 [illegible] 書契菁華

曰[illegible] 卷二弟六葉

曰[illegible] 卷二弟十八葉

曰[illegible] 卷二弟十九葉

曰[illegible] [illegible] 卷二弟三葉

曰[illegible] 卷二弟三十二葉

曰[illegible] 卷二弟十二葉 [illegible] 弟十三葉

曰[illegible] 卷二弟八葉 [illegible] 弟九葉 [illegible] 弟十九葉

曰[illegible] 卷二弟十五葉

曰[?] 卷二第十葉
曰[?] 卷二第十葉
曰[?] 卷二第九葉
曰[?][?] 卷第二 五葉 [?] 第八葉
曰[?][?] 卷二第十葉 [?] 書契菁華
曰[?] 卷二第五葉
曰[?] 卷二第十三葉 [?]同
曰[?] 卷二第十五葉 [?] 第三十四葉 [?] 同上
曰[?] 卷二第十一葉又十二葉 [?] 書契菁華 [?] 書契後編
[?][?]卑小子射鼎在[?]𨾴即此地也卜辭中地名見
金文中僅此器與下召[?]尊
曰[?] 卷二第十一葉 [?] 第四十 [?] 第二十四及第三十五葉
曰[?] 卷二第十葉

十三

書契
[illegible]

曰𣪊 卷二第八葉 𣪊同上

曰[illegible] 卷二第三葉

曰[illegible] 卷二第三葉

曰[illegible] 卷二第三葉

曰[illegible] 卷二第三葉

曰[illegible] 書契菁華

曰[illegible] 書契菁華

曰[illegible] 書契菁華

曰[illegible] 書契菁華

其稱殘[illegible]于[illegible]山者九十

曰般 卷二第八葉 廿

向 卷二第三葉

曰向 二十葉 向

曰宮 同 卷二十二葉第三

古殷侏前后後

此地名亦見已爾方彝博古圖卷十字作[illegible]

曰雝 卷二第三十[illegible]葉 [illegible]同上 [illegible] 第二十四葉 [illegible] 第三十五葉

曰淮 此疑[illegible]與[illegible]一字 卷二第[illegible]葉 [illegible]第[illegible]葉 [illegible]第二十一葉 [illegible]第二十四葉 [illegible]第十六葉 [illegible]

曰屯 卷二第十四葉 屯同上

曰[illegible] 卷二第十一葉 [illegible]第二十三葉 [illegible]第二十二葉 [illegible]第二十三葉 [illegible]第二十二葉 [illegible]第二十二葉

[illegible]同 [illegible]第二十三葉 [illegible]第二十四葉

曰侏 卷二第十四葉

曰[illegible] 卷二第八葉

曰[illegible] 卷二第八葉 [illegible]同上

其稱[illegible]者 [illegible]二

曰[illegible] 卷二第[illegible]葉 [illegible]第二十八葉 [illegible]第二十葉

曰龔 [illegible]卷二第十五葉

曰[illegible] 卷二第十四葉

曰[illegible] 卷二第十五葉 [illegible]同

十四

曰多[illegible]卷二第三十五葉 [illegible] 多[illegible][illegible]五葉 上同 多[illegible][illegible]第二十七葉 上同

曰[illegible] 以上二者疑一地名

其稱往于者四

曰休 [illegible] 書契後編

曰[illegible] 卷二第二十一葉

曰[illegible] 卷四第五十一葉

曰[illegible] 卷二第二十葉 [illegible] 上同

其稱出于者二

曰[illegible] 卷二第十八葉 [illegible] 上同 [illegible] 卷七第十二葉

此字亦見[illegible]金文吳中丞大澂以為穗敦穗尊者其[illegible]文

作[illegible]與此殆是一字吳釋穗未妥

曰[illegible] 書契 卷五第三

其稱步于者十有七

曰章 [glyph]卷二弟十五葉 [glyph]弟十六葉 [glyph]弟二十六葉

曰降 [glyph]卷二弟八葉

曰杞 [glyph]卷二弟八葉

曰康 [glyph]卷二弟十二葉

曰鼓 [glyph]卷二弟十二葉

曰謝 [glyph] 書契菁華

曰[glyph] 卷二弟八葉 [glyph] 書契後編

此字亦見匕乙爵

曰[glyph] 卷二弟七葉 [glyph]弟八葉

曰[glyph] 卷二弟十葉 [glyph]同上

曰[glyph] 卷二弟十葉

曰[glyph] 卷二弟十九葉

曰[glyph] 卷二弟十一葉

曰[glyph] 卷二弟二十一葉

曰[glyph] 卷二弟八葉 [glyph]同

十五

曰[illegible] 卷二第八葉

曰[illegible] [illegible] 卷二第十六葉

[illegible] 卷二第十五葉 [illegible] 同上 [illegible] 同上 [illegible] 同上 [illegible] 卷三第四葉 [illegible] 卷七

曰[illegible] [illegible] 卷二第五葉 [illegible]

其稱入于者一

曰[illegible] [illegible] 卷二第一葉 [illegible] 第二葉 [illegible] 第一葉 [illegible] 第二葉 [illegible] 同上

其稱曰于者四十有[illegible]二

曰高 [illegible] 卷二第十二葉

曰[illegible] [illegible] 卷二第六葉 [illegible] 第二十五葉 [illegible] 卷七第二十六葉 [illegible] 第四十一葉 [illegible] 同上

曰衣 [illegible] 卷二第十葉 [illegible] 卷七第[illegible]葉

曰[illegible] [illegible] 書契菁華

曰大 [illegible] 卷二第十八葉

曰天 [illegible] 卷二第三十七葉

曰雞 [illegible] 卷二第三十六葉 [illegible] 第三十七葉 [illegible] 同上

曰[illegible] [illegible] 卷二第二十一葉 [illegible] 第四十一葉 [illegible] 同上 [illegible] 同上 [illegible] 同上 [illegible] 同上

曰[illegible] [illegible] 卷二第四十二葉

曰殸 [illegible] 卷二第四十三葉 [illegible] 同上 [illegible] 同上

曰[illegible] [illegible] 卷二第四十四葉

曰[illegible] [illegible] 十四葉 第四 [illegible] 卷二第三十四葉 [illegible] 同上 [illegible] 同上 [illegible] 第四十四葉 [illegible]

曰[illegible] [illegible] 書契 [illegible] 卷二第十一葉

曰[illegible] [illegible] 卷二第十八葉 [illegible] 同上 [illegible] 同上 此增水旁當是一字 並同上

曰[illegible] [illegible] 卷二第十八葉 [illegible] 同上 [illegible] 第四十二葉

曰書 [illegible] 卷二第十九葉 [illegible] 同上 [illegible] 第三十葉

曰[illegible] [illegible] 卷二第十三葉

十六

書契後編

曰濡 [illegible] 卷二第二十八葉

曰穴 [illegible] 公 卷二第四十五葉

曰蓋 [illegible] 卷二第三十七葉 [illegible] 上同

曰宦 [illegible] 卷二第二十七葉 [illegible] 第三十葉 [illegible] 第四十葉 [illegible] 第三十五葉 [illegible] 第四十葉 [illegible] 上同

曰十 卷二第七葉 [illegible] 第四十葉 [illegible] 第三十六葉 [illegible] 上同

曰冂 卷二第三十一葉

曰休 [illegible] 卷二第三十葉 [illegible] 卷二第三十葉 [illegible] 第三十葉 [illegible] 第三十三葉 上同

曰山 卷二第三十八葉 [illegible] 上同

曰涂 卷二第四十二葉 [illegible] 第四十三葉 [illegible] 上同

曰洮 卷二第二十七葉

曰 [illegible] 卷二第三十二葉

曰 [illegible] 卷二第二十七葉

曰 [illegible] 璞 卷二第三十八葉 [illegible] 卷二第十一葉 [illegible] 上同

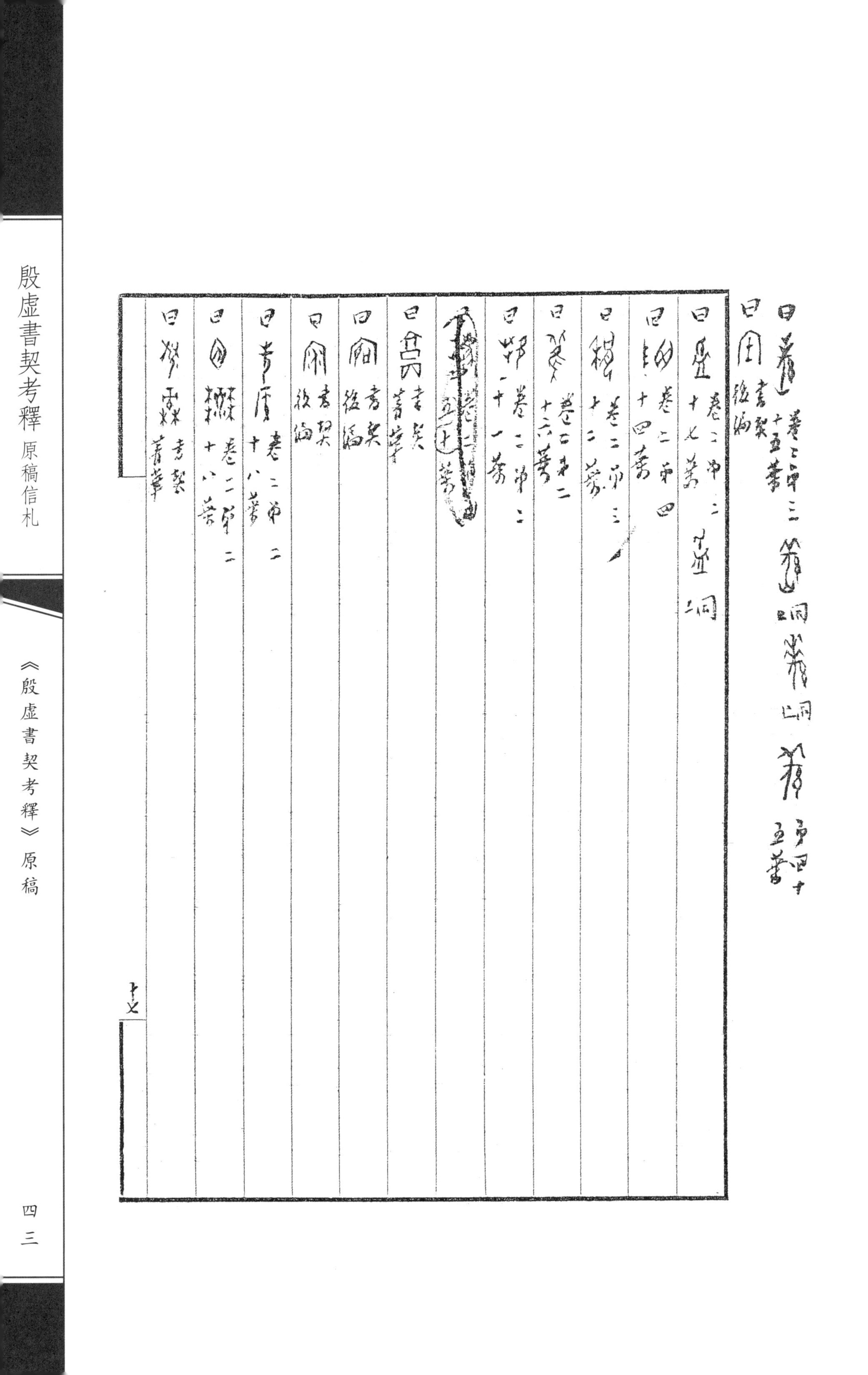

曰[illegible] 卷二第三十五葉 [illegible] 同上 [illegible] 同上 [illegible] 卷四第十五葉

曰[illegible] 書契後編

曰[illegible] 卷二第二十七葉 [illegible] 同上

曰[illegible] 卷二第四十四葉

曰[illegible] 卷二第三十二葉

曰[illegible] 卷二第二十六葉

曰[illegible] 卷二第二十一葉

~~[illegible] 卷二第五十葉~~

曰[illegible] 書契菁華

曰[illegible] 書契後編

曰[illegible] 書契後編

曰[illegible] 卷二第二十八葉

曰[illegible][illegible] 卷二第二十八葉

曰[illegible][illegible] 書契菁華

十七

曰䧹 [illegible] 書契菁華

其稱雝于者一

曰乂 卷一第四十四葉

其稱角于者一

曰䧹 卷二第二十六葉

其稱在公次者十有二

曰齊 [illegible] 卷二第十五葉 [illegible] 同上

曰霍 [illegible] 卷二第十五葉 [illegible] 書契菁華

曰㚇 [illegible] 書契菁華

曰燮 [illegible] 卷二第十六葉

曰劉 [illegible] 卷二第十七葉 [illegible] 第十八葉 [illegible] 同上 [illegible] 同上 [illegible] 第十葉 [illegible] 同上

曰湊 [illegible] 卷二第十七葉

其稱田殷于者一

曰龠 卷二第四十二葉 [illegible]

曰霝 卷二第十五葉
曰䨣 卷二第十七葉 䨣同上 䨣同上
曰䨣 卷二第十六葉 䨣同上 䨣同上
曰𩁹 卷二第九葉
曰霣 卷二第十葉
曰栅 卷二第十葉
其稱子ム者 凡稱子ム者皆子上有缺字 故不能知為後子徃子等也
曰夫 夫 卷二第二十葉
曰栗 樂 卷二第十九葉 樂同上
曰盂 盂 卷二第二十葉 盂第三十八葉 盂第二十葉
曰湨 鄉 卷二第十九葉
曰代 卷二第十葉

曰[illegible] 卷二弟二十一葉

曰[illegible] 卷二弟二十葉

其稱伐者四

曰[illegible] 卷二弟三葉

曰[illegible] 卷二弟三葉又弟四葉

曰[illegible] 卷四弟三十一葉

曰[illegible] 卷七弟十五葉

其稱征者二

曰[illegible] 卷二弟三葉

曰[illegible] 書契菁華

其稱[illegible]方者二

曰[illegible] 書契菁華

曰[illegible] [illegible] 書契後編

凡是者舍商以外皆不能定為後世何地文不足徵矣

文字第五

卜辭中文字有形聲義皆可知者有僅得知形與義者有形聲義皆不可知而與古彝器款識同者今次第述之其

形聲義皆可知者

曰一　一　卷三第一葉

曰二　二　卷三第一葉

曰三　三　卷三第一葉

古金文一二三字皆與此同說文解字一二三之古文作弌弍弎乃晚周文字錢先生大昕云作字必先簡而後繁有一二三然後有从弋之弌弍弎而叔重注古文于弌弍弎之下以是知許所言古文者古文之別字非弌古於一也許簡後

十九

曰三　亖　卷三第一葉

說文解字四之古文作亖籀文作三古金文中四字皆作亖無作三者三亦晚周文字錢先生所謂古文之別字矣凡許書所載古文與卜辭古金文不合者皆為晚周別字不復一一詳說之也

曰五　㐅　卷三第一葉

說文解字五古文作㐅

曰六　∧　卷一第十八葉　∧　卷三第十三葉　∧　卷三第二一葉　∧　卷三第八葉　∧　卷三第二葉

六字作∧傳世矢足小布幕後紀數有之前人不能定其為六為八今卜辭有一至八順列諸數皆得確定為六字

曰七　十　卷三第一葉

古文七字皆作十無同篆文作七者古金文中七字至罕見唯矢足小布幣紀數字七皆作十與卜辭此合直至漢器銘識尚亦汾陰鼎有十十枚之文宋人誤釋爲二十此相同 元釋大官銅壺銘亦同此誤卜辭中凡十字皆作丨矢足小布亦然七字皆作十判然明白可別漢人則十字作十古金文多作十七字作十以橫畫之長短別異之是中亦大殽說文古籀補載古刀幣中[illegible]等字謂是七字乃大誤以九◎爲七矣

曰八 八卷三第二葉 八卷一第四十六葉

曰九 九卷二第六葉 九卷二第二十二葉 九卷三第二十七葉 ㄣ第一葉 ㄣ第十六葉 ㄣ卷四第六葉

曰十 丨卷二第十二葉 見不泥卷葉以下並同

二十

卜辭中十字至多不遑備舉其紀月者則十月作丨

[glyph]卷二第二十二葉又作[glyph]卷一第二葉[glyph]卷九第二十五葉十一月作[glyph]卷

七第三十四葉又作[glyph]十五葉卷一第三[glyph]一葉卷一第十二月作[glyph]二

卷九第一葉又作[glyph]七葉卷四第[glyph]十一葉卷四第十三月（十三月有閏之年則卜辭有十三月）

作[glyph]葉第七又作[glyph]十五葉卷二第二其紀物數者則十一作丨

一卷四第四十七葉五作[glyph]卷一第二十九葉又作[glyph]卷三第二十三葉

六作丨[glyph]卷二第十六葉

曰廿[glyph]卷二第二十葉[glyph]卷三第二十八葉

曰卅[glyph]卷一第三十五葉

曰卌[glyph]卷二第二十七葉[glyph]卷四第八葉

說文解字有廿卅而無卌博古圖七卷十載敔敦有卌作

[glyph][glyph]即卌矣宋人誤釋作偵(?)曶鼎卌秭之卌亦作[glyph]與卜

（旁注：史頌敦[glyph]訛）

（頁外批注：則二卷二二葉）

辭<s>的</s>同凡數在二十三十四十以上者卜辭皆用廿卅

世字如二十人作廿卷六第四葉二十五作⋃𠄡卷二第十四葉三

四十一作卌一卷二第十七葉二四十八作卌八卷二第十三葉

曰百百卷三第二十三葉百卷六第四十二葉

卜辭中記數一百作百其二百以上則加畫于百上而

合書之二百作皕卷四第四葉三百作𦣻卷三第十一葉三五百作

𦣻卷七第九葉與古金文同

曰千千卷八第五葉千卷六第四十六葉

卜辭中凡數在千以上者則加畫于千之中間三千作

𠦃卷六第三十四葉又作𠦃卷三第十八葉五千作𠦄卷七第十五葉博古圖

卷二十二戴齋侯鎛或從四千作𠦃原釋三千今是四千也孟鼎宣城李氏

識者萬三千八十一人三千亦作𠦃與卜辭同

請詳考
我注

曰萬 萬 卷三第八三十葉

說文萬蟲也从厹象形不言何蟲而卜辭及古金文中

□仲𣪘□等形均象蝎不从厹金文中或作□石鼓文始

作□失初狀矣段先生玉裁云从厹蓋其蟲四足像獸

依後來字形為說因失之彌遠

曰甲 十 多見不注卷葉

古金文均作十說文解字甲古文作𠇚

曰乙 ㇄ ㇄

曰丙 內 冈 卷四第一葉

曰丁 口

曰戊 □ □ □

曰己 己 □

曰庚 [illegible] [illegible] [illegible]

曰辛 [illegible] [illegible]

說文解字分辛辛爲二部金文卜辭但有[illegible]字蓋（辛古金文姑有作辛者公姑敦 [illegible] 辛義 [illegible]）

本是一字許君以意分二字隸辛部而辛部諸字

辠[illegible]以下何故明辛義是不當分二部矣

曰壬 工

曰癸 [illegible] [illegible]

曰子 [illegible] [illegible] 卷八第一葉 [illegible] 卷八第七葉 [illegible] 卷一第六葉 [illegible] 卷五第三十八葉

[illegible] 卷八第三十五葉 [illegible] 卷四第十四葉

說文解字子古文作[illegible]籀文作[illegible]卜辭中子丑之子[illegible]

皆作[illegible]或變作[illegible]以下諸形從[illegible]作子昔[illegible]與許書而

稱籀文[illegible]字[illegible]從[illegible]但無[illegible]而臂及几再召伯虎敦作[illegible]則

二十二

有簡之無凡与卜辭亦略同惟𠧩卣等形亦不見於古
金文蓋有著錄者有某某書繁縟而乃隸書予謂古人之有繁簡兩二
遺識殺書契卷三弟四五諸葉可知其概矣
曰丑 [古文字] [古文字] [古文字] [古文字] [古文字]
曰寅 [古文字] 卷二弟十一葉 [古文字] 卷二弟十葉 [古文字] 弟二十二葉 [古文字] 弟三葉 [古文字] 卷四弟一葉
[古文字] 一弟一葉 [古文字] 卷八弟六葉 [古文字] 卷二弟十一葉 [古文字] 卷一弟二十九葉
說文寅古文作𡩟卜辭中寅字屢變與古金文亦全
異去許書所謂古文遠矣
曰卯 [古文字] [古文字]
曰辰 [古文字] 卷一弟六葉 [古文字] 卷四弟四葉 [古文字] 卷二弟二葉
說文解字辰古文作𠨑
曰巳 [古文字] [古文字] [古文字] [古文字] 卷五弟二十七葉

卜辭中凡十二支之巳皆作子與古金文同宋以來彝

古器中乙子癸子諸文說者無一當者今得千枚文

諸家卷三第一葉至十二葉乃決是疑並觀卜辭中無巳字

祀諸改字並從巳而所書甲子則無一作巳者此疑終

不能明也

曰午 [illegible] | | | 卷五第三十八葉 [illegible] 卷二第二十葉

曰未 米 米 木

曰申 [illegible] 卷□第九葉 [illegible] 第五葉 [illegible] 卷三第十七葉 [illegible] 第十五葉 [illegible] 卷二第十七葉

[illegible] 卷四第二葉

說文申古文作[illegible]籒文作[illegible]吳中丞曰[illegible]謂子申旦 因篆文作[illegible]

乙角之[illegible]即申字[illegible]兩持杖形其義與春字所 卻不能知其何字

以之[illegible]同非申字附正於此

曰酉 卷六第三十九葉 卷一第三十七葉

說文解字酉古文作丣

曰戌 卷一第十二葉

卜辭中戌字象戉形與戊殆是一字古金文戊字亦多

作戉仍未失戉形說文解字作戌云从戊含一於是與

戌及辭為二矣卜辭中有作戌者乃誤書戌已之戊亦戌

之異體也

曰亥

說文解字亥古文作𠀅與卜辭同古金文略同

曰天 卷三第十二葉 卷四第十六葉及卷八第九葉

說文解字天從一大卜辭中有从二者二即上字人所

戴為天天在人上也許君謂从一猶稱亦从一矣

收錄

曰日 ☉ 卷一第十二葉 ☉ 卷三第十九葉 ☉ 卷一第二十葉 ◯ 第五葉

說文日古文作☉ 案日體正圓卜辭中諸形或為多角形

或正方者非日象如此乃以筆勢為方不能為圓

故也

曰月 ☽ 卷一第二十六葉 ☽ 卷四第九葉 ☽ 上同 ☽ 卷一第六葉

☾ 第三十五葉 ☾ 卷八第八葉

借☽為夕亦見于鐘

曰雨 卷三第十七葉 卷二第十五葉 卷三第十九葉 卷四第九葉 卷三

第十七葉 卷一第八葉 卷二第十一葉 卷三第十八葉 第十六葉

說文解字古文作 卷三第十九葉

曰霖 卷四第九葉

曰靁 卷四第十四葉 第二 上同

雹□ □卷六第一葉 □同上

說文解字雹从雨包聲卜辭从□又雹爲凝雨得以手

捋取之

曰電 □卷三第十九葉 □卷四第七葉 □卷六第十六葉及卷六第十三葉

說文解字電古文作□此从□象電形〇象雨點既雨

而雷作卜辭中又有作□卷四第十一葉者疑亦雷字

曰晨 □卷四第十葉

曰風 □書契菁華 □卷六第十五葉 □第十六葉

說文解字風古文作□□卜辭从凡其許書之風

古聞字書文之丸卜辭及古金文皆作□象執事形

曰晝 □卷四第四葉 □同上

象日光輝四射之狀後世文字此字所从之〇引長之作而

回上又譌率形義全晦於是許君遂以隸畫部兩爲与夜
爲昇之說矣
曰昃　昃卷四第八葉　昃卷七第九葉　昃卷七第四十三葉　昃藏龜第百十葉
从日在人側象日厢之形即說文解字之厢徐鉉云今
俗別作昃非是今以卜辭證之但昃乃厢是厢之古文矣
曰莫　𦵏卷四第九葉
从日在林中森亦許書从茻同卜辭从茻从林不別如囿字
囿作囿亦作囿矣
曰明　明卷四第十葉　明　明卷七第三十二葉
說文解字朙古文作明證之卜辭則朙明皆古文矣
曰歲　歲鐵雲藏龜之餘
从步戊聲說文解字作戉聲卜辭中有𢦔字卷四第十葉亦

二十五

一作𣍝卷五第十一葉以歲字例之當爲歲月之月然卜辭中凡
書月皆作月無作戉者附記於此以俟考
曰京 𠅗卷四第十葉 𠅗第三十一葉 𠅗藏龜第九十二葉
曰邑 𨛜卷四第十五葉 𨛜第十葉
說文解字邑从口从卪案許書之所謂卪字考之卜辭及古
金文皆作𠃋象人跽形邑爲人所居故从口从人猶啚爲
倉廩所在故从口从㐭
曰啚 𠂤卷四第十一葉 𠂤卷七第二十一葉 𠂤卷五第六葉 𠂤卷四第十一葉
即鄙鄙之本字說文解字以爲啚嗇而以鄙爲都鄙古字
金文亦不从邑从邑者後來所增也𨙷敦鄙字作𨛜與此
同卜辭或作𠂤或首口象倉廩所在亦可知爲啚矣
曰行 𠀁卷四第十一葉 𠀁卷一第四十葉

卝象四達之衢人所行也石鼓文或增人作[illegible]其誼甚

明卝和變為行形已失[illegible]許書作行形義不可見許君乃

釋為人之步趨謂其字从彳从亍失之甚矣古从行之

字或省其半作彳或亍反之[illegible]作亍許君因誤認為二字

[illegible]許書[illegible]字注也寫失其初狀[illegible]文辭亦作卝

共卜辭合說文解字[illegible]中道之[illegible]字从此許君釋从

口謂象宮垣道上之形不知象道路者乃在口內之卝

字也

田 田 田

口 [illegible] 卷四第十二葉

說文解字[illegible]或省作[illegible]此許君或體之為古文者也

口 [illegible] [illegible] 卷四第十二葉 [illegible] 同上 [illegible] 卷四第五十三及卷七第二十葉

二十六

說文𡇒字圃籀文作圛石鼓文圃亦作圛與卜辭同或

从囗卉與林同意

曰圃 □ 卷二第八葉

御尊蓋有圃字吳中丞釋圃此作□象田中有蔬乃圃

之最初字後又加囗作囿則複矣

曰邑 □ 書契

曰谷 說文□字籀文作□古文作□ □ 卷四第三十葉 □ 卷二第□葉

曰水 □ 卷四第十三葉 又 □ 卷四第十二葉 □ 卷二第四葉

曰川 □ 卷四第十三葉 □ 卷八第六葉 □ 第十二葉

象有畔岸而水在中疑是川字

曰衍 □ 卷四第十二葉 □ 卷八第五葉 □ 第十五葉 □ 第二葉

說文衍水朝宗于海也从行从水此从川川亦水也或

州 第八葉 巛 卷二第十葉 卷四第十一葉 田 第二十三葉 巛 卷一第二十九葉 巛 卷一

第五十一葉 巛 卷三第二十六葉 巛 卷四第十四葉 巛 上 皋同 巛 卷六第四十五葉

象水壅之形川壅則為州也其作巛巛等狀者象橫流

汎濫因也國從丨十亦象壅塞之狀與田中形近故從

戉

曰州 巛 卷四第十三葉

說文解字州古文作巛與此同散氏盤亦作巛今許書

作𡿧巛者傳寫譌也州乃水中可居者故此字旁象川流

中央象土地

曰汜 汜

曰渫 渫 卷四第十三葉

此即許書从水枼聲之渫古籀作渫與此略同而借用

百川之歸海證𤲞既武省行作亍又或省川作巛[illegible]或

叏川作㳄者金文潮字从此結衍敍蓋古㴇字乃卜辭多作

曰派 [illegible] 卷二第九葉 [illegible] 卷五第十九葉 [illegible] 卷四第十三葉 作[illegible] 卷一第五十葉 及

此當是水之流別之𠂢字从亻彳象道有[illegible]旁歧十象幹流

出旁枝〻則水之象也或省〻[illegible][illegible]𠂢派本[illegible]一字許

君分為二𣲴也又此字[illegible]之形狀爲𠂢字似無可疑而文

頗難解[illegible]段用爲𠂢字[illegible]矣𠂢字亦[illegible]大佳[illegible]

曰盜 [illegible] 卷四第五葉 [illegible] 卷五第十一葉 [illegible] 第十七第三十八葉 [illegible] 卷四第十九葉 [illegible] 卷五

第三十八葉

象皿水益出之狀[illegible]象水形或从6者所謂盡[illegible]

水盈乃盜溢也又卜辭中有[illegible]字 卷第十三葉 象注水皿中之狀疑是注字

曰巛 [illegible] 卷二第二十二葉 [illegible] 卷二第二十七葉 [illegible] 第二十四葉 [illegible] 第二十六葉

日來一閱尊著書契

說文系部[illegible]字中如大乙此象史成[illegible]形與甚同此从户ㄏ象从衣錄備

證之古金文亦字[illegible]从冊甚[illegible]敬[illegible]大果再十[illegible]宗尚果在古文遺意

莊

說文解字勵作濿與厲同 段先生曰厲亦萬字 莊時如此讀 亦其證也

洹字知此

為喜樂字

曰濿 [glyph] 卷五第三十一葉 [glyph] 同上 [glyph] 同上

从水萬 石鼓文濿有小魚 許書之砅字 砅或作濿

糲之䊪 蠣之蠇 許書皆从萬作厲 以此例之知濿

即濿矣 濿為渡水 故有小魚 許訓履石渡水 亦謂涉水

矣

曰潢 [glyph] 卷二第五葉 [glyph] 第六葉

从人 即水省 卜辭从水之字多省作 [glyph] 說文解字攸 行

水从人 从支从水省 是許君時 丨為水省之誼 尚未失

矣

曰洹 [glyph] 書契後編 卷六第三 [glyph] 十二葉 [glyph] 同上 許書 [glyph] 第六十葉

齊侯壺洹字作 [glyph] 此从 回與 [glyph] 同 但省下一耳 段

二十八

代水名存卜辭中今可確知其地者僅此而已

曰林 林 卷二第八葉

曰禁 𣡦 卷二第二十葉 𣡦 十八葉 霖 書契菁華 霖 第二十三葉

說文解字禁古文从录作禁此从霖乃古文录字古金文

皆如此作 或从二林 禁字

古文此字正与金文同 若此其一也

曰麓 𪋾 卷七第十七葉

麓行而麓楊从鹿从土麀鎬已明說文解字作麓从三

鹿一土籀文从三鹿二轉說古文乃缺矣

曰宮 𠕋 卷二第二十葉 𠕋 卷四第十五葉 𠕋 同上 又卷四第二十三葉

从呂予有數宮之狀 或从田象此宮連於彼宮之狀 古象形也 說文解

字謂从宀躳省聲誤以象形爲形聲矣謂躳从宮省則可

耳

曰室 □卷三第二十葉

曰宅 □卷四第十五葉 □[illegible]第廿四葉及卷[illegible]第五十五葉

冂十象構木交午之形晉邦盦作□與此同說文解字宅

與此

古文作□□二形

曰家 □卷四第十五葉 □卷七第三十八葉 □卷四第四十葉 □卷一第三十葉

或从豕或从亥亥亦豕也古金文亦多作宀下豕形[illegible]公

卣及家尊說文解字家古文作□

曰寢 □卷一第三十及卷四第十五葉

說文解字寢从籀文作□彝第下博又師遽方尊商方卣

均作□與卜辭同

曰暮 □卷三第十[illegible]葉 □卷四第十三葉 □第三葉

卜辭借為遘遇字

曰門 [illegible] 卷四第十五葉 [illegible] 上同 [illegible] 卷十六葉

此象兩扉形 次象加鍵 三以上有楣也

曰向 [illegible] 卷二第二十葉 [illegible] 同上 又 [illegible] 第三葉

口象北出牖 或从日 乃由口而譌 口日形近 古文往往

不別 古人作書不如後世之嚴矣

曰冏 [illegible] 卷四第六葉 [illegible] 王十七葉 又卷四第三十四葉 [illegible] 卷四第三十三葉

象形 上下及兩旁有櫺 在中空可照物

曰貯 [illegible] 卷四第二葉

象貝在宁中形 說文解字作貯 貝在宁旁 誼不顯矣 文宁

貯古辭通 一字 說文 宁訓辨積物 貯訓積 此有二誼矣

曰雝 [illegible] 卷二第二十四葉 [illegible] 第二十五葉 [illegible] 第三十六葉

从川 从水 从口 从隹 古辟雝字如此 辟雝有環流 故从

从卜乃巛省也

卯為琛 … 書予圖十七 …

从口从口与口誼同 亦均从日 … 自字

巛口象 … 形 古師雖有頂鳥而止之 故从隹 說文解字

訓為雝渠 非初誼矣 伯雝父鼎作 … 与此同 他金文或作 …

口作呂 後 … 譌呂為邑 初形不復可見矣

曰障 … 卷二第八葉 … 卷二同

說文障籀文作 … 史頌敦作 … 借為障 其从 … 亦作

字乃从皀 从 … 而甲 而又 … 吳中丞以為 … 非也

曰牢 … 卷十一葉 … 卷十 … 七葉 … 卷十八葉 … 卷一第十二及第

卷三第二十四葉 … 卷四第十六葉 … 卷六第八葉 … 卷一第十一葉 … 第五 … 卷

第十六葉

牢為獸闌 不限牛也 故其字或从羊 … 或变作 … 或变

作冂 遂與今隸同矣 其从 … 者亦見稿子卣

曰圂 … 卷四第十六葉 … 同上

二十

从豕在冂中乃豕笠也或一豕或二豕皆笠中豕不限
豕數也其[illegible]从冂者上有庇覆今人養豕或從圂以短垣
口象之或有庇覆冂象之一其闌[illegible]以限出者
曰𨸝 𨸝卷二第十五葉 𨸝第十六葉 𨸝同 𨸝第十葉及 𨸝第十五葉 𨸝第十五葉
从𠂤[illegible]束聲師所止也後世[illegible]次（假字）[illegible]爲之此其初字矣
方田盤母敢不即[illegible]𨸝謂不敢不至師次其字正與此
同 在此當以旁[illegible]前人釋師非也
曰方 方卷五第十一葉 方第二十三葉 方卷二第十六葉
作方者與[illegible]伯戎敦同
曰上 [illegible]
曰下 三卷四第十七葉 （二）同上
[illegible]上下二字連用者皆合書之與金文同 段先生注

說文解字段正古文之丄丅二字為二一段君未嘗諦

力於古金文而冥與古合其精思至可驚矣

曰東 東卷二第五葉及卷三第二十一葉 甾 卷一第四十八葉 甶 書契菁華

曰 甾 西 甾 卷四第三十六葉 ⊠ 上同 甶 甾 卷五第十三葉 甶 卷一第四十八葉

甾 卷六第三十七葉 卷五第十六葉

說文解字甾古文作囟籀文作卤卜辭中作甶作⊠皆

與許書所載之籀文略合且于彝器文字亦作⊠其作甶

甶等形者~~殆與許書之~~甾吾友王徵君國維因卜

辭中以東甾西對舉 書契菁華 以甾為西字今以卜辭中他

文之其言至精確一曰貞于東甾于甶曰貞方告于

東甶 卷一第四十八葉 曰口帝于甶曰巳馬于甶 卷五第十三葉 曰其

叔丁于大室卜丁甶鄉 卷一第三十六葉 曰貞乙其來自甾 卷六

二十七

第三十七葉 依其文觀之，均當作西。栖不可高也。許君謂

日在西方而鳥棲，象鳥在巢上。卜辭諸文亦象鳥狀巢

鳥入巢，故不復從巢上作鳥形□矣。

□ 卷四第十葉 □ 卷四第三十葉 □ 卷三第二十三葉 □ 卷四第□葉 □ 同上

曰南 □ 卷一第十葉 □ 十二葉 □ 十五葉 □ 十三葉 □ 同上 □ 同上 □ 同上

□ 同上 □ 卷十四葉 □ □ 同上

說文解字南古文作□，古金文與卜辭亦多不合，惟父

戊簋（求古精舍金石圖）作□，□（卜辭南作南）與卜辭畧同。

曰北 □ 卷二第八葉 □ 卷四第七葉 □

曰中 □ 卷六第十九葉 □ 卷四第廿葉 □ 卷□第三十七葉 □ 卷三第三十一葉 □ 卷七

第二十二葉 □ □ 卷一第六葉

說文解字中古文作□，籀文作□，古金文及卜辭皆作

𠭯而作[illegible]旂或在左或在右旂因風而或左或右也矣
作𦣻首蓋旂不能同時既偃於左又偃於右矣又卜辭
凡中正字皆作𠁩从口从㫃相併字皆作中無旂斿字
而从之中作中三字判然不相混淆許書中正字从口[illegible]也
巳左　𠂇卷四第三十七葉　𠂇卷三第三十一葉
日右　又卷四第三十七葉　又卷三第三十一葉
四帝　𠂹卷一第二十二葉　𠂹卷一第五十及卷三第十八葉　𠂹前編二葉
𠂹卷一第三十一及卷三第二十四　卷六第二十一葉　𠂹卷四第十七葉　𠂹卷三第二十一葉　𠂹
說文解字帝古文作𠙸注古文諸丄字皆从一篆文皆
从二二古文上字辛示辰龍童音章皆从古文上今𠙸卜
辭或从一或从二殊無定例古金文亦多从二不如許說
也又卜辭中帝字亦用為禘祭之禘說詳禘制篇

三十七

書契後編

曰祖 且 卷一第九葉 且 同上 且 第十二葉 日 第二十葉

說文解字祖从示且聲此與古金文均不从示惟齊子仲姜鎛始作祖

曰宗 宗 卷四第十六葉 宗 卷一第十葉 宗 卷四第十八葉 宗 卷一第十二葉 宗 卷八第十五葉

曰示 示 卷一第一葉 丅 同上 丅 同上 工 同上及三葉 工 同上 第一葉

說文解字示古文作𡕉卜辭諸示字亦或从一或从二宗字从示亦與其例首川作丨或丨下增一則古金文亦未之見也

曰鬼 鬼 卷四第十八葉 䰟 同上

說文解字鬼古文从示作䰟與此合惟許書謂鬼字从厶卜辭及古金文皆無之

曰巫 □ 藏龜第百四十三葉

說文解字巫古文作□此从□象巫在神幄中兩手執事于神許君謂从□象兩褎舞形□與舞形不類似也

曰祝 □ 卷七第三十一葉 □ 卷四第十八葉 □ 同上

第一字與古祝禱同□从示从□象注酒于神前（第二字）（殆从示从水）非示有示形也第三字从□象拜形（手作）□ 同上

曰祭 □ 卷二第三十八葉 □ 卷一第二葉 □ 卷四第十九葉 □ 同上 □ 同上 □ 同上

□□ 同上 □ 卷一第十九葉 □ 卷一第四葉 □ 第五葉 □ 卷一第四十一葉 □ □ 卷四第十六葉

此字變形至夥然皆象持酒肉□（于示前）乙象肉又持之

點形不一皆象酒也或省示或並省□（又）（篆文）从手持肉而

省酒古金文亦然

曰祀 □ 卷三第二十七葉 □ 第二十八葉 □ 卷四第十九葉 □（卷四第二十葉）□ 同上 □ 卷五第四十七葉

二十三

卿事寮 卷四第二十一葉

曰燮

[illegible]卷四第二十葉 [illegible]同上 [illegible]同上 [illegible]同上 [illegible]同上 [illegible]同上

說文解字燮火言也毋取見牛田此燮之本誼今卜辭

燮从米在豆中廾以[illegible]之書若与此同而有未春收聚

霰四祭來曰燮燮此以十月進初稻也卜辭从禾之首

[illegible]府此為燮之而誼引伸之而為退許君謝以氣上升

亦引伸之誼[illegible]君以為本誼殆失之矣

曰尞

[illegible]卷六第六葉 [illegible]卷一第二葉 [illegible]卷四第十一葉 [illegible]卷一第二十四葉 [illegible]卷二第二十四葉

說文解字尞柴祭天也从火从昚昚古文慎字祭天所以慎

也今此字實从木在火上木旁諸點象火燄上騰

之狀卜辭又有大尞（卷五第三十九葉）尞亦从[illegible]古[illegible]太

史寮卿事寮字作[illegible]均从米从火許君云从昚非也

番生敦作[illegible]作[illegible]十几敔亦从米其多不晰畢狀畢田一斗

但畢其一不甚清

古金文中尞字作[illegible]敔敦有[illegible]字与卜辭同

△卷七第二十五葉 三則曰□乙卜 貞賁于妣 乙五牢沈十 牛十月 卷二第九葉

曰貍 □卷一第三十二葉 □卷六第三十九葉 □卷七第三葉

周禮大宗伯以貍沈祭山林川澤此字象掘地及坎實

牛于中當為貍之本字貍為借字（卜辭云貞□三犬）□或作□又貍牛曰□貍犬曰□實一字也

曰沈 □卷一第二十四葉 □卷七第二十五葉 □卷二第九葉

此象沈牛于水中殆即貍沈之沈此為本字周禮作沈

乃借字也又□□禮所此示壅亦以祀矣貍沈以祀山川

而微乙卜辭一則曰賁于妣乙一牢貍二牢卷一第十二葉三

一則曰貞賁于丘三小牢卯二牛沈十牛是賁與貍沈

在商代通之于人鬼既有宗廟之祀又賁之于陰陽商

之祀禮可謂繁重矣

曰肜 □卷一第三葉第二 □第八葉（第十也）及□第三十葉

第二十葉及卷四第二十一葉

三十四

第二葉
黃止畫

書肜日之肜不見許書段先生謂即肜字公羊宣八年

傳肜者肜肜不絕（書傳登之肜日又祭商曰肜）也

是名不絕卜辭中有彡日或作彡彡許君謂彡爲周曰（是从彡）

古字彭字从彡並从彡 此从… 卜辭中作字或从彡女朋

說文也 卜辭中又有彡日六說彡不可知矣卜辭之有彡日

曰繹 卷四第十一葉 第二十二葉 上同 上同 上同 上同

此字从糸或从… 从人从… 許書作… 从… 或从

繹者時祭之名… 以繹古…也 古… 卿之卿御堂之

御繹命之… 二字謂又解達析而爲之許君遂以御

入祀部御入卸部 許君謂卸爲之事制 祭入各部而 許書謂卸… 皆誤也

初別別道不可不…矣

曰禘 禘卷四第二十二葉 禘同 禘同上 禘同 禘卷五第四十三葉 禘卷二第二

持古圖卷 父戊爵 彡日 佳王六祀彡日

十三葉 [glyph] 同上　[glyph] 同上

从兩手奉尊於示前或有灷或并者示即後世之福字

在尊則為祭名祭象持肉福象奉尊周禮膳夫凡祭祀

之致福者注福謂諸臣祭祀進其餘肉歸胙于王晉語

必速祠而歸福注福胙肉也今以字形觀之福乃象奉尊之祭酒致福

酒歸胙則致祭肉故福字从酉胙字从肉矣胙亦作祚詩既醉

文敢一福祚許君謂福从畐聲非也古金文中父辛尊福作

[glyph]殷仲簋福字亦从[glyph]均象奉尊形

曰祿 [glyph] 卷六第一及卷七第三葉

說文解字祿从示彔聲[glyph]古文[glyph]从示录聲敢作[glyph]跡敢作[glyph]

卜辭中禁字从[glyph][glyph][glyph]諸形又[glyph]與古金文畧同

曰卜 卜 卷一第一葉 卜 同上 卜 卷二第二十葉

三十五

象卜之兆卜兆皆先有直坼而後出歧理歧理多斜出或

向上或向下故其文或作卜或作卜留龍卜信卜說文卜之古文作卜

蓋與此同不異也

曰貞 [illegible] 卷一第十一葉 [illegible] 卷一第十六葉 [illegible] 卷八第一葉 [illegible] 卷七第十九葉 [illegible] 卷一第三葉同 [illegible]

又一第五葉 [illegible] 卷七葉 [illegible] 卷八第十二葉 [illegible] 卷四第十九葉 [illegible] 卷一第十三葉

說文貞卜問也从卜貝以為贄一曰鼎省聲京房所說

又鼎注古文以鼎為貞籀文以鼎為貞今卜辭中凡某日卜某事皆

曰貞其字多作 [illegible] 與鼎字相似而不同或從鼎許君

以鼎為貞之說殆合知碩為貞字矣古經注貞皆訓正

惟許書有卜問之訓古誼古說賴許書而存此其

一也又古金文中貞字作貞鼎字作貞與卜辭合

合此卜辭作為許書之證段先生改古文以貞為鼎籀

文以兵爲貞兩貞字作貝是千慮之一失矣

曰占

占卷四第二十五葉及卷八第十四葉

說文解字占視兆問也从卜从口又叶卜以問疑也从

口卜二者疑一字卜辭中又有固字卷四第二十五葉及卷六第十葉

占外加口不知何字矣

曰㪅

㪅卷一第一葉 㪅上同 卷四第二十葉 卷一第三十六葉 上同

从手持木于示前若卜用箍此若木以荆此字作有

卜問之誼又說文書有出字注楚人謂卜問吉凶曰㪅

从又持祟祟固不可以持此字在卜辭中

乃祭名豈卜祭謂之㪅與

曰

卷三第二十七葉 卷四第四葉 第三十葉 第四十葉

第十四葉

說文朕字𦩍我也闕予意朕當以訓兆為初誼故字从
奉火形而从舟火而以作朕訓兆舟囧而以𦩍爲訓
我者假借之誼矣
曰吉　吉卷四第十九葉吉及卷五第十六葉吉卷五第十六葉吉同上吉卷二第二十四葉吉
卷二第二十葉吉卷二第四十四葉及卷五第二十一葉及卷吉卷六第七葉吉卷二第二十葉吉卷一
第四十二五第十七葉吉及卷
說文解字吉从士口卜辭中吉字異狀最多此與𠮷字
與許書合其作吉者與古金文合又卜辭多以大
吉弘吉二字合為一字書之大吉二字合書者作𠮷卷五
第十六葉弘吉二字合書者作𠮷卷五第十五葉吉卷五第六葉吉卷五第十
五葉吉卷二第二十葉吉卷二第二葉偶有分二字書之者作吉
卷二第十二葉編中僅一見耳

小注

曰卩人 卷一第十八及卷四第三十三頁 卷六第三十九頁

曰王 王 卷七頁 卷一第一頁 王 一頁 第五頁 王 卷二第二頁 王 卷七第十四頁 王

卷六第三十頁 王 卷一第二十九頁 ⊥ 卷三第十八頁 ⊥ 卷四第二十四頁

說文解字王古文作王 金文亦作王 號王鬲 格伯王簋 者滬鼎 均

其說文所載古文同 卜辭作⊥ 从⊥ 从△ △亦作▲ 刀筆傳寫 能成其狀 王微君謂

山國吳中丞釋為古火字 疑也 卜辭或作王

亦王字 蓋象地中有火 故其字从火 文

謂也 又卜辭中或作⊥ 但存火形得示盛大之義矣

又皇字从王 古金文或从王或从土 土亦地字 即王也

曰公 [illegible] 卷二第三頁

說文解字公从八从厶 八猶背也 此与古文均从八从口

曰尹 [illegible] 卷七第四十三頁

三十七

然之

血

說文解字尹从又丿握事者也古文作𠃾今卜辭與許書之篆文同古金文亦作尹从又从丨許書云从丿殆傳寫誤矣

曰卿 [glyph] 十七葉 [glyph] 卷二第二十三葉及卷四第二十八葉

卜辭卿（及古金文）字与卿食字同（金文亦然）（說文解字）說見古卿字注

說文解字史記事者也从又持中中正也吳中丞曰象手執簡形古文中作[glyph]並作中者案吳說是也江先生永曰周禮凡官府簿書謂之中故諸官言治中受中小司寇斷庶民獄訟之中皆謂簿書猶今之案卷也此中之本如（古）文書者謂之史其字从又从中其言視吳尤詳審

曰史 [glyph] 卷五第三十九葉

可正許君中正𠂤之説

曰官 𠆩 卷四第二十七葉 𠆩 書契菁華

説文解字官以宀从𠂤𠂤猶衆也此与師同其言至明

斯古師字作𠂤而許君誤於部首之𠂤注小𠂤得之于

而此失之於彼何也

曰司 司 卷二第十四葉 又卷四第四十八葉

説文司臣司事於外者从反后 其文与此正同並古文皆

作𠕁疑此乃祠祀之祠字

曰寮 卷五第三十九葉 卷四第二十一葉

爾雅釋詁寮官也 書文字又作僚 左氏傳文七年 穀梁傳莊十六年 國語魯語

注並云 同官曰寮 詩大東 百僚是試 釋文 字又作寮 是 代稱古冠稱同官為僚

寮僚古通 説文解字有僚無寮 僚訓好貌 而于寮卽

三十八

毛公鼎皆有寶字，今人每以字（文）不見許書為僞書，是

不然矣。卜辭又作寶，漢祝睦碑賁膚欽熙，魏元丕

碑删若犀奩，是漢魏間尚以（段）奩為寶也。

曰匡 卷四第二十四葉

卜辭中小臣二字多合為一字書之，作 （卷二第二葉 及卷四第二十七葉）

小臣 卷四第二十七葉 與古金文同

曰畯 田 卷四第二十八葉

說文解字畯，田官也，从田夋聲，古金文皆从允（盂鼎、頌敦及進敦）

同與卜辭合

曰臣 卷二第八葉 卷一第九葉

即（古）臣字，古金文與此同，說文解字訓小臣非，說解前宦

字注

曰旅 [illegible] 卷四第三十一葉 [illegible] 藏龜第九十葉 [illegible] 卷一第八葉 [illegible] [illegible] 第二葉 [illegible] 第

[illegible] [illegible] 卷六第十二葉

說文解字旅古文作[illegible]从止 古文[illegible]皆从㫃从从 許書从

止旅字从止者 伯[illegible]鼎 重卜辭作[illegible]作[illegible] 皆省[illegible]之變形 象人

執旗所有古者有事以旗致[illegible] 故作[illegible] 旗所以[illegible]也

旅旗矢一人 伯晨鼎旅从[illegible]上从㫃从[illegible] 古从[illegible]印[illegible]之[illegible]

曰[illegible] [illegible] 卷一第廿一葉 [illegible] 第七葉 [illegible] 第三十葉 [illegible] 第四十二葉 [illegible] 卷六第十葉

[illegible] [illegible] 卷一第九葉 [illegible] 第十三葉 [illegible] 第 葉

[illegible] [illegible] 卷四第三十葉 [illegible] 藏龜第九十六葉

說文解字賓古文作[illegible] 古金文皆从[illegible] 卜辭[illegible]从[illegible]宀省

从[illegible]与卜辭同 惟古金文中未見从止从[illegible] 卜辭中[illegible]

[illegible]所[illegible]為或[illegible]省止或[illegible]也

畧同其卜辭 諸書 从[illegible]者皆於[illegible]變形

曰娟 [illegible]卷四第三十一葉 [illegible]卷七第二十七葉 [illegible]藏龜第二百七十葉 [illegible]卷七第

[illegible]說文解字[illegible]从[illegible]从女[illegible]卜辭云貞娟歸好 卷七第二十七

葉 是與嬛于[illegible]大[illegible][illegible]口嬛于京諸同文云王嬪[illegible]

第三十一葉 以[illegible]嬪為賓矣

曰客 [illegible]卷四第三十葉 [illegible]藏龜第九十六葉

說文解字客从各 [illegible]古文[illegible]与許書同 此从足即各[illegible]

商增人在象賓[illegible]外來[illegible]而留[illegible]之在賓自外來故

从止象由外而內 或省止 自名[illegible]或省口

曰嬪 [illegible]卷四第三十一葉 [illegible]卷六第十葉 [illegible]卷六第二十九葉 [illegible]卷七第二十六葉

[illegible]藏龜第百八十六葉

从女賓[illegible]从女从賓不見于許書[illegible]古有此字而[illegible]

正字 或省[illegible] 或省口

此[illegible]句

曰倗

[illegible] 卷三十葉

貝五為朋故倗友字从[illegible]从人後世友朋字皆假朋貝字為之[illegible]原考字而不用本許君乃存之于說文解字中[illegible]同倗[illegible]從之功而許仲某古文中友倗字多与卜辭[illegible]合即[illegible]拜釋為从手从拜

曰友

[illegible] 卷四第二十九葉 及 [illegible] 卷七第一葉 [illegible] 卷七第八葉 及 [illegible] 卷八第六葉

說文解字友古文作[illegible]从羽乃从[illegible]之譌从古文曰之譌也師遽方尊友作[illegible]

曰父

[illegible] 卷六第三十七葉 [illegible] 卷四第十[illegible]葉 [illegible] 第二十六葉

說文解字父矩也从又舉杖許解丨為杖與古金文皆从丨疑象持炬形

曰母

[illegible] 卷一第二十八葉 [illegible] 第二十六葉 [illegible] 第二十八葉 [illegible] 同上 [illegible] 第三十葉

四十

卜辭中母字亦通作女母[illegible]婦女另尊作[illegible]與[illegible]同

曰姒 [illegible] 卷一第三十一葉 [illegible] 第三十二葉 [illegible] 同上 [illegible] 同上 [illegible] 三十三葉

說文解字姒篆文作[illegible]卜辭多作[illegible]與古金文同[illegible]

說[illegible]古姒字與又相比右為又左為卜予案古者姒之[illegible]

乃中為匕籀字匕必有偶猶又之與[illegible]匕矣下辭又有

[illegible]

曰夫 [illegible] 卷二第二十葉 [illegible] 卷四第二十五葉

曰妻 [illegible] 卷四第二十五葉 [illegible] 同上

說文解字妻古文作[illegible]

曰子 [illegible] 卷六第十三葉 [illegible] 卷四第二十七葉

卜辭中甲子之子作[illegible]癸巳之巳作子殆皆為兒子字

𡿺若前字下

說文解字子籀文作𡿺 囟有髮臂脛在几上也 又曰囟

古文子作由 从巛 卜辭作𡿺者之許君所言合矣

曰兒 □ 卷七第四十葉

曰女 □ 卷四第二十五葉 □ 卷八第九葉

曰兄 □□ 卷一第三十九葉 □ 𠃊同 □ 𠃊同 □ 第四十葉 □ 第二十六葉

曰妹 □ 卷二第三十五葉

妹从女比从母者古文母与女通用卜辭此中妹字為地名

貽卯酒諸之姓郭葉

曰姪 □ 卷四第二十六葉 □ 同上又卷一第二十五葉

曰妃 □ 卷四第二十四葉 □

說文解字妃从女己之己 又有改字注女字也 古金文中作妃作改者均从己 皆為女姓 即許書所謂女姓之改

四十一

殷益

此前人多以作妃者為妃匹字作𡚱者乃女姓（金文常）
字誤也此从巳作始妃匹之本字與
曰娥 𡚱 卷四第五 十二葉
从女从我古文我知即娥字矣
曰婐 𡚱 卷七第八 七葉 𡚱 卷二第三 十三葉 𡚱 卷四第四 十一葉
从女从木从果字象果實在樹之形今篆作果許君
在木上也田無此殆果矣卜辭或省女作其孟子
二女果同說文解字婐妮也一曰女侍曰婐 婐妮俗作婀娜
孟子趙注果侍也今卜辭曰貞帚婐 帚婐之子 卷三第三
十三葉 曰貞帚果 卷四第四 十一葉 曰貞帚帚婐子母曰 卷七第十七葉
與許君一說及孟子趙注合與許書第一說異可知
孟子之果與許君之婐固為一字矣

曰姘 𡚱 卷七第 十二葉 𡚱 卷二第四 十五葉及卷四第三十二葉
說文解字姘除也从女并聲今卜辭作姘皆从口吊姘故
此从……殆姘字矣

稍若文字下

曰叜 [古文]卷四第二十八葉 [古文]第二十九葉 [古文]上同

說文解字叜从又从灾闕籀文作叜从寸或作傁从人

此从収持炬火在宀下又與叜省从持炬古誼今不可知

矣

曰妾 [古文]卷四第二十五葉及藏龜第二百六十九葉

說文解字妾从䇂从女此从䇂省

曰奴 [古文]卷一第二十四葉 [古文]卷四第二十六葉

說文解字奴古文从人作伮此从又与許書篆文合

曰㚖 [古文]卷二第四十二葉 [古文]卷一第三葉

說文解字㚖大腹也从大系省聲系籀文系字此象以手持

索以拘罪人其从女者与从人同周官有女奚猶奴之

从女矣

曰保 [illegible] 古契 菁華

說文解字保字所從出，从人孚聲，此从行省不从人者，

古文从孚 [illegible] 師袁敦 [illegible] 省 [illegible] 其中亟從孚乃从爪从大中

一象貝作腳手攫物之形 [illegible] 羅小篆从子非是，今證以卜

辭正从子在文从子在行中字 [illegible] 說者相同

曰元 [illegible] 卷四第三十二葉 [illegible] 同

曰自 [illegible] 卷六第十六葉 又 [illegible] 卷四第十四葉 [illegible] 第二十一葉 [illegible] 卷一第三十八葉 又 [illegible]

十四葉 [illegible] 卷四第十二葉 [illegible] 三

說文解字自古文作 [illegible] 自 [illegible] 此二自字也省作說从

自白為一字而分為二部，在此亦部皆習之謂之字也

卜辭中自字作 [illegible] 或作 [illegible] 乃為許書之所據，但自部諸字

以古文考之多从白，譬从口从 [illegible] 智 [illegible] 從之 [illegible] 君也

手資陳東季而見此文字但中有西外而見證不勝其今

以時困其暇之譌誤快之矣

曰叉 卷二第十六葉

說文解字叉手足甲也从又象叉形 古文 亦字之譌 叉

又與古金文𣪊字从又不解是甲爲爪是爲

失之矣

曰夾 卷一第五十二葉反 卷四第十六葉

曰夨 卷一第一葉 卷四第十八葉 卷四第十七葉

說文解字夨傾頭也从大象形此象傾頭爲夨字

曰死 卷五第十一葉 四

說文解字死从歺从人古文作 此从歺从人

初生人拜于朽骨之旁死之誼昭然矣

曰白 [glyph] 卷一第…葉 卷七第二十五葉 [glyph] 卷[illegible]

說文解字白从入合二古文白 [glyph] 古文以為自 [glyph]

但原係為伯仲字 [glyph]

曰敫 [glyph] 卷一第十八葉 [glyph] 卷[illegible]三十八葉 [glyph] 卷四第十八葉 [glyph] [illegible]

卷一第十八葉

曰囧 [glyph] 卷一第十二葉 [glyph] 卷[illegible]葉 [glyph] 卷[illegible]第二十[illegible]葉 [glyph] 十[illegible]

曾 卷二第九葉 [glyph] 卷七第十七葉 [glyph]

从示从二二為祭祀之中起出之狀即評甘之日字而下有[illegible]

而殷墟卜辭祭名[illegible]祭而為祖廟[illegible]天子[illegible]

又說文解字財从三千清[illegible]从示財者[illegible]明[illegible]天子[illegible]財

又古傳[illegible]財[illegible]二十[illegible]為廟財[illegible]

此[illegible]財[illegible]財[illegible]說文解字[illegible]

[illegible]

酢 一字初由金文作字當从酉作酢字 ……[illegible]

卜辭之酉同屋先生言凡从作之字皆刻作 即解曰从作省口亦

亦作乍一字矣

作酢

曰昌 [illegible] 卷[illegible]第[illegible]葉 [illegible] 卷七第廿五葉

說文解字昌古文作[illegible] 此从日从口 與許書昌字旨合矣

曰莫 [illegible] 卷二第十一葉 [illegible] 卷四第二十四葉 [illegible] 同上 [illegible] 卷一第三十六葉

从又持草 从[illegible] 之字 ……从[illegible] 之字 ……說文解字云从

曰[illegible] ……古[illegible] ……同

曰高 [illegible] 卷一第二十九葉 [illegible] 卷二第十五葉

說文解字高从冂高省 此从高省

曰[illegible] [illegible] 卷六第四十葉 [illegible] 同上 [illegible] 同上 [illegible] 卷二第十七葉 [illegible] 卷三第二十四葉 [illegible] 卷二第[illegible]葉

說文解字[illegible] ……从[illegible] 此从[illegible]从冂 有[illegible]

曰[illegible]

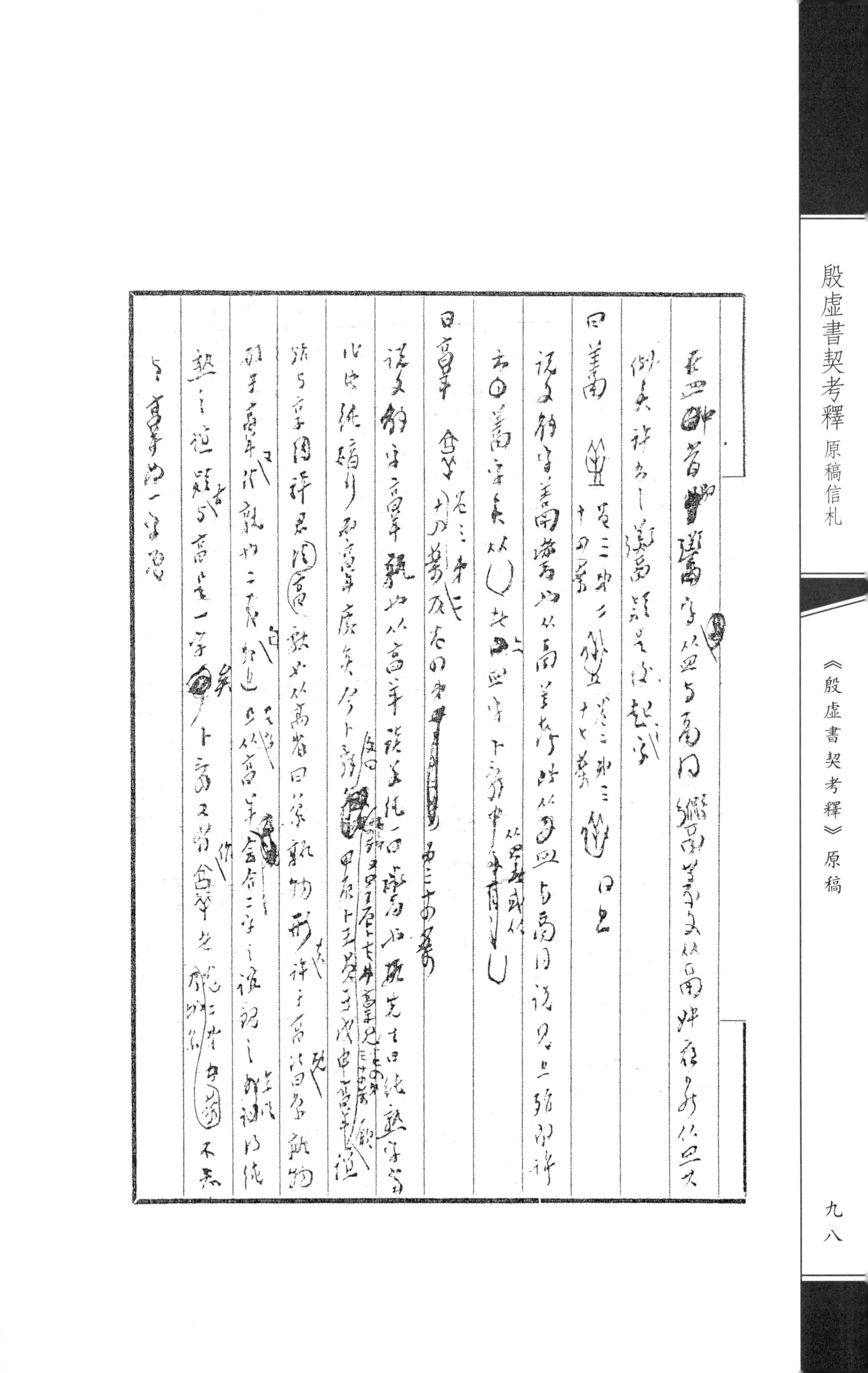

曰告 [illegible] 卷一第十葉 [illegible] 卷二十葉 [illegible] 卷五第四[illegible] [illegible] 卷六[illegible] 十二葉

說文解字告牛觸人角著橫木所以告人也从口从牛字或

从二或从[illegible] 乃省 [illegible] [illegible] 卷五第十六葉 曰[illegible]牛 [illegible] 上

[illegible]知上為牛字[illegible]矣 [illegible]

曰羊 [illegible] 卷一第十葉 [illegible] 上[illegible]

說文羊象頭角[illegible]从[illegible]解[illegible]从牛羊角 [illegible]

也[illegible]解[illegible]上部[illegible]羊[illegible]上[illegible]从[illegible]解[illegible] [illegible]

羊[illegible]說[illegible]知羊[illegible]即解[illegible]字矣[illegible]

此羊乃[illegible]解注从牛羊角[illegible] [illegible]从解者[illegible]

從家說[illegible]為[illegible]解[illegible]下[illegible]

曰㹈 [illegible] 卷二第十五葉 [illegible] [illegible] 卷[illegible]十八葉

說文解字㹈[illegible]从牛[illegible]从[illegible]

字与卜辭同

曰犆 （古文） 卷一第二十一葉

說文解字無此字卜辭中又有戠𢦏二文（卷四第二葉）此从戠与戠（戠）（殘十二）

殆即此字从牛戠聲考說文解字埴黏土也从土直聲古音直在之部與戠同部（故）

埴讀埴翻作戠（是古直戠可通）禮記檀弓注小胥釋文（士特豚）犆特（本亦作犆）

由此推之犆即犆特即特矣然以卜辭記之犆（戠）因為生色

與前條字同例勿人以特犆犆或非初誼矣

曰牡 （古文） 十九葉（卷一第二） （古文） 卷一第二十葉 （古文） 卷廿六葉 （古文） 卷三十四葉 （古文） 卷六第十七葉

說文解字牡畜父也从牛土聲此或从羊（从犬）牡既為畜父故从（羊）牛（从犬）得任所欲矣

曰牝 （古文） 卷一第三十三葉 （古文） 卷四第十四葉 （古文） 卷一第九葉

說文解字牝畜母也从牛匕聲卜辭中有牝牡之字合文作牝若

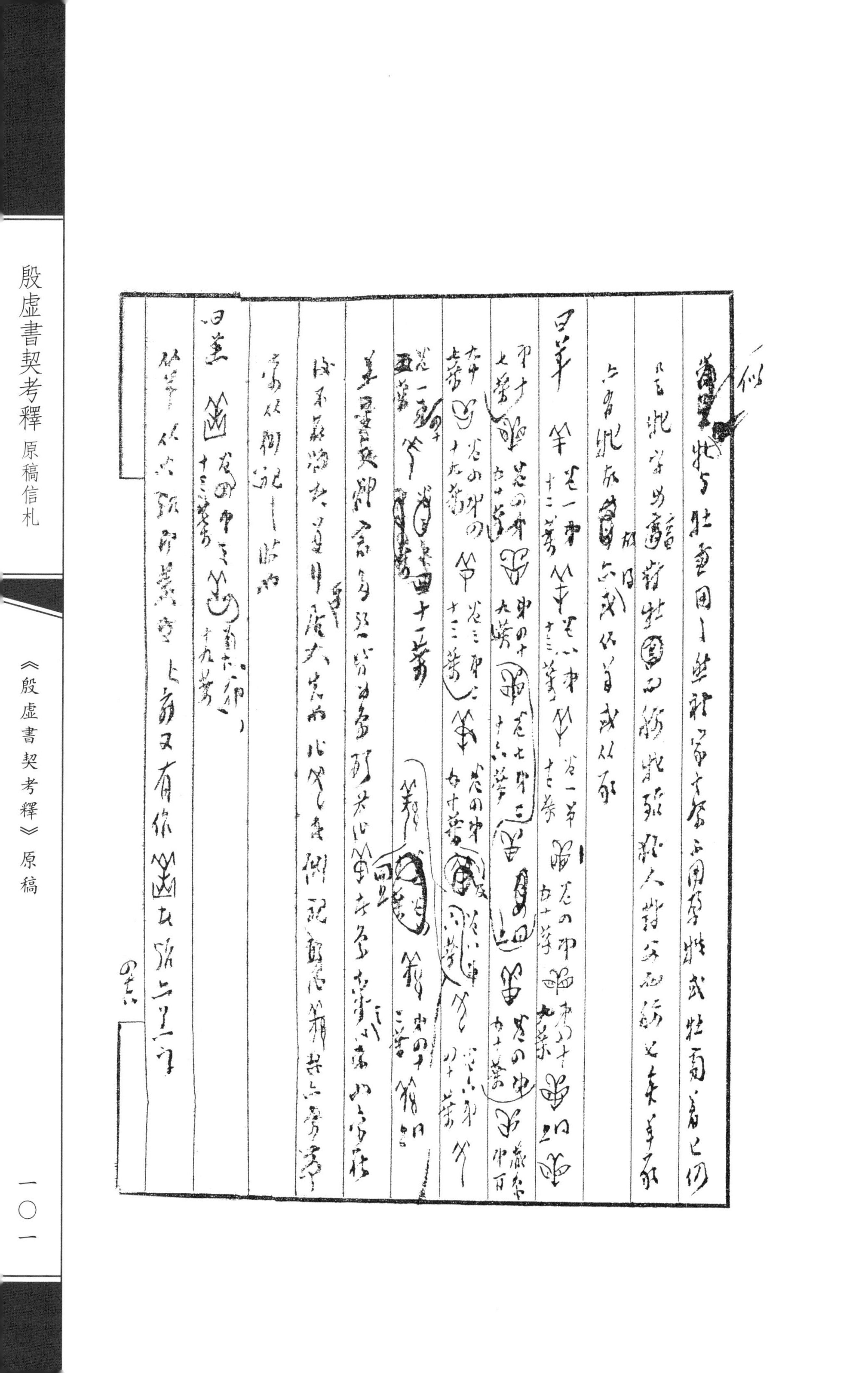

[illegible]

曰羌 [illegible] 卷三第三十五葉 [illegible]

曰犬 [illegible] 卷一第四十四葉 [illegible] 卷一第二十六葉 [illegible] 卷二第三十二葉 [illegible] 卷四第十二葉 [illegible]

[illegible] 藏龜第七十 [illegible] 十六葉 [illegible]

[illegible] 犬狀 [illegible]

曰尨 [illegible] 卷四第五十二葉 [illegible]

象犬腹下脩毛垂之形為尨字今篆多作背上犬形 [illegible]

[illegible] 藏龜第百 [illegible] 此字與狀不類 [illegible] 見矣

曰豕 [illegible] 卷四第十二葉 [illegible] 卷一第十四葉 [illegible] 卷三第十三葉 藏龜第六 [illegible]

[illegible] 卷四第三十二葉 [illegible] 同上 [illegible]

[illegible]

曰猋 [illegible] 卷一第三十七葉 [illegible]

曰狀 [illegible]

曰臭 [illegible] 五十六葉 [illegible]

曰豚 [illegible] 卷三第二十三葉 [illegible] 卷四第三十二葉 [illegible]

說文解字[illegible]从彖省从又持肉[illegible]从豕肉[illegible]字許[illegible]篆

文从豕肉[illegible]从又[illegible]許[illegible]豚[illegible]有形聲矣

曰彘 [illegible] 卷四第[illegible]葉 [illegible] 卷[illegible]第十葉 [illegible] 第十一葉

从豕身著矢乃彘字也彘殆為野豕非射不可得[illegible]

乃[illegible]从一者[illegible]矢形許君謂彘从[illegible]矢聲从二匕[illegible]以象

形為聲矣

曰馬 [illegible] 卷一第十九葉 [illegible] 卷四第十[illegible]葉 [illegible]

[illegible] 卷四第十七葉 [illegible] 卷七第十一葉 [illegible] 卷七第三[illegible]

說文解字馬古文[illegible]从[illegible]

[illegible]一見[illegible]為[illegible]矣

曰駿 [illegible] 卷四第四十七葉

說文解字駿馬之良材者从馬夋聲此與許書[illegible]駿

曰騽 [illegible] 卷四第四十七葉

許書解字騽馬豪骭也从馬習聲卜辭[illegible]从[illegible]習

古文作[illegible]疑許書習乃習之譌矣

曰[illegible] [illegible] 卷四第四十七葉

[illegible]从[illegible]許書[illegible]古

从馬二字古同[illegible]

曰鹿 [illegible] 卷[illegible]百九[illegible]

[illegible]

[illegible]

戊[illegible]

[illegible]

[glyph]卷三第二十三葉 [glyph]卷二第十二葉

曰麑 [glyph]卷四第四十九葉 [glyph]卷四第四十七葉

[glyph]亦疑 [illegible] 許書之麑字 說文解字訓麑曰

少狐 麑 此麑字 [illegible] 麑 [illegible] 字訓鹿子 此麑之為字明矣

从鹿含合鹿兒之誼 正與鹿子矣 卜辭均鹿日子以省角大

角 卜辭中有[glyph]字 从鹿子省 [glyph] 鹿兒矣

曰麇 [glyph]卷七第二十六葉 [glyph]卷四第四十五葉

說文解字麇从鹿囷省聲 籀文从囷不省 今卜辭从[glyph]

是所麇字从鹿亦省角 [illegible]

曰麐 [glyph]卷四第十七葉

說文解字麐牝麒也从鹿吝聲 此[glyph] [glyph]从鹿从角 異

从[glyph] 者古文 [illegible] 麐字 [illegible] 麐本同 [illegible] 許从

麐路失之矣

四十六

曰虎 [illegible] 卷四第四十六葉 [illegible] 卷四第四十八葉 [illegible] 卷五第二十五葉 [illegible] 卷八第四十四葉

說文解字虎古文作[illegible][illegible]二形，此象巨口修尾，[illegible]

[illegible]文[illegible]狀，古[illegible]文[illegible]為虎字也

曰兕 [illegible] 卷一第四十四葉

說文解字兕[illegible]牛，古文作[illegible]，从[illegible]儿，此[illegible]兕字

曰角 [illegible] 卷四第五十二葉 [illegible] 卷四第七十一葉

說文解字角[illegible]

此[illegible]角上橫理[illegible]

曰[illegible] [illegible] 卷四第三十二葉

說文解字[illegible]

四十八 [illegible]

田象 [illegible] 卷三第三十二葉 [illegible] 卷四第四十四葉 [illegible] 四

說文解字象長鼻牙南越大獸三年一乳象耳牙四足之形古文

觀此象字又但見長鼻及尾而身足之狀不可見[illegible]

蓋象之尤異于它獸者其長鼻[illegible] 又[illegible]象為南越大獸

而殷代在中州[illegible]得[illegible]而字从手牽象[illegible]說見下

以象為[illegible] 今殷虛遺物有象[illegible]下用之有[illegible]大[illegible]

[illegible]又有象[illegible]古[illegible] [illegible] 知古者[illegible]

[illegible]

田[illegible] 隹 [illegible] 卷一第七葉 [illegible] 卷二第二十七葉 [illegible] 卷二第二十四葉 [illegible] 卷二第二十八葉 [illegible] 第二十七葉

[illegible] 卷二第十五葉 [illegible] 卷一第三十六葉 [illegible] 卷四第三十四葉 [illegible] 卷三第二十一葉 [illegible] 卷七第二十九葉

[illegible] 卷三第十一葉 [illegible] 卷四第十二葉 [illegible] 卷八第五葉 [illegible] 卷四第十七葉

卜辭中稱祖乙祖丁[illegible]祖庚之[illegible]隹[illegible]古[illegible]

四九

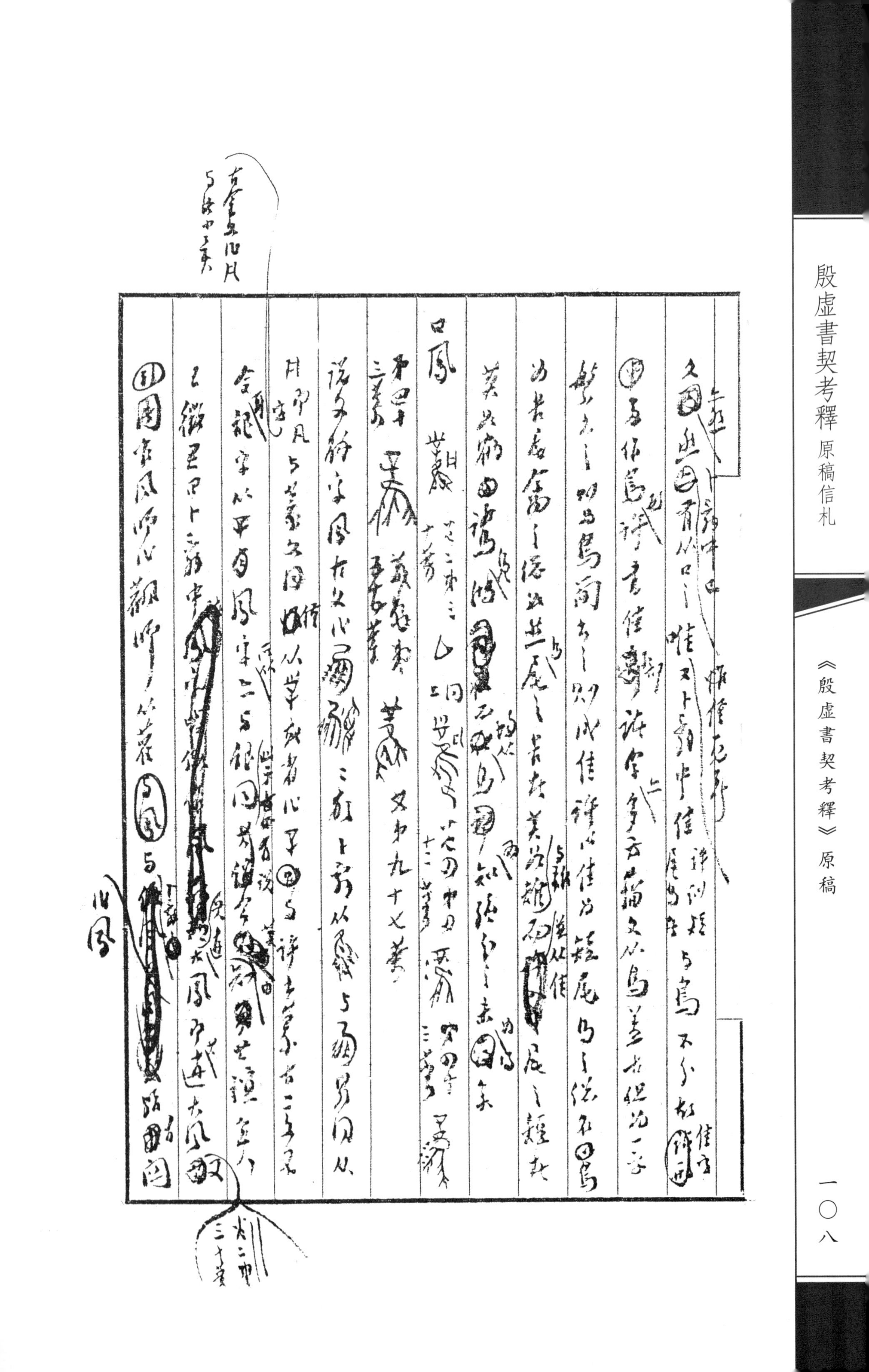

[illegible]

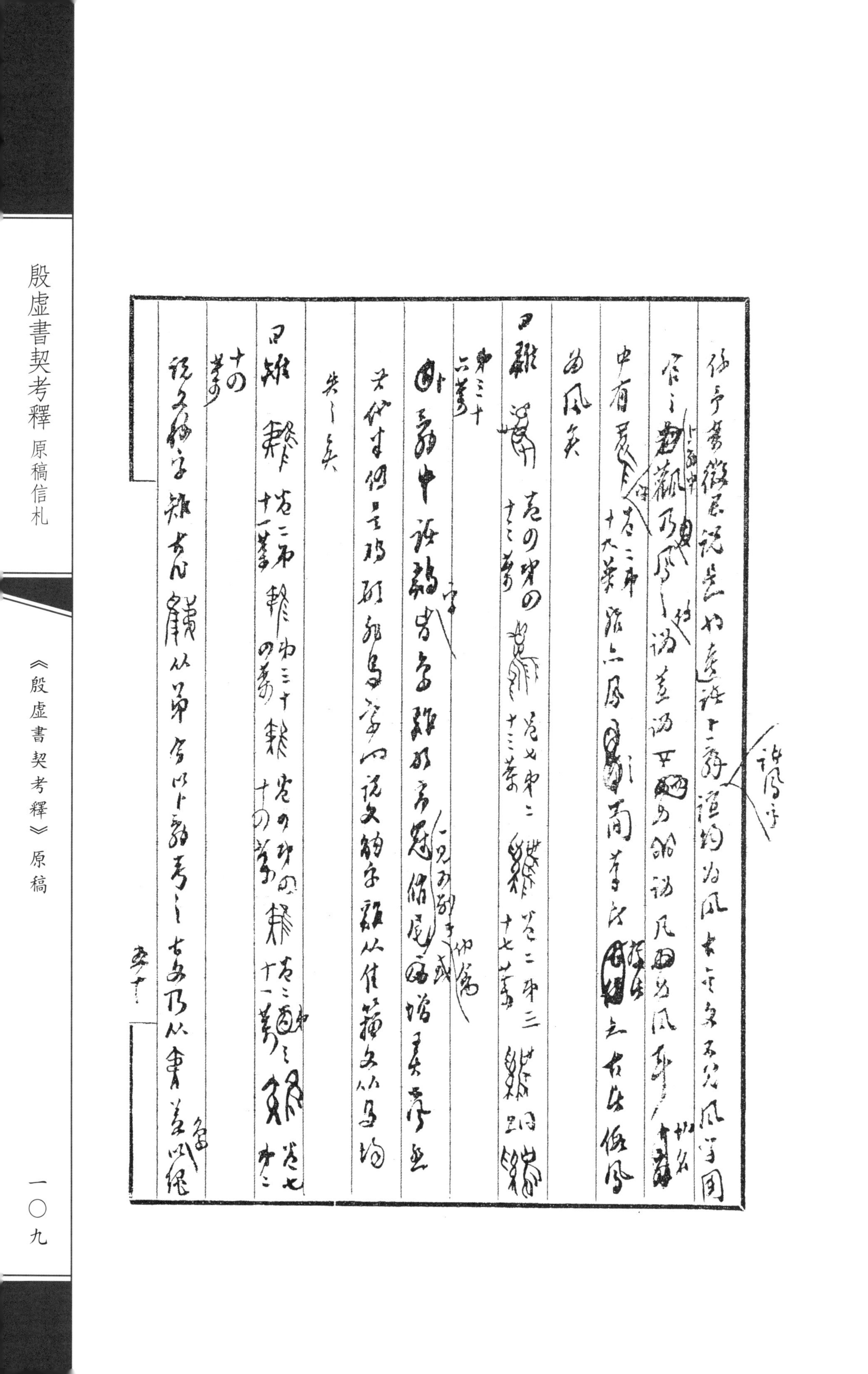

[illegible]

曰[illegible]

契文[illegible]射[illegible]所謂[illegible]乃[illegible]射用[illegible]之[illegible]

弓二矢二弦在弓[illegible]許書[illegible]从[illegible]形其[illegible]

曰庚 [illegible] 卷二第[illegible] [illegible] 卷六 [illegible]

說文解字庚[illegible]从[illegible]作[illegible]卜辭中[illegible]者[illegible]字从[illegible]

[illegible] 5 許書作

曰[illegible] [illegible] 卷四第四[illegible] 2[illegible] [illegible] 卷五第十[illegible] [illegible] 卷二十第[illegible]

卷十八[illegible] 卷一第[illegible] 卷七第 卷

說文解字[illegible][illegible]从[illegible]卜辭[illegible]者[illegible]

字此字[illegible]許書訓[illegible] [illegible]

[illegible]

曰[illegible] [illegible] 卷二第

說文解字[illegible]鳥[illegible]从[illegible]作[illegible]

[illegible]

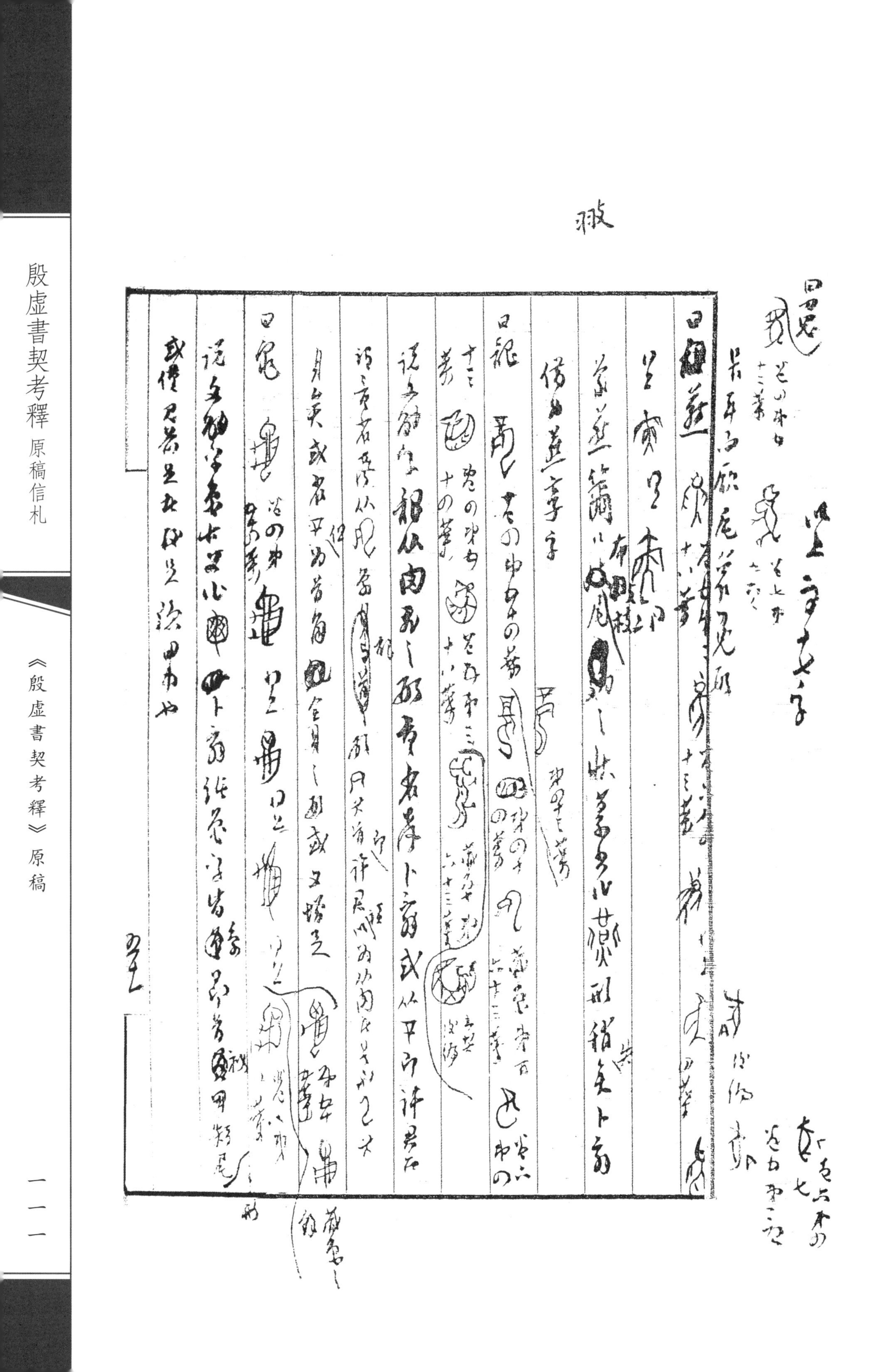

[illegible]

曰魚 [glyph] 卷四第五十四葉 [glyph] 見

說文解字魚水蟲也象形魚尾與燕尾相似 故从火也 卜辭 [glyph] 見

與燕尾皆以象形非从火也石鼓文中魚字亦从火 殷虛卜辭亦作火

並有四足之形 卜辭中諸魚字皆作此形 [glyph]

曰虫 [glyph] 卷二第二十四葉 [glyph] 並為古虫字

說文解字虫一名蝮 博三寸首大如擘指 卜辭作 [glyph] 皆象

博首而纖身之狀 案許言臥形本不確 釋虫疑非郭注言今蝮蛇細頸大頭 今字正作巴也

曰蛇 [glyph] 卷四第十二葉 [glyph] [glyph] 見

說文解字蚰蟲之總名也从二虫

曰䖵 [glyph] 卷一第二十葉 [glyph] 卷二第十三葉 [glyph] 卷二第二十四葉 [glyph] 卷八第廿四葉 [glyph] 卷六

曰它 [glyph] 卷三第二十八葉 [glyph] 卷六第十一葉 [glyph] 見

說文解字它虫也上古草居患它故相問無它乎 或从虫作蛇

卜辭中於上甲[illegible]下亦或作[illegible]或[illegible]不[illegible]

[illegible]上古[illegible]卜辭中[illegible]于先祖[illegible]

[illegible]卜辭中上甲[illegible]

[illegible]

[illegible]許君[illegible]

[illegible]許君[illegible]

[illegible]

曰求 求 卷二第二十九葉 求 卷四第二十九葉

曰上甲[illegible]許君云从木[illegible]

[illegible]卷四第二十九葉[illegible]卷七第十六葉

曰栗[illegible]卷四第二十九葉[illegible]

[illegible]卷二第二十九葉[illegible]卷三第二十九葉[illegible]

[illegible]曰[illegible]入[illegible]从水[illegible]此[illegible]

卜辭……爲穀類之總名……从秝……之字

曰來 [illegible] 卷四第廿葉 [illegible] 第十四葉 [illegible] 卷二第八葉 [illegible] 十一葉 [illegible] 卷一第二十五葉

[illegible] 卷二第廿九葉 [illegible] 卷中廿一葉 [illegible] 第四十葉

說文解字來周所受瑞麥來麰天所來也故爲行來之來

卜辭中諸來字皆象形或省作 [illegible] 而皆……爲來牟字

曰麥 [illegible] 卷四第四十葉 [illegible] 見上 [illegible] 見上

說文解字麥从來从夊案此與來爲一字……許君分爲二字誤也……此从 [illegible]

古降字象自天降下之形天降來牟……經典……

……漢代已有此字……天賜瑞麥……上古

……

曰米 [illegible] 卷四第十一葉

象米粒瑣碎縱橫之狀古金文从米之字皆如此作許書作米

米形殆失矣

曰康 卷一第十三葉 卷二第二十二葉 十七葉

說文解字穅穀皮也或省作康此字从米在庚下

今隸作康者乃米之譌也

曰嗇 卷四第十一葉

說文解字嗇愛濇也从來从㐭來者㐭而藏之故田夫謂之嗇夫古文作𤲅从田又穡注穀可收曰穡从禾嗇聲

嗇穡乃一字卜辭从田与許書之古文合从二禾与許書穡字从禾同

田夫曰嗇夫誼之引申

其本誼為斂穀

曰季 [illegible] 卷一第[illegible]葉 [illegible] 卷[illegible]第[illegible]葉 [illegible] 卷四第[illegible]葉

[illegible] 卷四第十二葉 [illegible] 卷三第二十九葉 [illegible] 卷三第三十葉

曰嵩 [illegible] 卷四第四十葉 [illegible] 卷四第十二葉

[illegible]

[illegible]

象植物[illegible]上从[illegible]象植物側生枝葉之狀 [illegible]此字[illegible]

[illegible]竹木生有址乃因形以[illegible]矣

曰不 [illegible] 卷一第[illegible]葉 [illegible] 卷[illegible]第十葉 [illegible] 卷二第十三葉 [illegible] 卷[illegible]第十八葉 [illegible]

象花不形花不為不上有莖[illegible]許君[illegible]鳥飛不下來[illegible]

[illegible]

曰木 [illegible] 卷二第十五葉

曰[illegible] [illegible] 卷一第六葉 [illegible] 卷四第十一葉 [illegible] 卷四第[illegible]

[illegible]

曰[illegible] [illegible] 古文四 [illegible] 曰之 [illegible] 曰之 [illegible] 曰

說文[illegible]字 [illegible] 从器也 从[illegible] 計形字之 或从寸作[illegible] 上[illegible] 此象兩手奉之

象形 或从皀 与古金文同 又古金文殷从酉 或从卣 此許君之本

矣

曰尊 [illegible] 古文四 字篆

上有蓋 兩有酒 其中盛之 象形 古金文中而[illegible] 上尊字作心 [illegible]

[illegible] [illegible] 蓋 敦 与此形同

曰簋敦 [illegible] 以 [illegible] 古文 字篆 [illegible] 古文第二百 之字篆 [illegible] 又古文八十 字篆

說文飲字 [illegible] [illegible] 从欠 从酓之 訓中省 遂以又持

之也 所以飲 从[illegible] 府 以 及 鳴 節之 說 有[illegible] [illegible] 象以 祝 許

君之學 古於 許 所从之 [illegible] [illegible] 見說下 [illegible] 作者字象

古[illegible] [illegible] 有目有味 [illegible] 冠毛 [illegible] [illegible] [illegible] 目 [illegible] [illegible] 耳目味曰

[illegible]之顯那作首許書[illegible]而从之[illegible]誤由古[illegible]

[illegible]从之[illegible]又作[illegible]則从人而并之也許君[illegible]而以假借字為訓亦不知

明堂之證也今[illegible]卜辭[illegible]字確為[illegible]並知許君所云

古文[illegible]古先說不見于經傳[illegible]得之于說文解字訂

[illegible]許說得之功誠巨矣

㬪 舉 卅 古文 卜辭

說文解字舉从[illegible]从升门象形与卜辭同[illegible]舉从[illegible]不能[illegible]与書同

[illegible]从门不非合聲[illegible]卅上象柱下象足[illegible]以合聲而修加

[illegible]若[illegible]舉狀知許書从[illegible]门形由卅而誤也从[illegible]

[illegible]又古[illegible]文有[illegible]与此同[illegible]有[illegible]

二柱之上[illegible]一卒而[illegible]為卜辭之證[illegible]古文作[illegible]与

五[illegible]

同

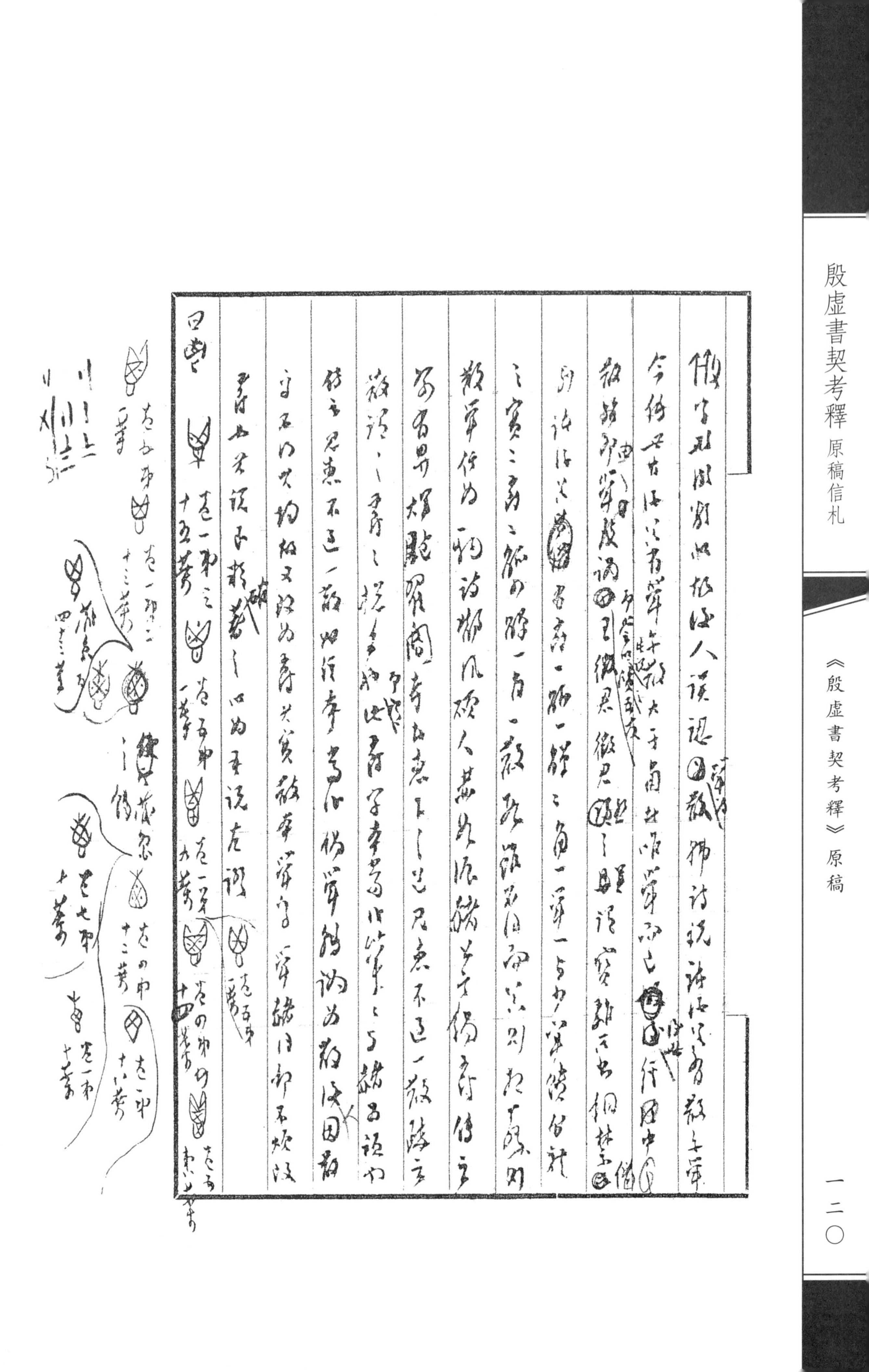

[illegible]

[illegible] 作 [illegible] 此與古金文同 其象形正多以手倒[illegible]

曰卣 [illegible]

古金文作[illegible] 作[illegible] 此又作[illegible] 其文為一卣 於初為卜圓

曰𣪘 [illegible] 卷一第三 [illegible] 卷五第十二葉 [illegible] 卷一第三 [illegible] 同上

古金文有作[illegible] 已侯𣪘 [illegible] 者與此同 从又持[illegible] 殆象

[illegible] 與形 [illegible] 从[illegible] 于𣪘中 [illegible] 从支也

曰鼎 鼎 卷五第三葉

象兩耳腹足之形 與古金文同

曰[illegible] [illegible] 卷四第二葉 [illegible] [illegible] 卷二第三 [illegible] 卷六十四葉

又[illegible] 卷二葉

許書 古金文多有 [illegible] 史頌 [illegible]

[illegible] 曰[illegible] 从[illegible] [illegible] 全文作 [illegible]

五十六

鬲也字不从瓦 此或加八象[illegible]諸什 或省匕 有
此字當即古文之省文與一字
曰甗 [illegible] 卷五第[illegible]葉 又 [illegible] 卷五第十三葉 又卷七第三十七葉 [illegible] 卷五第三葉 [illegible] 卷中第
葉 又卷七第廿葉
上即古文甗字 下象器形 [illegible] 亦加犬于鬲 [illegible] 許
古从瓦乃後出字 [illegible]
曰俎 [illegible] 卷五第三十七葉 [illegible] 卷六第十七葉 [illegible] 十六 [illegible] 十 [illegible] [illegible] 書華 [illegible] 鐵雲藏龜第百十
說文解字俎禮俎也从半肉在且上 [illegible] 此 [illegible] 在
且字不在俎上 [illegible] [illegible] 且 [illegible] 古 [illegible]
亦有俎字作 [illegible] 當是俎字 [illegible] 後人皆將以為宜誤矣
曰簋 [illegible] [illegible]
說文解字簋 [illegible] 方 [illegible] 从竹从皿从皀 古文作 [illegible] [illegible] 叔

日豐

豐 卷一第□葉 豐 藏龜第二十二頁 三十六葉

三形古文豐字从豐与許書訓行禮之器合。豐

字同。卜辭从豐与古金文豐字皆同，象人執豐。

豐从之訛狀豐在側古本證篇

説文解字豐，豆之豐滿者也，从豆象形。古文作豐。卜辭从丰从豐，在之。

象中滿形。

曰豈

豈 卷七第十一葉 豈 卷六第□葉 豈 卷五第□葉 豈 卷五第□葉

説文解字豈，還師振旅樂也。从豆，从廾持肉于豆上，讀若鐙。凡从豈之字皆从豈。

亦非从豆。豈字下辭从豆从□手。

曰皿

皿 卷四第十五葉 及 皿 卷五第五葉 皿 卷五第三葉 皿 卷六第□葉

説文解字皿，飯食之用器也，象形，与豆同意。卜辭中四字或

从皿 从皿从田 許云与豆同意

曰匚

匚 卷五第二葉 卷五第二十六葉 匚 卷七第三及卷四第十四葉

曰槃 卷四第十六葉 卷一第二十七葉 卷七第四葉 卷一第十二葉 卷六第四十三葉 卷一第三十六葉

說文解字 槃承槃也 从木般聲 古文从金 籀文从皿 古金文作般

此作 象形 旁有耳以便手持 古者槃與舟相類

故般庚之般从舟 或从凡 作 字 从舟 从月 亦即以古金文例之

般庚之般亦作 般 盂字見

曰盂 卷二第二十葉 卷三第三十葉 卷二十葉 卷二第二十葉 卷五第十葉

說文解字 盂 飯器也 从皿亏聲 古金文从于 从皿 亏 从

此从 从 亏 此 之省

此字獨

闕疑

曰聿　□　卷七第二十三葉

說文聿所以書也从聿一聲卜辭象手持筆形乃象形非形聲

卷中書史事肅从聿見下諸圖

曰中　□　卷六第廿三葉

此象簡冊形史事等字从丨乃中正之中詳前史字

□

曰冊　□　卷四第十七葉　□　卷五第十一葉　□　□　□　卷七第十二葉　□　卷四第十七葉　□

卷七第六葉

說文解字冊象其札一長一短中有二編之形古文从竹作笧

卜辭諸字与古文同或增廾象奉冊形

曰貝　□　卷五第十葉　□　卷四第三十葉　□

象貝形□其背也□其腹也

五十八

移至下

曰朙 [glyph] 卷一第三十葉 [glyph] 卷七第十葉

此朙字與古金文同

曰祭 [glyph] 藏龜第百五十葉

說文解字祭古文作[glyph]此象持肉[illegible]或在上從或

此與許書古文合

在下端上從之

曰絲 [glyph] 卷七第十一葉 [glyph] 同上

說文解字絲繼也[illegible]古文絕字從从一或从二上系

繼即許書作[illegible]此字說文

曰衣 [glyph] 卷二第十四葉 [glyph] 卷六第十葉 [glyph] 卷五第十葉

說文解字衣象覆二人之形[illegible]此象[illegible]

象左右襟[illegible]古文[illegible]與此同 [glyph]

曰求 [glyph] 卷七第六葉

回不加直

說文𧙅字求裘古文省衣 求象又卣以䝨此省又作𧙅

象裘形⊕為求裘之初字 詳見裘衛盉 古裘衣求杞

君子有容之古者衣裘以毛為表 故衣裘必有麻絲之衣以覆之 衣皮時毛

在外故裘之制毛在外 金文記下辭又以衣裘字毛之

在外可以詳說之在衛

曰弓 弓 若仲申 弓 蒼

弓象庚卣以弓弓弓

曰彈 弓 若四十五 十七 發

說文弨字弓 彊弓 彈弓 之發弓

疆 疆 若七十八

曰彈 弓 若百六十一 若仲申

說文弨字彈弓 弓持丸以彈

回敝 敝 書契菁華
說文敝字敝帔也一曰敗衣从攴从㡀㡀亦聲
契此从㡀省
此像衣
請以照因影印字後
奉上
静安先生文席 弟玉[illegible]

補臬字

曰矢 [illegible] 卷一第三葉 [illegible] 卷四第卅四 十一葉 [illegible] 卷七第 七葉 [illegible] 前編卷六第二十三 十二葉 乃誤

[illegible] 象鏑[illegible]栝[illegible] 說文解字云从入 [illegible]

[illegible] 古金文作[illegible]

曰矦 [illegible] 卷四第十八葉 [illegible] 卷二第三葉 [illegible] 卷五第九葉

說文解字矦从人从厂象張布矢在其下古文作[illegible]与此同古

金文亦均从厂

曰族 [illegible] 卷五第七葉 [illegible] 卷四第十三葉 [illegible] 卷五第十四葉 [illegible] 卷七第二葉

从㫃从矢[illegible]軍旅之下矢所集也

曰箙 [illegible] 卷五第六葉 [illegible] 明之 [illegible] 从之 [illegible] 第十葉

說文解字箙[illegible]矢箙也从竹服聲周禮[illegible] 鄭注 [illegible]

矢服以[illegible]為之[illegible] 案[illegible]古矢[illegible]之[illegible]

字从[illegible]象[illegible]矢箙中所盛一矢或二矢或

六十

从矢[illegible]亦有从三矢[illegible]或省[illegible]作[illegible]心[illegible]

說文[illegible][illegible][illegible][illegible]已[illegible]許[illegible]作[illegible]三矢[illegible]

許書[illegible]當作[illegible]各[illegible]猶[illegible]至[illegible]五[illegible]

[illegible]印[illegible]及許[illegible]服[illegible]其字[illegible]中[illegible]又十矢[illegible]

後乃[illegible]从一矢[illegible]又[illegible]一矢[illegible]為[illegible]

葡字[illegible]古[illegible]與服[illegible]為服[illegible]乘馬說

又[illegible]字[illegible]引[illegible]乘[illegible]

服字[illegible]一[illegible]矢[illegible]初[illegible]

[illegible]字[illegible]由[illegible]為[illegible]

為[illegible]又由[illegible]服又[illegible]手[illegible]

[illegible]乃[illegible]為[illegible]矣

日[illegible][illegible]

殷虚字 下

曰臬 [illegible] 卷五第十三葉

說文臬射準的从木从自卜辭有此字但不知與許君[illegible]同

[illegible]

曰戈 卷六第三十一葉 第二十六葉

說文解字戈平頭戟也从弋一橫之象形此其全為象形丨

象柲一象戈形从弋許君不知象形故云从其字因字形失

石鼓文同

曰戉 卷二第十六葉 卷四第十三及卷七第十一葉 卷四第十四葉

說文解字戉斧也从戈丨聲此字象形戉字古金文同

古金文戉作

曰桀 卷五第十三葉

說文桀兩刃臿也从木丫象形宋魏曰桀或从金作

第一字作

曰冊 卷七第二十一葉 卷二第二十六葉 卷廿四葉及卷五第十六葉 卷一第四十三葉 第三十八葉

象編簡形作知為冊字以也从冊之字同

冊

曰冊 [illegible] 卷五第六葉 [illegible] 卷七第 [illegible] 葉 [illegible]

[illegible] 第九十二葉

說文解字[illegible]篇文从[illegible] [illegible] 从[illegible] 例[illegible] 許[illegible]从[illegible]

由[illegible]此[illegible]字[illegible]或有[illegible]或作

从編亡[illegible]為冊矣

曰典 [illegible] 卷七第六葉

說文解字典五帝之書也从冊在丌上 [illegible] 考工記[illegible]人以[illegible] 此象[illegible]

[illegible]

[illegible]

曰[illegible] [illegible] 卷七第三葉

許書[illegible]片字[illegible]

有[illegible]片字[illegible]許君[illegible]

七十六

[illegible]

其

曰𠀠 𠀠卷二第二葉 𠀠卷一第廿葉 𠀠卷三第[illegible]葉 𠀠卷七第二十四葉

說文解字箕从竹𠀠象形下其丌也古文作𠀠𠀠二形籀文作𠁁匩

二形卜辭作𠀠𠀠（增訂卜辭亦有之）由𠀠而𠀠（許云古文）與許書古文合此字象箕形而後為

卜辭（其）初但作𠀠後增丌于下為今文𠀠後又加竹作

箕許君以從竹之箕為其本字以其為附甘（其語助乎）箕下𠀠以竹為箕通用

之字為之也

曰𠀠 𠀠卷二第十八葉 𠀠卷五第十二葉

說文解字棄[illegible]棄之[illegible]从廾推𠦒棄之[illegible]似𠦒[illegible]

矢字見𠀠下[illegible]从木[illegible]蒐[illegible]歲[illegible]詩

而許書[illegible]从木[illegible]从甘[illegible]許書[illegible]从[illegible]畢[illegible]

以推棄之[illegible]于甘中[illegible]推棄之[illegible]

見者[illegible]从[illegible]辭六書[illegible]字[illegible]

稿暫方

曰帚 [illegible] 卷一第三十葉 [illegible] 卷六第十三葉 [illegible] 卷五第十二葉 [illegible] 卷一第廿五葉 [illegible] 卷二第

說文解字帚从又持巾埽冂內 [illegible] 从帚 [illegible] 帚所以埽 [illegible]

[illegible] 从帚 [illegible] 从 [illegible] [illegible] 寂 [illegible] 从冂 [illegible] 从帚 [illegible] 帚

[illegible] 則 [illegible] 許君謂从又乃 [illegible] 从巾乃 [illegible]

[illegible] 内 [illegible] [illegible] 先 [illegible] [illegible]

曰婦 [illegible] 卷七第十廿葉 [illegible] 卷六第十六葉 [illegible] [illegible] 婦

象人持帚婦之形 [illegible] 婦 [illegible] 說文解 [illegible]

婦从帚 [illegible] [illegible]

曰𠬪 [illegible] 卷五第十二葉 [illegible] 卷

說文𠬪字 [illegible] 一曰 [illegible] [illegible]

又 [illegible] 許書 [illegible] 从 [illegible] [illegible]

曰 [illegible] 卷一第十九葉 [illegible] 卷二第 [illegible] [illegible] 卷 十四葉

說文有字畢田罔也从華象畢形微也或曰由聲卜
辭諸字正象畢形下有柄或增又持之許書云从[illegible]
華形之華[illegible]篆文改交錯之網為一平直如[illegible]之失
[illegible]

象大孔古金文从火之字[illegible]皆如此

曰光 [illegible] 卷四第四十二葉及卷六 [illegible] 卷六第廿三 [illegible] 中三十二葉 十二葉 [illegible] 十二葉

說文解字从火在人上光明之意也古文作[illegible]（㷋）[illegible]之形

曰𤈦 [illegible] 卷五第三（三十葉）

說文解字𤈦火餘也从火聿聲一曰薪也此从火从聿聲之省

者此从又持丨以撥火（餘）令燃既取其意

曰焚 [illegible] 卷七第七十七葉 [illegible] 卷一第三十四葉

說文解字樊燒田也从火棥棥亦聲 炎文樊 [illegible] 焚 段注

六書故引作从火林 許書當作焚从火林 从火棥

玉篇顧野王原本有焚樊二字焚符分切

玉篇顧野王乃分焚樊為二字而廣韻十二文固早出樊

字符袁切廣韻所樊未在十四部焚在二十三部作古文作[illegible]

樊字从棥聲卜辭作林殷墟書契字作焚从林作焚可知焚字

簡本

而古文有焚无樊，知樊即焚之譌。元應書引說文焚字燒田也，字从火燒林意也。凡四見。段君據以改說文樊字為焚，據乃得此。今證以卜辭，亦从林，可為段說之佐證。

又从艸，于燒田之誼亦明。[illegible]

曰燎 [illegible] 卷六第二十葉 [illegible] 卷五第三十三葉 [illegible] [illegible] 同上

說文解字燎字，柴祭天也。从火从昚。昚，古文慎字。此字从火从木，下火，上象[illegible]，許君之燎字。

曰彗 [illegible] 卷五第三葉 [illegible] 卷六第十二葉 [illegible] 卷五第十二葉

帚星

說文解字彗字，埽竹也。从又持甡。或从竹作篲。古文作彗从習。

此从兩帚，持帚作埽，[illegible]許書之彗，古文作篲从習，[illegible]一曰[illegible]

以字形說之，埽[illegible]埽，上[illegible]帚[illegible]，[illegible]許[illegible]

殆非[illegible]道矣

埽字下

彗字[illegible]

小注

日𦱤 [illegible] 卷一第十二及 [illegible] 卷中二及卷中六 [illegible] 卷中八及卷中十七 [illegible] 卷中三十一葉

[illegible] 卷中三十三葉 [illegible] 卷中三十七葉 [illegible] 卷中八葉

說文解字𦱤从二赤[illegible]从大从[illegible] [illegible]

省二大為一[illegible]已[illegible]也石[illegible]文[illegible]作[illegible]三[illegible]

[illegible]前三[illegible]一卜[illegible]中[illegible]字[illegible]从[illegible]又[illegible]二[illegible]从一

又[illegible]一[illegible]此字[illegible]者[illegible]亦[illegible]

[illegible]𦱤之說文[illegible]从[illegible]从大[illegible]也[illegible]

[illegible]𦱤[illegible]𦱤之[illegible]也𦱤

二火[illegible]从[illegible]从[illegible]之[illegible]

[illegible]之[illegible]字[illegible]卜[illegible]从[illegible]火

之[illegible]許書又[illegible]从[illegible]卜[illegible]中

[illegible]王[illegible]之[illegible]字[illegible]

六十五

遘于妣戊乙烄（作𤏩从火之變形）烄字頗存於卜辭（下篇二六葉）

因卜辭又言有烄（卷一第二葉）雖下言妣也其烄有妣之語

許書烄字注曰交灼木也引史篇以爲[illegible]二者不同疑古名

烄而爲字姛古人名字義多相應爲此从交

从火从交从火从交烄亦有妣語此古語之僅存

今雖不能盡曉然可得其概矣

曰幽

說文解字幽隱也从山中𢆶𢆶亦聲古金幽字皆从火从

𢆶與此同隱不可見者得火而顯

曰燮 卷五第二十三葉

說文解字燮大孰也从又持辛辛者物孰味也此字从又持

炬从三火象炎炎之形燮字許書从辛殆炬形之

將此字又疑爲許書訓火華之火狀字樹此炬形

曰倗 卷六第四葉 卷七第三十七葉

說文解字倗輔也从人朋聲 此从朋省 卜辭中或省

又此字說文亦有之 [illegible]

補倞

曰大 卷一第三葉

曰立 卷二第二十一葉 卷六第六葉

曰竝 卷四第十二葉 卷六第四十葉

曰从 卷二第十九葉

卜辭中从与比 [illegible] 不易別 以文 [illegible] 之字為从

曰并 卷四第四十七葉

說文解字并相從也从从幵聲一曰从持二為并 [illegible] 卜

象二人相从二 [illegible] 与許君說同

曰伊 卷四第四十葉

曰休 卷四第二十六葉

曰匈 卷 [illegible] 第二十葉

說文解字匈气也 [illegible] 說此人為匈 古金文亦作

先移此

[glyph]

卯移此

以師奎父鼎及師遽方尊 [glyph] 與卜辭通同與邐字說亦符

曰令 [glyph] 卷一第四十九葉 [glyph] 卷四第二十七葉 [glyph] 卷七第三十二葉

[glyph] 卷一第四十四葉

說文解字令發號也从亼卪案古文令从亼人[illegible]八

而命之故古令与命爲一字一誼 [glyph] 訓 [glyph] 爲瑞

信不知爲人跽形卪人字从之乃字皆誤釋 也

曰弱 [glyph] 卷六第四十葉 說文解字弱二弓也

此與許書[illegible]从二人[illegible]从[illegible]

也又爲順[illegible]爲諾[illegible]从二人說而

亦从之狀疑即古巽字也

曰柳 [glyph] 卷四第十八葉

說文解字 [glyph] 柳拔出从叉卯[illegible]从支卯[illegible]所持[illegible]也

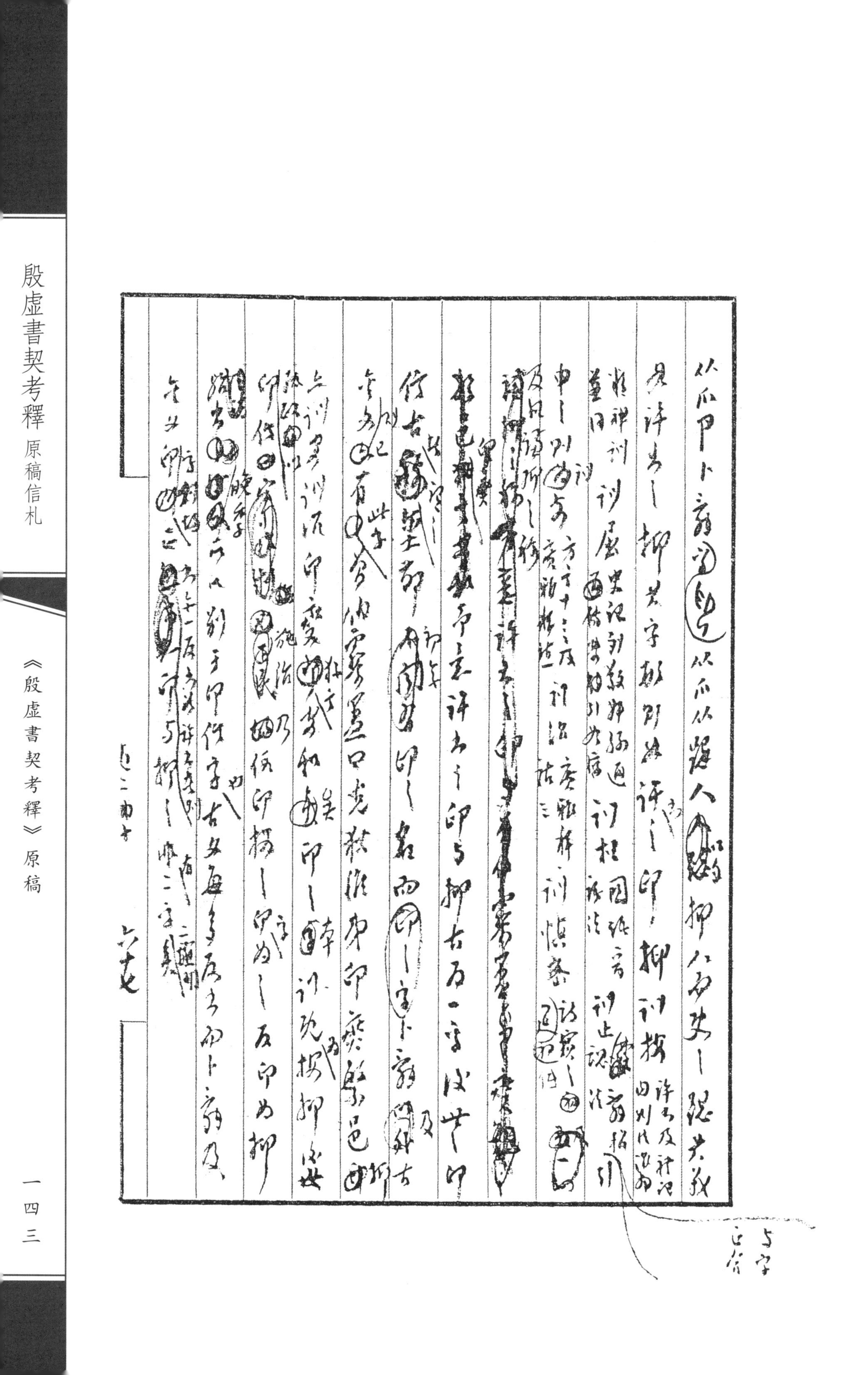

[illegible]

巳允 卷一第二十七葉 卷一第二十六葉 卷二第十七葉

說文解字允作兌，从几㕣聲。卜辭允字象人回顧形，殆[illegible]

[illegible]

曰卯 [illegible]

說文解字卯，事之制也，从卩[illegible]。卜辭[illegible]字从二人相向

卿 [illegible] 字 卯象二人相向，猶[illegible]

象二人相向，皆許君說為[illegible]

曰死 卷四第十二葉 卷五第十五葉

說文解字[illegible]古文从[illegible]

[illegible]

[illegible] 許[illegible]

[illegible]

曰矢 卷三第十七葉 卷五第二十四葉

許[illegible]

[illegible]

曰卽 [illegible] [illegible] 卷五第十七葉 [illegible] 卷二十一葉 [illegible] 卷六第五葉

曰既 [illegible] 卷五第二十四葉 [illegible] 前編七十六葉 [illegible] 卷七第二十四葉 [illegible] 卷八第十葉

[illegible] 卷七第十葉

卽象人就食 既象人食既 許君訓既為小食 與卽不協矣

曰辟 [illegible] 卷二第十三葉 [illegible] 卷四第十二葉 [illegible] 卷二十葉

說文解字 辟法也 从卩从辛 節制其辠也 从口用法者也

古文辟从辛人 辟法也 人有辛則加以法也 古文作[illegible]

○乃璧之本字 从○辟聲 而借為訓法之辟 許書从口

曰 [illegible] [illegible] 而訓為[illegible]

曰若 [illegible] 卷三第十七葉 [illegible] 卷四第十葉

說文解字 若擇菜也 从艸右 右手也 [illegible]

七十八

卜辭此字多作八義又如綴是乃許時幽隱之狀 [甲骨字]

古語與萬爲一字如古訓萬爲字惟古文多萬字與此象同

釋萬之證於是確矣

曰 [甲骨字] 卷一第二十七葉 [甲骨字] 卷一第二十六葉 [甲骨字] 卷六第七葉 [甲骨字] 卷四第四十四葉

[甲骨字] 卷一第二十九葉 [甲骨字] 卷四第三十四葉

曰相 相 卷二第二十五葉 [甲骨字] 卷一第四十六葉 [甲骨字] 卷六第七葉 [甲骨字]

卷三第二十三葉

說文解字相省視也从目从木易曰地可觀者莫可觀

于木此从目从木與詩言曰我從中乃木之省者似从

林之字或从林矣在下之 [甲骨字] 與此同 [甲骨字] 其中亦 [甲骨字]

十目示相 [甲骨字] 知中爲木之省者矣

曰眔 [甲骨字] 卷四第四十七葉 [甲骨字] [甲骨字] 第三十七葉 [甲骨字] 卷二第四十四 又卷五第三

葉 [甲骨字] 卷七第四十三葉

說文解字眔目相及也从目从隶省 古金文以眔爲及 靜敦及上虞 說同敔
从㐅从川从巛从⺌等形 殆从水从尾省 與古文尾字从木
曰斁 睪 卷七第九葉 睪 第三十六葉
說文解字斁解也从攴睪聲 詩云服之無斁 斁厭也
毛公鼎肆皇天亡斁 斁字作睪 从目从矢 是此字釋斁
與此同
曰旻 旻 卷七第二十四葉
說文解字旻舉目使人也 从攴从目 卜辭旻从目从卩支字
曰劓 劓 卷四第三十三葉
說文解字劓刑鼻也 从刀臬聲 或从鼻作劓 此作劓 與
許書或體合 自即鼻之初字也
曰告 𠱠 卷一第二十六葉又卷二第二十七葉 𠱠 卷一第三及第十二葉
六九

此字删

曰作 [illegible] 卷四第二十七葉 或从口作 亦作 [illegible] 作[illegible]与古文合

曰商 [illegible] [illegible] 卷四第二十七葉 [illegible] 卷二第一葉 丙[illegible]

説文解字商从外知内也从冏章省声古文作[illegible]

[illegible] 籀文作[illegible] 卜辭商字与籀文同或省口

曰咸 [illegible] 卷一第四十二葉 [illegible] 卷二第六葉 [illegible] 卷四第四葉 [illegible]

説文解字咸从口从戌戌悉也 卜辭与古文合[illegible]氏[illegible]

[illegible]

曰唐 [illegible] 卷一第九葉

曰喜 説文解字唐古文作陽 [illegible] 卷四第二十二葉 [illegible] 卷六第二十九葉

曰启 [illegible] 卷五第十二葉 [illegible] 卷四第四十五葉

启或从又 象有[illegible]自名以 往以又启之也

曰合 [字形] 卷七第三十六葉 [字形] 卷五……葉

曰同 [字形] 卷五葉

曰如 [字形] 卷五第廿三葉 [字形] 十葉 [字形]

曰品 [字形] 卷五第三十五葉 [字形] [字形]

曰㗊 [字形] 卷七第七葉

曰曰 [字形] 卷一第九葉 [字形] 卷四第十三葉

說文解字曰詞也从口乙聲亦象口气出也下云从一不

作乙散盤亦作[字形]略同乃有从口出气形矣[illegible]

[字形]

曰曹 [字形] 卷七第三十四葉 [字形] 卷七第三十五葉

說文解字曹告也从曰从冊冊亦聲古文从口曰……

与曰同 [字形]

第

曰言 □ 卷七第二十葉

曰謝 □ □ 卷五第... □ [illegible] □ 卷四第四葉 □ 卷七第二十三葉 □

卷六第二十三葉 □ 同上 □ 同上 □ 卷四第十六葉 □ 卷七第二十七葉

說文解字謝，辭也，从言射聲。卜辭諸謝字从言从

兩手持席，或在言下，或在言上，知為[illegible]持席在說

文解字席，古文作□，从□ □ 作廼，廼 籀字从[illegible]

豐从殷，从□ □ 許君席之古文从□ 从□ 从□

从□ 从□ 。席[illegible] 此从□ 从□ 从□ 象[illegible]

也知□ 象手持席以謝，[illegible]十枚于[illegible]君[illegible]

席[illegible] 席[illegible]

□ 从兩手持[illegible]于君前[illegible] □ [illegible]持

席以謝也。[illegible] □

補撰𣪠字

曰𣪠 𣪠 卷二第四十四葉

說文解字無殸字 有㱿 [illegible] 注 [illegible] 氣也 [illegible] 注 [illegible] 也 通 依文 [illegible] 之 [illegible] 二字

莊子釋文 知殸即磬 磬之初字矣

[illegible] 說文 [illegible] 在矣 [illegible] 从 [illegible] [illegible] 字也

曰𣍘 𣍘 卷二第五葉

說文解字𣍘 獄之兩曹也 在廷東 从㯥 治事者 从曰 此从口與从曰同意

曰 [illegible] 卷一第二十四葉 卷二第 [illegible] 卷一第十二葉

曰競 卷六第十二葉

說文解字 [illegible] 从誩从二人 此从 [illegible]

曰戠 卷四第 [illegible] 卷 [illegible] 六葉

說文解字戠 从戈从音 此从言 [illegible] 古 [illegible] 文 [illegible]

[illegible] 从 [illegible] 亦从 [illegible] 中 [illegible]

[illegible] 从言 [illegible] 从言 [illegible] 从古 从言从音

[illegible] 不 [illegible]

曰有 卷三第二十一葉

古金文有字亦 [illegible] 从又 [illegible]

曰及 [illegible] 卷四第四十七葉 [illegible] 卷五第二十七葉 [illegible] 卷一第四十四葉 [illegible] 卷五第二十七葉

說文解字及古文从又从人 古文作乁弓 [illegible] 石鼓文作 [illegible] 与

卜辭同象人前引而又及之

曰反 [illegible] 卷二第四葉

說文解字古文作 [illegible] 反 此作反与古金文及散氏盤文合

曰𠬝 [illegible] 卷四第二十四葉 卷四第八 卷五第十八葉 卷六第十二葉

說文解字𠬝治也从又从卩卩事之節也 此象以手按人而跽之形

与印字从爪同意 [illegible] 服 [illegible] 与此同

曰[illegible] [illegible] 卷五第三十七葉

此字与許書[illegible]古文[illegible]同

曰對 [illegible] 卷四第三十六葉

說文解字對[illegible]譍無方也从丵从口从寸對或从士作對許書

帝以為責對而為言多非誠對故去其口以从士也

古金文亦从口作者亦非从士又許書从寸古金文从又

亦均从又

曰得 [illegible] 卷七第四葉 [illegible] 卷五第二十九葉 [illegible] 卷一第十二葉

說文解字得行有所得也从彳[illegible]古文省彳

从又持貝或增彳許書古文从見[illegible]

曰事 [illegible] 卷六第[illegible]葉 卷四第二十葉 [illegible]

說文解字事職也从史之省聲古文事作[illegible]卜辭从又

持簡書職事之象也與史同意同字

曰[illegible]敍 [illegible] 卷六第十葉

說文解字敍从攴余聲[illegible]从又篆文从攴之字古文多

从又

曰殷　[illegible]卷五第十七葉　[illegible]卷二第二十七葉　[illegible]卷六第七葉　[illegible]卷六第九葉　[illegible]卷五第十九葉

說文解字殷作樂之盛稱殷从㐆从殳此从[illegible]古文殷从[illegible]都又与

卜辭曰

曰爲　[illegible]卷三第二十葉　[illegible]同上

說文解字爲母猴也其爲禽好爪爪母猴象也下腹爲母猴形王育曰爪象形也古文爲象兩母猴相對形案許君解此字曲說爲多古金文宗婦及石鼓文爲作[illegible]从爪从象絕不見母猴之狀卜辭作手牽象形知金文及石鼓从爪者乃手形之變殷意古者役象以助勞其事或尚在服牛乘馬以前微此文幾不能知之矣

曰安 □ 卷五第□葉 □ 卷七第□葉 乃

古安字從宀 說文解字有安字

曰尊 □ 卷五第二十二葉 □ 同上 □ 卷六第十二葉 □ 卷八第四十葉

□ 卷五第二十一葉 □ 卷七第十六葉 □ 卷五第十一葉

說文解字尊酒器也從酋廾以奉之 此從□ 或省

爪

曰系 □ 卷七第七葉 □ 卷五第二葉 □ 卷五第十六葉 □ 卷七第四十葉

說文解字系繫也從糸丿聲 籀文系作□ 卜辭

此與許書籀文合

曰□ 敎 □ 卷五第二十葉 □ 第八葉

七十二

曰敎 [illegible] 卷五第十九葉 [illegible] 前編卷八第二十三葉

曰改 [illegible] 卷五第十葉 [illegible] 卷四第十七葉 [illegible] 卷四第二十七葉 [illegible] 卷四第三十一葉 [illegible] 卷四第三葉 [illegible] 書契卷六

說文解字：改，更也，从攴己。又䢃，改䢃，大剛卯以逐鬼魅

也，从攴巳，讀若巳。古文（改下亦曰古文） 有从巳之改，亦从巳

之改。許書之改，即改之[illegible]有二字也

[illegible]

曰斆 [illegible] 卷一第四十八葉 前編卷八第五十七葉 [illegible] 卷五第二十葉 [illegible] 卷一第四十葉 [illegible] 後編卷上

說文解字：斆，覺悟也，从敎从冂，冂尚矇也，臼聲。篆文

从學省。卜辭从[illegible]不从攴，與篆文合。[illegible] [illegible]

曰[illegible] 數 [illegible] 卷五第二十九葉

說文解字：[illegible]，从攴[illegible]，从[illegible] 亦作[illegible] 从[illegible]

[illegible] [illegible] [illegible] 不从[illegible]

攜

曰𢱭 𣓁 書六第十二葉

說文新附字 拲 新附有 拲 从手 [illegible] 从手从共 共亦聲 [illegible] 木从 [illegible] 蔡 [illegible]

木部 [illegible] 評 書二 榮 [illegible] 祺 祀 [illegible]

曰般 [illegible] 書五第十二葉

說文新附字 般 辟也 象舟之旋 从舟从殳 殳所以旋也 古文从支作

般 此从支 田評 [illegible] 从支 [illegible] 从攴 [illegible]

般 [illegible] 古 [illegible] 卷 [illegible] 十六葉

曰廾 [illegible] 卷一第十二頁 卷五第二十三葉

曰𦔻 [illegible] 卷四第二十 十六葉 [illegible] 第二十 十葉 [illegible] 卷七第 三十一葉

曰典 [illegible] 卷五第二十一葉 [illegible] 第二十 二葉 [illegible] 第二十 一葉

說文新字 典 从冊从丌 [illegible] 下葉 說文从 [illegible] 象二

人樸 [illegible] 知 [illegible] 知 [illegible] 知

典 从 [illegible] 知之也 [illegible] 般 [illegible] 般 [illegible]

与 如 舟 [illegible] 般 [illegible] 舟 [illegible] 般與舟 [illegible]

曰受 [illegible] 卷一第二十 [illegible] 二十二葉 [illegible] 十六葉 [illegible] 卷六第 十一葉 [illegible]

第二十 [illegible] 卷四第 二十五葉 [illegible] 卷七第 二葉 [illegible] 第三十 八葉 [illegible] 卷四第二十 [illegible] 二十三葉 [illegible] 二十六葉

卷五第二十三葉

曰畏 𤰈 藏龜之餘

說文解字畏惡也从甶虎省鬼頭而虎爪可畏也古文

鬼 省古金文作 𤰈 盂鼎 𤰈 从鬼及手形或省手形 作卜 此則从鬼手持卜鬼

攴 㽞 而畏 古金文或从 𢼄 攴省 此从卜又乃攴字 初形已

也此即說文解字之壴字而誤別為樹故又壴尌許君

訓壴為陳乃从豆从寸从土者是壴之義然其說竹為竹誤

又為山誤乃為乃於從金而不逸別樹以豎出之樹逸正

壴而以承字之訓延矣

曰尌 尌 从二中 七葉 尌又尌 尌 从人書 壴

說文解字樹生植之總名从木尌聲籀文作尌

尌从又下从豆一字樹之本誼為樹立其植木為樹

尌樹訓為植立皆為樹在於又尌字从又以手植之而從从力

樹物必植立必用力又許君樹立

壴尌旦但同豎其字皆為樹之古文

或省从中于豆乃為士豆壴為壴木

又訓又為寸手足樹之本誼不可知矣

七七

叫

曰壴　壴　卷七第三十六葉

說文解字壴陳樂立而上見也从屮从豆　案此字上从屮狀（卜辭中亦有之）

本之者豆此与樹（立之）鼓為一字

曰正　正　卷二第四十葉　足　卷四第四葉

（說文解字正从止一以止古文从二作𤴓又从一足足亦作𤴓）

𤴓 𤴓（从）𤴓 口 古金文亦 ● 此但作正 部（卜辭）者 卜辭或作 𤴓（許君古文正作𤴓从一足……亦同）（以□者古字）

𧥢 與正字　𤴓　卷六第十一葉

曰之　𡳿　卷七第十四葉

說文解字之出也象艸過屮枝莖益大有所之一者地也　案卜辭

𡳿（从）止从一人所之也爾雅釋詁之往也當為之之初誼

曰往　𡴎　卷三第二十三葉　𡴎　卷二第十葉　𡴎　卷三第十三葉　𡴎　卷二第二十葉

𡴎　卷四第十四葉　𡴎　卷十第四葉

說文解字𨓯往二字𨓯𡉚艸木妄生也从之在土上又往之从彳

[illegible]

[illegible] 此為古文從止從土知坒為往來之本字許

君訓坒為艸木妄生而別以往為往來字非也

曰出 [illegible] 卷七第二十一葉 [illegible] 卷一第三葉 [illegible] 卷八第二葉 [illegible] 卷一第四十二葉 [illegible]

說文解字出進也象艸木益滋上出達也卜辭中出从止从口止足所以出

象納履形古者入則解履出則納履

曰延 [illegible] 卷五第二十七葉 [illegible]

說文解字延安步延延也古文延从彳从止卜辭与篆文同

曰先 [illegible] 卷一第十二葉 [illegible] 卷二第十四葉 [illegible] 卷五第二十四葉

曰各 [illegible] 卷六第二十四葉 [illegible]

說文解字各異詞也从口久久者有行而止之不相聽也从各从[illegible]

篆文自[illegible]至从口自久而[illegible] [illegible]之本字

曰歷 [illegible] 前契 後編 [illegible] 卷一第十三葉

廿六

說文解字：[illegible]，定息也，从止，[illegible]聲。此从止从[illegible]，是行至皆和也，以象[illegible]

[illegible]屋之意，或从林，[illegible]皆木，亦[illegible]屋之意

曰復　[illegible]　卷五第十二葉，又卷七第三葉

說文解字：復，往來也，从彳复聲。卜辭或作[illegible]，此从亞，[illegible]省

从用(?)象往而復來

曰歸　[illegible]　卷八第一葉　[illegible]　卷四第六[illegible]　卷五第十九葉　[illegible]　卷一第一葉　[illegible]　卷二第[illegible]

帚　卷三第十三葉　[illegible]　卷四第[illegible]第一葉

說文解字：歸，[illegible]，从止，婦省，[illegible]聲。[illegible]卜辭[illegible]

省臣　衛　卷一第八葉　卷四第三[illegible]　卷六第[illegible]葉

曰衛　[illegible]　卷七第二十五葉　[illegible]　卷四第二十六葉　[illegible]　第三十一葉

說文解字：衛，宿衛也，从韋帀，从行。[illegible]以衆相[illegible]相衛

為[illegible]象[illegible]

衛一字，書从口从五[illegible]衛，口[illegible]由[illegible]故[illegible]

曰衛　[illegible]　又或[illegible]　卷六第[illegible]

曰步 [illegible] 卷一第十葉 [illegible] 卷二第 [illegible] 七葉 [illegible] 卷四第一 [illegible] 卷廿 [illegible]

[illegible] 卷六第二 十二葉

說文解字步行也从止𡳾相背 [illegible]

武 [illegible] 古文陟字 [illegible]

乃 [illegible] 武 [illegible] 行 [illegible]

曰陟 [illegible] 卷六第三 [illegible]

說文解字陟登也从阜从步 [illegible]

曰降 [illegible] 卷四第二十九葉 [illegible]

說文解字降下也从阜夅聲 [illegible] 相承不敢竝也 [illegible]

[illegible] 象兩足 [illegible] 一上一下 [illegible] 但示二足 [illegible] 左右足 [illegible]

[illegible]

曰登 [illegible] 卷五第 [illegible] 二四葉

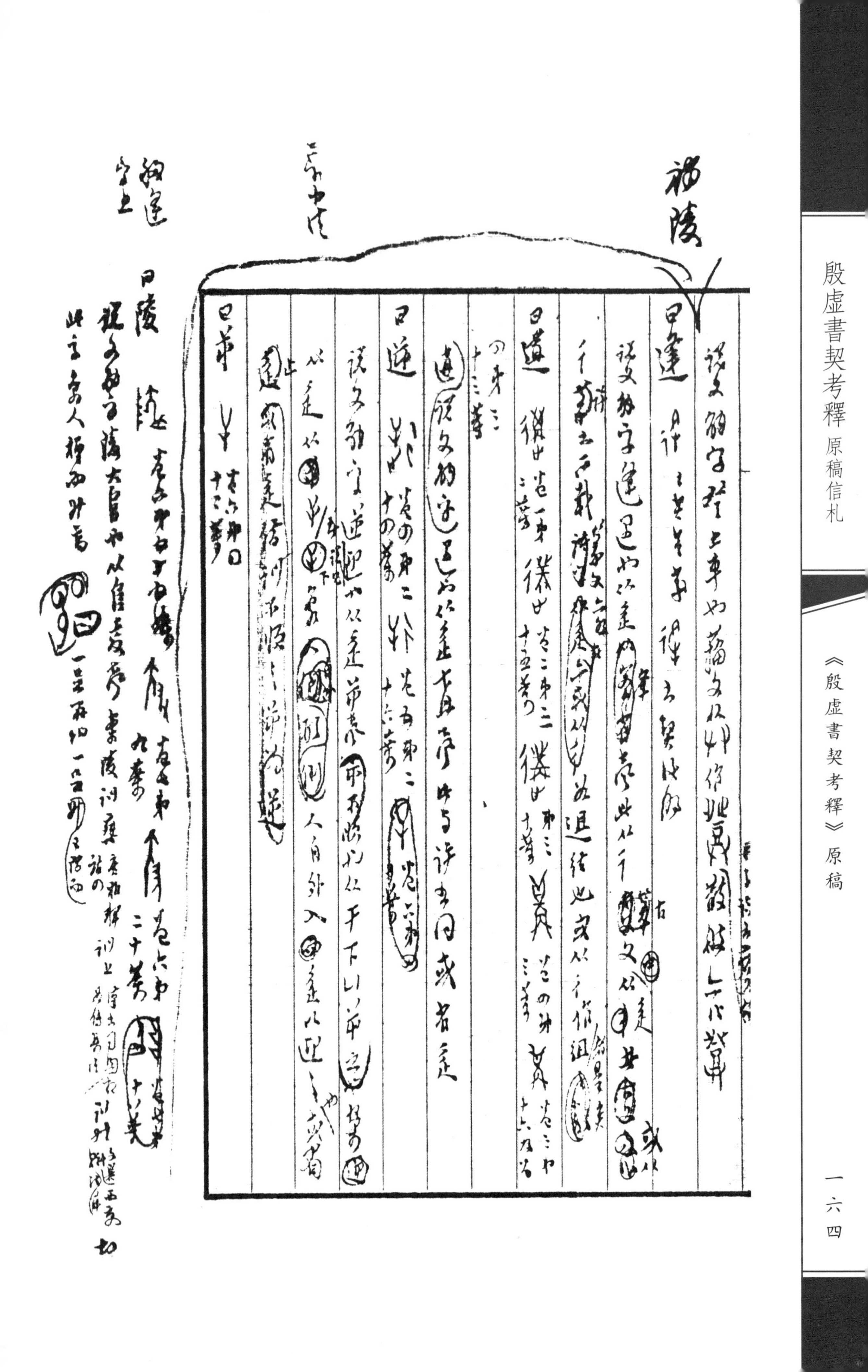

說文解字屰不順也从干下凵屰之也案亦以例倒人合
外入之狀與逆同字因忘於卜辭逆字亦為此作

曰遲 𢓜 前五卷三十葉
从彳从犀即遲字 說見前 人有累思遲遲也說文解字載遲之
當是从犀 辭誤認遲為遲也

曰遣 𠂤止 前五卷二十六葉後下第二十七葉
說文解字遣从辵㠯聲 㠯以師字 㠯以遣之也

曰遘 𢓜 前二卷四葉 𢓜 第二十四葉 𢓜 第二十一葉 𢓜如𢓜是
說文解字𢓜遘也从彳𢓜聲 此與遘同 讀詞如 詩士昏詞注 見詩傳
此从辵从𢓜 或省止 許書之𢓜因𢓜譌 詩文 吕覽古樂之命 周子詩伐之注
古遘衛並詞 乃一字 許君詞 𢓜與𢓜亦一字是一字而析為三矣

曰前 𢓜 前二卷 十九葉 𢓜 前六卷二十一葉

曰遣𦥑　王契改編

說文遣縱也从辵𦥑聲古文遣字皆从（从辵）𦥑　小篆散城號中散（或）（旁注：買旡及陳侯遣）

者或作𦥑散（太保）簋此同

古籀補古文盡字，吳中丞曰許書有盥字注時亦讀若𦾵

疑亡沫之古文，曰許書沫，頮或以疑古法沫為一字也

曰溜 [illegible] 卷四第二十四葉 [illegible] 卷五第三十一葉

說文解字：溜，水也，从水𤁉聲。此从丨丨丨丨，象从甲，甲在水

中，是溜也，許書所無，疑即陵之字

曰盥 [illegible] 卷六第四十三葉 [illegible] 卷六第六十一葉

說文解字：盥，澡手也，从臼水臨皿。此象仰掌 [illegible] 受沃 [illegible] 是盥也

曰洗 [illegible] 卷一第四十七葉 [illegible] 卷五第三十二葉 [illegible] 卷六第三十七葉 [illegible] [illegible]

[illegible] 卷七第四十二葉 [illegible] 卷四第四十葉

說文解字：洗，洒足也，从水先聲。此从止，从皿，从丨丨，象水

中是洗也，或增 [illegible] [illegible] [illegible] 于中由字 [illegible] 説文 [illegible]

曰洗足 [illegible] 盤

曰濯　[字形]卷七第二十三葉

說文解字濯澣也从水翟聲此从羽从水象水羽之形[illegible]

[illegible]羽水中[illegible]濯[illegible]也[illegible]殆即濯字

曰武　[字形]卷一第十葉　[字形]卷三第二十三葉

曰伐　[字形]卷二第三葉　[字形]卷二第二十九葉及卷六第六十葉　[字形]卷四第[illegible]　[字形]卷一第八葉

曰戔　[字形]卷一第十二葉及卷四第十七葉

曰戔　[字形]卷四第十七葉　[字形]卷六第三十六葉

說文解字戔賊也从二戈周書曰戔戔巧言[illegible]卜辭从

二戈相向[illegible]戔戔[illegible]字

[illegible]訓賊[illegible]

[字形]好為[illegible]矣

曰制　[字形]卷五第四十三葉

曰克 卷三第二十七葉 [illegible]

說文解字克肩也象屋下刻木之形 [illegible] 古文克 [illegible]

曰戭 [illegible]

說文解字戭 [illegible]

曰獸 [illegible]

說文解字獸 [illegible] 从犬 [illegible]

曰[illegible] 卷二第[illegible]葉 [illegible]

說文解字[illegible]

[illegible]

[illegible]

古者以田獵習戰陳故[illegible]从犬[illegible]

[illegible]引申[illegible]

[illegible]許君[illegible]獸[illegible]爲大田非初誼矣

曰 御 [illegible]卷二第十八葉 [illegible]卷六第二十二葉 [illegible]卷二第二十五葉 [illegible]卷三第三十[illegible]

說文解字御使馬也从彳从卸古文作馭从又从馬此从[illegible]

[illegible]象人持策[illegible]

增[illegible]或又易[illegible]以人[illegible]或省人[illegible]

又从又馬與許書古文同

曰 [illegible]

說文解字遯 逃也从辵从豚 或从彖 从止

象獸走壙而人追之 故不限豚 許云从豚

曰獲 卷三第三十二葉 卷一第二十二葉 卷七第十二葉

說文解字獲 獵所獲也从犬蒦聲 此从隹从又 象持鳥之形

亦許書訓鳥一枚之隻字 同形 鳥曰隻 失鳥曰奪 从

大从隻 許君云从又从奞 失之

从隹 从大小之大 許君云从又从奞 失之

而從之

曰漁 卷一第三十二葉 卷四第三十六葉

說文解字漁 捕魚也 从魚从水 此从又持魚 从水

曰牧 卷四第四十三葉 書契 卷五第二十七葉

[illegible] 卷五第四十四葉 [illegible] [illegible] [illegible] 卷二 [illegible] 藏龜

說文解字：牧，養牛人也，从攴从牛。此或从牛或从羊 [illegible] 牧 人以[illegible]

[illegible] 牧為職，不限以牛羊也 [illegible] 牛八

從矣。許文或从自作敘，或又增止，以象行牧。或[illegible] 从又第二

小篆从牛[illegible]

一 [illegible] 卷七第十三葉

曰漁 [illegible] 卷五第九葉 [illegible] 卷五第四十一葉 [illegible] [illegible] [illegible] 卷一第四十七葉

[illegible] 卷四第十一葉 [illegible] [illegible] 卷六第五十葉 [illegible] 卷四第四十葉

說文解字：漁，捕魚也，从𩺰从水。篆文从魚作漁。此从魚从水

與許書篆文同。或从収中四魚，一魚。其文曰王漁，知亦漁字

矣。或備魚而漁。曰或作 [illegible] 許書 [illegible] 古文，然不能[illegible]

漁字作[illegible]，則許書之字皆从又，則[illegible]為漁字無疑。注許

君以[illegible]者[illegible]失之矣。卜辭中又有从[illegible]字 卷六第五十葉

[illegible] 卷六中 [illegible] 字 [illegible] 文若与 [illegible] 从 [illegible] 由 [illegible]

曰 [illegible] 卷四第十四葉 [illegible] 又 [illegible] 之

說文解字 [illegible] 田也 从 [illegible] 由古 [illegible] 从林作樵 此从林

故从辰或加又 [illegible] 象手田間 [illegible] 不从甶 [illegible] 而藏史 [illegible] 解作

[illegible] 从田 [illegible] 从田与史書 [illegible] 从 [illegible] 卜 [illegible]

曰 [illegible] 許書从由乃田之訛矣 [illegible] 从田亦及

曰余 [illegible] 卷一第十四葉 又 [illegible] 卷 [illegible] 葉

說文解字余語之舒也 从八舍省聲 [illegible] 古文作 [illegible] 与此同

曰我 [illegible] 卷三第十六葉 [illegible] 卷一第十六葉 [illegible] 卷三第三十葉 [illegible] 卷四第十二葉

說文解字我从戈从手 手或說古垂字 一曰古殺字 古文作 [illegible]

古文作 [illegible] 与此同 [illegible] 識古文作 [illegible] 由 [illegible] 傳寫 [illegible] 論矣

曰 [illegible] [illegible] 卷七第十二葉 [illegible] 卷六第十二葉 [illegible] 卷七第十八葉 [illegible] 卷五第四十七葉

說文解字[illegible]古文作[illegible]有[illegible]古文作[illegible]有[illegible][illegible]从八[illegible]毛公鼎

毛公鼎作从八[illegible]此从[illegible]从[illegible]與[illegible]者[illegible]許書之[illegible]此

[illegible]卷[illegible]作[illegible][illegible][illegible][illegible][illegible]為八分書之[illegible][illegible]許君[illegible]

瑞如本字從之夭

曰德 [illegible] 卷二第十九葉 [illegible] 卷二第十七葉

說文解字德升也从彳悳聲 此从彳从直 古文[illegible]作 吳中丞曰古文以為直字 歷七[illegible]

古與得同德得於心而有所得也从直

曰智 [illegible] 卷五第十七葉

說文解字𥏼从白从亏从知 古文作[illegible] 此省曰

曰龢 [illegible] 卷二第十四葉

說文解字龢調也从龠禾聲 經典假和為之 此从龠省

曰龠 [illegible] 卷三第二十五葉 [illegible] 同上 卷五第十九葉 [illegible] 卷二第十六葉 [illegible] 卷六第十五葉

說文解字寧願詞也从丂寍聲此从寍省心从丁寍亦从丁聲
與此同卜辭此字皆訓安

曰粵 [illegible] 卷四第十八葉

說文解字粵亏也審慎之詞也从亏从宷省聲此从四木从皿寧訓安許書
訓粵為亏審慎之詞許君以宷為審而以寍為願詞亏卜辭曰
今日粵雨粵與寧誼同蓋為字其訓願詞本誼由此誼引

申之也

曰成 [illegible] 卷五第十葉

說文解字成就也从戊丁聲古文作㦿从午案成古金文皆从戌
从丨 師田父敦史頌敦周公敦皆與此同

曰喜 [illegible] 卷一第一及卷五第十六葉 [illegible] 卷四第十八葉 [illegible] 卷五第十六葉

說文解字喜樂也从壴从口古文作歖此與篆文同

一月到 卷九第三

八十三

曰利 [illegible] 卷七第十三葉 [illegible] 卷七第十八葉 [illegible] 卷七第三十二葉 （卷十二葉）

說文解字利从刀从和省古文作[illegible]此与許書古文略同也

合

曰好 [illegible] 卷七第十二葉 [illegible] 卷六第二十七葉

古陶文作[illegible]與此同 卷二又

曰魯 ○ [illegible] [illegible] 卷六第[illegible]葉

說文解字魯鈍詞也从白蓋省聲此从魚从口 [illegible]

師全父鼎[illegible]並从口与此同 其[illegible]从魚[illegible]兄[illegible]

又曰[illegible]盧兒鐘[illegible]从[illegible]字此[illegible]敢[illegible]

曰商 [illegible] 卷二第十五 [illegible] [illegible]

曰莫 酉 卷二第十五葉 [illegible] [illegible] 卷[illegible] 酉 卷一第二葉

[illegible]从[illegible]从[illegible]有[illegible]从[illegible]

从酉[illegible]从酉[illegible]

[illegible]

曰風　[illegible]　卷七第十二葉　[illegible]　卷七第三十葉

曰𠭯高　[illegible]　卷一第三十三葉　[illegible]　第三十[illegible]葉　[illegible]　第三十五葉

曰亞　亞　卷三第八葉

說文解字亞醜也象人局背之形賈侍中說以為次第也此从

亞与古金文同許君象人局背之形不合許君以象局背之說

說文　比即亞与賈侍中次第之說午殊尔狀而增益之說也

亞已詳於新說矣

曰仲　中　卷三第八葉　中　曰

古伯仲之仲但作中與中正之中非一字　从人加人从[illegible]

說見前篇中字下

後世加人以別之矣

曰季　[illegible]　卷五第四十葉　[illegible]　卷七第四十一葉

曰困　困　卷五第三十八葉

八十四

多[illegible] 殷虛[illegible]字

曰用 用 卷一弟九葉 用 弟一十六葉 用 弟十葉 用 同上 用 卷七弟三十七葉

說文解字用从卜从中古文作用 衛宏說 [illegible]字 [illegible] 雖不能由[illegible]以[illegible]

案从中之說殊誤 當是[illegible]

曰分 分 卷七弟四十五葉

曰盡 [illegible] 卷一弟四十四葉 [illegible] 同上 [illegible] 弟四十五葉

从又持木从皿 [illegible] [illegible] [illegible] [illegible] [illegible] 有 [illegible]

考說文解字云从皿 [illegible] [illegible] 不[illegible]矣

曰囍 [illegible] 卷五弟四十二葉 [illegible] 弟四十三葉 [illegible] 卷二弟十六葉 [illegible] 弟三十四葉 [illegible] 卷三 [illegible] 卷

弟四十六葉

說文解字艱土難治也从堇艮聲 [illegible]文从喜作囏 从

喜者鼓又从壴 又古金文艱字从黃 [illegible] 从火 [illegible]

曰疾 [illegible] 殷虛

曰多 曰小臣 曰[illegible]

[illegible] 卷二弟十二葉

[illegible] 卷一弟二十七葉 [illegible] 弟一十六葉 卷一弟一及[illegible] 二弟廿葉

[illegible] 弟二十三葉 卷一弟廿[illegible]葉

[illegible] 卷二弟[illegible]葉

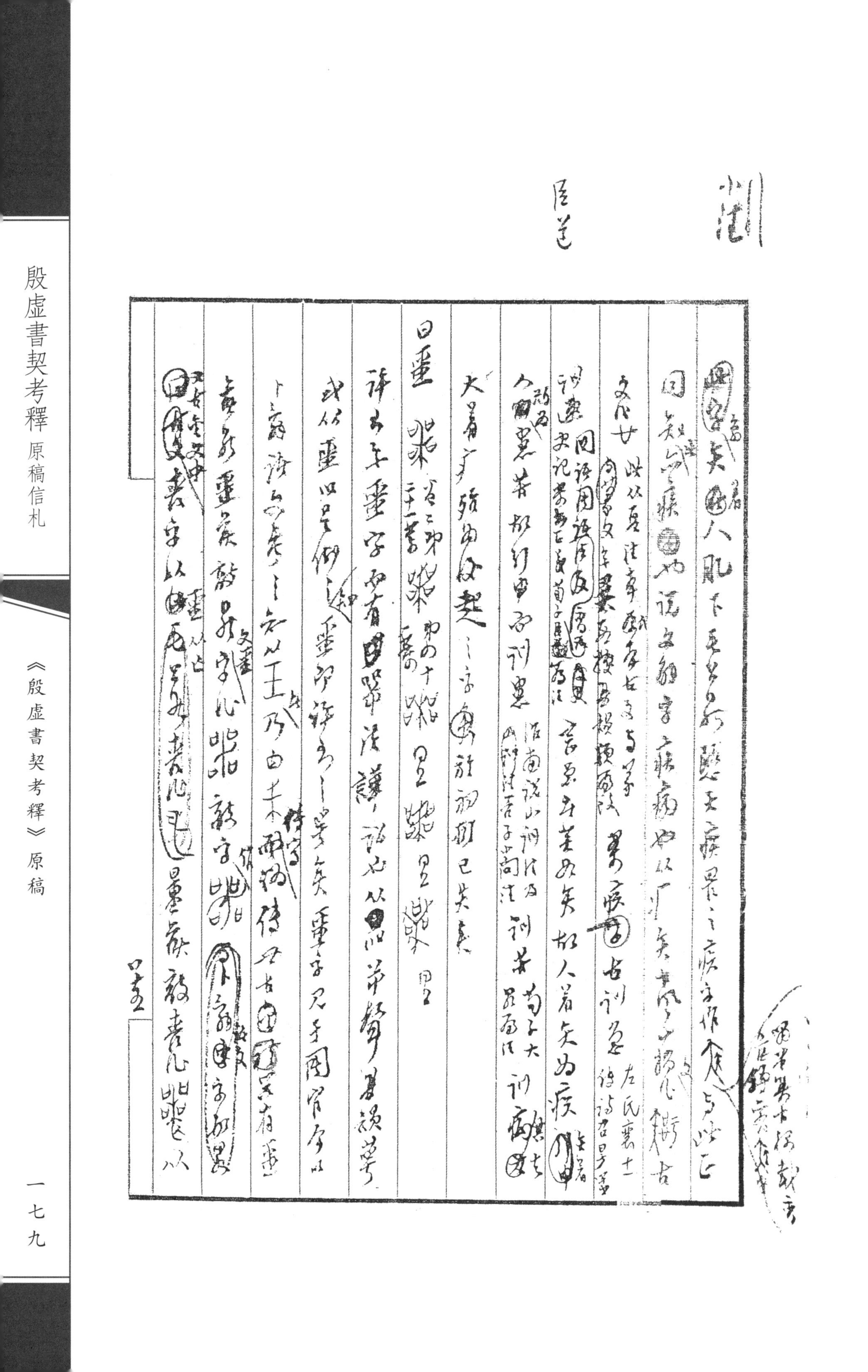

[illegible]

□齊鎛作□ □亦作□ 从□ □均與卜辭同 □又作□ 从□

□ 从□ 則與壺蓋文合 書西周彝器之□ 从下□

□□ 卜辭 □字 □ □ □□ □ 鄂侯 □□ □

□之 文同為壺字 □ 壺侯 史記殷本紀 鄂侯 徐廣曰 一作□ 音于

係□ 一 音于 野王縣有邘城 □ □□ 徐廣 □ 民□ 邘城

阿 □ 從 □ 鄂 □ 从鄂 □ 是□ □ 鄂古□ 國 □

□ 史記之小邘 史記 □ □ 邘 □ 史記 鄂侯 □ 之

壺侯卜辭中壺為地名 殆即壺侯國 □ □ 之□

段□之字 此其初字矣

曰□ □卷二第二十七葉 □第三十葉 □第三十九葉 □第三十四葉 □第三十五葉 □ 重

卷四第十葉 □ 第三十八葉

說文解字□ 礙不行也 从叀引而止之也 古金文有□字 □ □

井 卷七第六葉

[illegible]古人釋爲[illegible] 卜辭文一[illegible] 井 卷七第二葉

曰井 井 卷一第二十七葉 [illegible] 卷二第二葉 [illegible]

曰至 至 卷二第二葉

曰入 人 卷二第二葉 入 [illegible]

曰在 才 卷一第一葉 [illegible] 第九葉 十 卷二第三葉 十 第四十葉 [illegible] 卷七第三十三葉

說文解字在存也从土才聲 古金文作十 與此同

曰絲 88 卷一第九葉 [illegible] 第十一葉

說文解字絲微也从二幺 古金文作[illegible] 與此同 [illegible]

卜辭同

曰令 [illegible] 卷一第十一葉 [illegible] 卷三第十九葉 [illegible] 第二十四葉 [illegible] 第二十五葉

說文解字令發號也从亼从卪 古金文作[illegible] 古金文作[illegible] [illegible]

[illegible] 盂鼎 與[illegible]同

曰旁 卷二第三葉

說文解字旁溥也从二闕方聲古文作㫄[illegible]古文又作[illegible] 籀文作雱

[illegible] 並从口从方 此从口亦同

曰雩 [illegible] 卷七第十九葉 [illegible]

說文解字雩夏祭樂于赤帝以祈甘雨也从雨亏聲或从羽作𦏞 古文[illegible]

雩 雨 作 雩 [illegible] 作 雩 [illegible] 雩 [illegible] 从雨从[illegible] [illegible]

一从雨省从[illegible] 一从雨从[illegible] 与古文同

曰于 于 卷一第[illegible]葉 [illegible] [illegible]

說文解字亏於也象气之舒亏从丂从一一者其气平也 [illegible] 古金文[illegible]

小于 [illegible] 或从[illegible] [illegible] [illegible] 与[illegible]同

曰乎 乎 卷二[illegible] [illegible] 卷一第[illegible]

說文解字乎語之餘也从兮象聲上越揚之形也 古金文作乎

小十七

補 [illegible] 字

殷契 [illegible] [illegible] 亦 [illegible]

曰 昌 [illegible] 卷一第二十六葉 [illegible] 第二十四葉 [illegible] 卷五第三十二葉

曰 乃 [illegible] 卷四第三十二葉 [illegible] 殷契菁華

說文解字乃古文作 [illegible] 籀文作 [illegible]

曰 霝 [illegible] 卷二第十五葉 [illegible] 殷契菁華 [illegible] 卷五第三十五葉

說文解字霝雨零也从雨 [illegible] 象零形 [illegible] 詩曰霝雨其濛 [illegible]

[illegible] 从 [illegible] 雝與此同

曰 集 [illegible] 卷五第三十七葉

說文解字雧群鳥在木上也从雥从木 或省作集 [illegible] 从隹 集

从 [illegible] 隹在木上 與此同

曰 鳴 [illegible] 卷五第四十七葉 [illegible] 同上 [illegible] 同上 [illegible] 卷六第七葉

說文解字鳴鳥聲也从鳥从口 此从雞从口 雞知時者也

象雞而鳴引申爲凡鳥之鳴許書从鳥非初誼矣石鼓文
亦从鳥作鳴

曰[glyph]亦作[glyph] [glyph] 卷六第四十六葉
說文解字雧羣鳥在木上也此从[illegible]下从鳥在木上

曰[glyph] [glyph] 卷六第四十葉
說文解字[glyph]而[illegible]从[illegible]从口与[illegible]同意
此形存誼但可知者爲之取誼而不可知其聲不可知矣

曰[glyph] 卷六第十八葉 [glyph]同上 藏龜第二百 [glyph] 卷四第七葉
[glyph]同上 卷一第四十葉 [glyph] 卷二第十葉 [glyph] 卷五第一葉 此字殆倒置耳 書中僅見
象手持鳥[illegible]于神前或加手[illegible]一[illegible]說文解字[illegible]許[illegible]
所以[illegible]祝曰以[illegible]者[illegible]風俗通[illegible]
祀[illegible]与[illegible]曰[illegible]下[illegible]親[illegible]持[illegible]不[illegible]

祭

曰[illegible]（卷八第十六葉）[illegible]（卷十第十六葉）

象兩人側持禾于神前，[illegible]蓋祈穀之祭，為[illegible][illegible]

与

曰[illegible]（卷一第三十四葉）[illegible]（卷六第十葉）[illegible][illegible]（卷一第四十葉）[illegible]（卷四第廿九葉）

象兩手奉牲首于且上，[illegible]象用牲于宗。小子[illegible][illegible]孫于社

禮，親自[illegible][illegible]祭社稷，以牲[illegible][illegible]，又為人[illegible]祀，割[illegible]牲[illegible]

又當[illegible]文之[illegible]首之[illegible]段之[illegible]、

曰[illegible]（卷三第二十[illegible]葉）

象手持貝[illegible]于神

曰[illegible]（卷七第三十七葉）曰[illegible]（卷六第二葉）

象人在肌下　象[illegible]于神前[illegible][illegible][illegible][illegible][illegible]

曰[illegible]（卷七第二葉）曰[illegible]（卷六第十二葉）[illegible]（卷七第十二葉）[illegible]

象人戴[illegible]之[illegible]

曰[illegible]（卷四第十二葉）[illegible]（卷六第三十葉）[illegible]（卷四第[illegible]葉）[illegible][illegible][illegible]（卷[illegible]第十葉）

象人何[illegible][illegible]手持[illegible]

曰[illegible]（卷六第三十四葉）[illegible]（卷七第二葉）

象人在[illegible]中

[illegible]

曰[illegible] 卷一第[illegible]葉 [illegible] 卷六[illegible]葉 [illegible] 卷四第二十[illegible]葉

貞人[illegible]井中 [illegible]

曰[illegible] 卷六第[illegible]葉

貞人[illegible]陽井中[illegible]而和之者為一字矣

曰[illegible] [illegible] 卷[illegible]

貞人[illegible]持戈

曰[illegible] 卷六第[illegible]葉 [illegible] 曰[illegible] 卷一第[illegible]葉 [illegible]

貞人持弓[illegible]竟祖乙自 貞人[illegible]執戟

曰[illegible] 卷六第[illegible]葉 [illegible] 卷四第[illegible]葉 [illegible] 卷六第[illegible]葉 [illegible]

貞人[illegible]執[illegible] [illegible] 从[illegible]在[illegible]立戈[illegible]

曰[illegible] 卷[illegible]第[illegible]葉 曰[illegible] 卷六第[illegible]葉

貞人[illegible] 貞人[illegible]覆[illegible]

曰[illegible] 卷[illegible]葉 [illegible] 貞人[illegible]

曰[illegible] 卷七第三十一葉

象持矢在[illegible]中。

曰[illegible] 卷七第三十二葉

象兩手奉田于[illegible]下田象[illegible]黑形

曰[illegible] 卷六第四十六葉

象人手奉[illegible]。

曰[illegible] 卷六第四十一葉

象人手執它

曰[illegible] 卷六第十一葉 [illegible] 卷七第三十一葉 [illegible] 第七十六葉

象手持支擊它于水中

曰[illegible] 卷一第二十九葉

象持支擊它

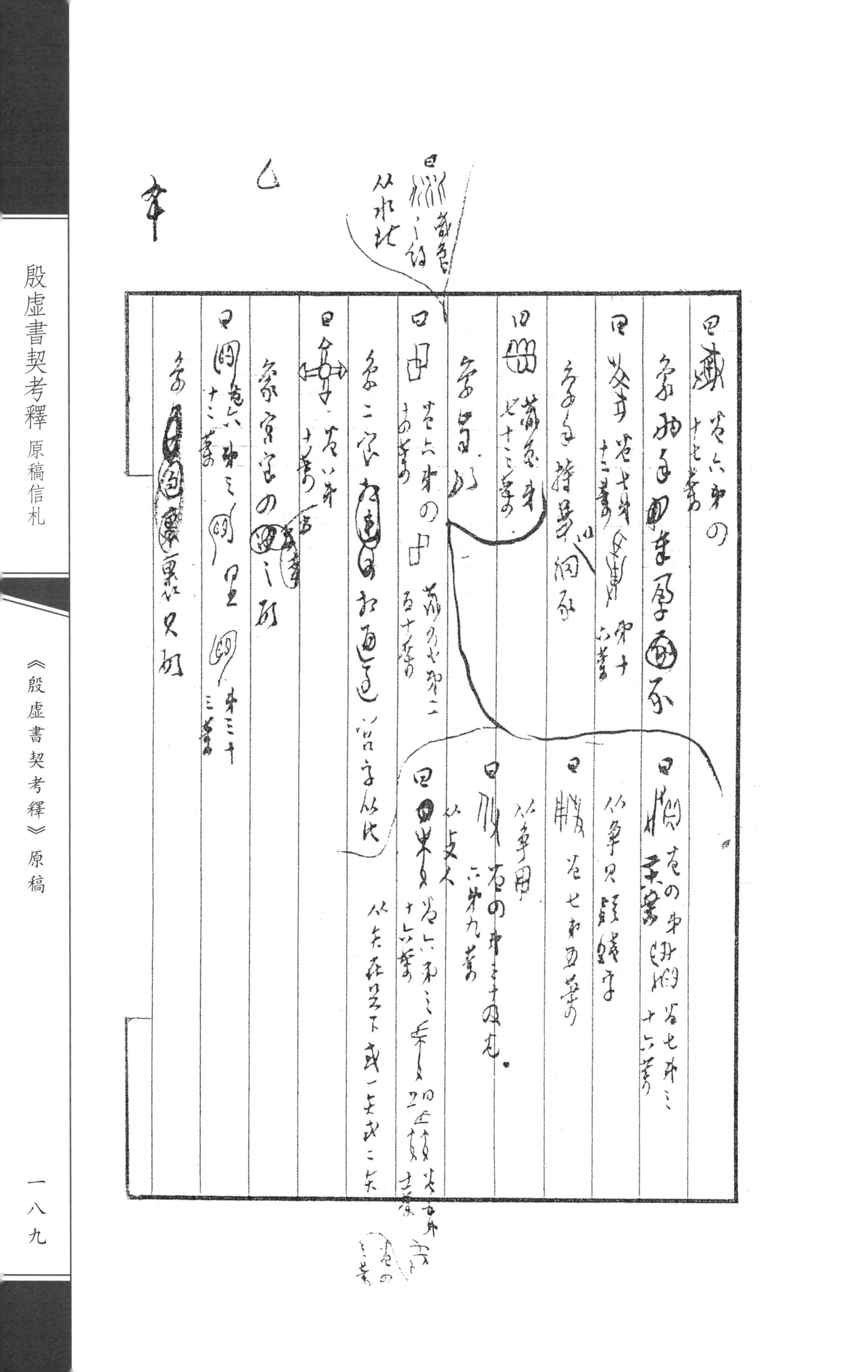

[illegible]

曰[illegible] 卷六第二十六葉 曰[illegible] 六葉

曰[illegible] 卷一第[illegible]葉 [illegible] 卷六第二十七葉

象[illegible]形 又與二象[illegible]

疑為[illegible]字

从刀且

曰[illegible] [illegible]第百九十葉

曰[illegible] 卷六第二十六葉

从羊在[illegible]中 [illegible] 遲 字从[illegible]

从羊在[illegible]方中

曰[illegible] [illegible]第四十三葉

象[illegible]形[illegible]

曰[illegible] 卷四第十三葉 [illegible] 卷四第十[illegible]葉 [illegible] 卷二第十[illegible]葉 [illegible] 卷六第二十四葉

象人鬼在四[illegible]中

曰[illegible] 卷二第十二葉 [illegible] 卷六第[illegible]葉 [illegible] 卷六第[illegible]葉

曰[illegible] 卷六第二十三葉 [illegible]

象[illegible]在[illegible]中 [illegible]在[illegible]中

从午行 或从午行 [illegible] 从攴

曰[illegible] 卷六第十六葉

乙

象數首長角　曰[illegible] 卷六第四十四葉

曰[illegible] 卷六第四十五葉 [illegible]　象獲鳥在网中

象鳥在网中　曰[illegible] 卷二第四十六葉　[illegible] 卷七第二十七葉

曰[illegible] 卷五第四十四葉 [illegible] 卷一第十二葉 [illegible] 卷一第二十四葉

象戈在牛側或在羊側或在豕側　象人持[illegible] 從匕

卜牝字異

曰[illegible] 卷四第十七葉

象從鳥

曰[illegible] 卷六第四十葉 卷四第廿四葉

从大象[illegible]

曰[illegible] 卷六第十葉　曰[illegible] 卷六第廿六葉

从二鹿　象鹿形

九十七

(十)

此所與證之可知者

卜辭中字形今雖不能識字不可識而義可知者然尚有數字茲并注

一曰[illegible] 傳外 [illegible] 一曰[illegible] 華外

其形義與書有不可知而見于古金文者

曰[illegible] 卷七第二十二葉 [illegible] 卷一第七葉 [illegible] 第十七葉 [illegible] 第一葉 [illegible] 卷四第二葉 [illegible] 卷七第四十葉

內有舞心[illegible] [illegible] 已亥卜方舞心[illegible] 已酉古[illegible]

曰田 卷一第二十八及卷二第二十五葉

曰見于田[illegible] 苗人釋田漢

曰狩 卷四第四十七葉

見王之父丁亯

曰[illegible] 卷四第七葉 [illegible] 卷二第四葉

父丁象作[illegible]

曰[illegible] 卷六第三[illegible]十七葉 [illegible] 卷一第四十六葉 卷四第十一 八 卷六第三十七葉

[illegible]遟異作[illegible]

曰[illegible] 卷六第六十七葉 [illegible] 卷四第二葉 [illegible] 卷七第十三葉

从之从方从行作[illegible] 昷省作[illegible]

曰[illegible] 亦與前[illegible][illegible] 卷二第二十一葉

[illegible]鼓[illegible]作父乙簋[illegible]作[illegible]

曰[illegible][illegible] 卷二第二十二葉

兄甲[illegible]壽

曰[illegible] 卷八第七葉

[illegible]田[illegible]作[illegible]

曰[illegible] 十二葉[illegible]

[illegible][illegible]省作[illegible] 卷八[illegible]

九十二

曰[illegible] 卷四第二十一葉 [illegible] 第廿葉 [illegible] 卷六第七十四葉

[illegible]貞女□[illegible][illegible]■又[illegible] 佑

曰[illegible] 卷二第十八葉 [illegible] 卷二第十五葉 [illegible] 卷七第十九葉 [illegible] 卷六第八葉

癸丁貞[illegible] 癸巳貞[illegible]

曰[illegible] 卷四第八葉 [illegible] 卷六第十五葉

曰[illegible] 卷六第十二葉

[illegible]山[illegible]癸乙卜[illegible] 佑

丁未[illegible]

曰[illegible] 卷二第三十七及卷四第三十 卷八第十四葉

兄辛母癸丁[illegible]及[illegible]

曰[illegible] 卷二第十六葉 [illegible]

兄[illegible]及王[illegible]

曰[illegible] 卷二第二葉

兄癸乙方[illegible]

足文乙古欸

曰爪 前編卷五 第五十一葉 爪 卷六第五十九葉

正字作者爪而加𠂹 從小豕 誤此一字不載

曰𢆶 卷五第三十六葉 𢆶 卷一第二十四葉 卷七第二十五葉

格白 敦作𢆶

曰𤉡 卷四第七葉 卷七第四十葉

師望鼎作東

曰𦣝 卷五第二十一葉

父乙鼎作𦣝 薛氏款識 邑子方彝作𦣝 博古圖錄

曰𣪊 卷五第四十葉

曰書 卷二第十四葉

遺小子敦作𦣝

曰𣬈 卷一第四十八葉

九十二

釋[illegible]小篆

曰[illegible] 前編卷三十六葉 [illegible] 卷六第二十三葉 [illegible] 卷四第十二葉

[illegible]從中[illegible] 後編[illegible]

曰[illegible] 卷六第二十五葉

案[illegible]

此即[illegible]見于古金文者也

此[illegible]例[illegible]也

[illegible]

[illegible]

[illegible]

[illegible]

史籀而已。史篇籀小篆法古之祖，有西周之（因而）草籀，則於彝器同文
殊（辭），二者雖不與彝器文合者而已足證其說之（誤而不正）之文非名(?)
者之篇以籀（判讀乎）書證王氏李斯作篇氏固當之其篆矣
傳先生所同說云說文所錄字古文皆是大篆其引據經
典皆用古文說間有採書古文籀文者乃古籀之別稱耳非
古文亦只存此字而已云後人無所指說文為古篆別求所謂
古文而古文亡矣云之先生說謂足以信說文解字叙為
中所言（西漢之）孔子壁中書（不）……（此處）果莫識未有及者（也）
今得下篇乃（與）甚徵信而行之，且許君所言之古文便證
壁中書而出之，籀文則當已佚，古字之出為其所收其所采乎
若史之篇固其宜矣，如許書之傳又且七千餘字乎，亦其不能全
出（侍者）文不果（收此）據是以求古文之真亦須實驗之耳
如(?)書(?)

四頁

初以爲與古籀相錯以上之亂說殆無可得此爲古文之
真面由許書以上溯古金文由古金文以上溯卜辭
由本可得而識而由古金文之明證許君之書圖許書字形
者可矣

卜辭第六

文字既明卜辭乃可得而讀顧商人文字頗簡方寸之文或紀數
事又字多假借有既得其讀而未能洞其誼者卜事難得
爲八目曰祭曰神曰告曰亯曰出入曰田獵曰征伐曰年曰風雨曰雜卜爲之說完
具者或不可讀讀者不復入之
其卜祭者百有卅六

曰壬戌卜貞王賓示壬翌日亡尤（卷一第一葉）
王賓說見下禮制篇卜辭之例凡卜祭日皆以所祭之祖
生日爲卜日如示壬以壬日示癸以癸日大乙以乙日或有先期數

是亦常例矣

曰丙寅卜貞王賓大甲爽妣丙翌日亡尤 卷十第三葉

凡以妣配食於卜辭之例，皆以妣之生日為卜日，如妣丙以丙日祭

從大乙之亡日也

曰壬寅卜貞王賓壬卜翌日亡尤 卷一第九葉

曰壬午卜貞王賓卜壬翌日亡尤 卷一第四

曰辛巳卜貞王賓且辛丁翌亡尤 卷一第十一葉

曰庚申卜貞翌辛丑示又于且辛又妣 卷一第十二葉

卜辭之有爽而不記妣名，依前例求之，以庚日卜辭為妣庚矣

曰庚申卜貞王賓般庚翌日亡尤 卷一第十五葉

曰丁卯卜貞王賓且丁翌日亡尤 卷一第二十三葉

此以生之日卜者

九十五

肜日

曰乙卯卜貞王賓且乙翌日亡尤 卷二第二十四葉 同上

曰□卯卜貞王賓武丁奭妣辛翌日亡尤 第三十七葉 卷一

右言翌日者十翌日者卜之明日也□卯係何當為辛卯矣

曰壬寅卜貞王賓示壬彡日亡尤 第一葉 卷一

曰癸巳卜□貞王賓示癸彡亡尤在十月 第二葉 卷一

曰癸酉卜貞王賓示癸彡□亡尤 同 卷一

曰丙申卜貞王賓大丁彡亡□ 第四葉 卷一

此以肜日卜者

曰甲申卜貞王賓大甲彡日亡尤 第五葉 卷一

曰辛丑卜貞王賓大甲奭妣辛彡日亡尤 同上

曰癸亥卜貞王旬亡咎在五月甲子彡日小甲 第七葉 卷一

此以肜日先旬卜者

曰甲辰卜貞王賓羊甲彡日亡尤 卷一第十七葉

曰己丑卜貞王賓且己奭妣庚彡日亡口 卷一第十六葉

曰癸丑卜貞王賓中丁奭妣癸彡日亡尤 卷一第八葉

曰癸亥卜貞王賓中丁奭妣癸彡日亡尤 曰

曰丁亥卜貞王賓中丁彡日亡尤 曰

曰壬寅卜貞王賓卜壬彡日口口口 卷一第九葉

曰丁亥卜貞王賓卜壬彡日亡尤 曰

曰丁未卜貞王賓南庚彡日亡尤 卷一第十三葉

（此以丁日先七日卜庚）

曰□庚寅卜貞王賓南庚彡日亡尤 卷一第十四葉

（此以庚日先三日卜庚）

曰己丑卜貞王賓且丁奭妣己彡日亡尤 卷一第十七葉

曰庚戌卜貞王賓四乙奭妣庚彡亡尤 曰

曰丁未卜貞王賓武丁彡日亡口 卷一第十八葉

曰丁未卜貞王賓且庚丁彡日亡尤 卷一第二十葉

且康猶卯且庚此以庚先三日卜者

卷十六

肜月

𢀛日

曰丁卯卜貞王賓〔?〕肜日亡尤 卷五第十三葉 同人名者八名爲未載補錄于此

曰丁巳卜貞王賓且乙奭妣己肜日亡尤 卷一第三十葉

曰癸未王卜貞酒肜日自上甲至于多后衣亡它自畎在四月隹王二祀 卷三第二十七葉

其以〔?〕先三日卜也

曰癸亥卜貞王旬亡畎在五月甲寅肜日〔?〕甲 卷二第四十二葉

〔?〕于肜日者二十〔?〕明日又〔?〕爲〔?〕〔?〕其甲以甲日〔?〕卜以〔?〕

庚六日〔?〕先一日卜〔?〕

曰丁丑卜貞王賓〔?〕肜月亡尤 卷一第二十葉

〔?〕其以〔?〕先百卜也

曰己卯卜貞王賓庚肜月亡尤 卷六

〔?〕以〔?〕先百卜者

曰己巳卜〔?〕庚肜月亡尤 卷二第十葉

其六以〔?〕先一日卜 以上于肜月在三肜月下謹不可知矣

曰壬申卜貞王賓示壬𢀛日亡尤 卷一第〔?〕葉

此二行
另提行
前

曰□戊卜貞王賓亦癸疾妣口㗊日亡尤 卷一第二葉

卜辭中祇二字亦癸之記曰妣甲妣丙祇及甲字則

卜日是甲戌矣

曰丙辰卜貞王賓丙卜㗊日亡尤 卷一第五葉

曰戊午卜貞王賓大戊㗊日亡尤 卷一第七葉

曰戊辰卜貞王賓大戊㗊日亡尤 卷一第二日

曰庚辰卜貞王賓南庚㗊日亡尤 卷一第十四葉

曰庚申卜貞王賓般庚㗊日亡尤 卷一第十六葉

曰庚寅卜貞王賓般庚㗊日亡尤 卷二口

曰乙卯卜貞王賓小乙㗊日亡尤 卷一第十七葉

曰庚子口貞[illegible]其日小辛㗊日口 卷一第十六葉

此[illegible]先百卜在

九七

曰乙未卜貞王賓祖乙翌日亡尤 卷一第二十一葉

曰□卯卜□貞王賓且丁 翌日亡尤 卷三第三十四葉

卯上缺一字依例求之乃己字也

曰甲申卜貞王賓上甲翌日亡尤 卷二第十六葉

[illegible]翌日者十有三 翌日[illegible]名[illegible]見于古金文[illegible]尊[illegible]

在十月隹王廿祀翌日己亥方彝 博古圖 方在六月隹王十祀

翌日見敦彝 博古圖 在九月隹王九祀翌日[illegible]

兄癸彝亦在九月 博古圖 [illegible]十九月凡古金文中[illegible]人

[illegible]有翌十二月在大甲在[illegible]月之[illegible] [illegible]而附識于此

曰辛亥卜貞翌壬子示壬[illegible]□□十一月 卷二第十一葉

曰壬未卜貞王賓祼亡尤 卷二第四十葉

此[illegible]先[illegible]日[illegible]下略

曰己□卜貞王賓兄己[illegible]亡尤 卷一第[illegible]葉

曰□[illegible]卜大貞[illegible]亡尤 [illegible]

曰乙丑卜貞[illegible]日丁未[illegible]丁尊之丑 卷[illegible]第[illegible]葉

曰……貞王蝬日亡它 卷七第二十葉

曰庚申卜行貞王賓日亡尤 卷六第四葉

曰丙午卜貞王賓日亡尤 卷七第二十五葉

[illegible]

[illegible]貞王賓[illegible]名祖丙可知矣

曰甲午[illegible]酉遘示癸祭亡尤 卷[illegible]第二葉

祭之字祀之一也商代之為祀之總名而其祭遘示癸[illegible]

知其禮與[illegible]六日遘于[illegible]

曰丁未卜貞王賓丁祭亡尤 卷[illegible]第[illegible]葉

曰丙[illegible]卜貞王賓丙卜祭亡尤 卷[illegible]第[illegible]葉

曰甲辰卜貞王賓小甲祭日亡尤 卷[illegible]第[illegible]葉

曰癸未卜旅貞王旬亡禍在正月甲申祭祖甲[illegible] 卷[illegible]第[illegible]葉

[illegible]一日祭[illegible]其後祭甲祖甲[illegible]二人同祀[illegible]矣[illegible]甲上

人名若人名而為某載福識于此

曰乙亥卜貞王賓[illegible]丁祭亡尤 卷[illegible]第二十[illegible]葉

九十八

彡一 の 三 五

且上甲卯丑庚編例於卜亥上所標乃巳字有先後卜也

曰甲申卜貞王賓且甲彡亡尤 卷二 廿日

右賓上二字從分占 七

曰丁亥卜貞王賓大丁彡亡尤 卷一 弟の葉

曰癸巳王卜貞旬亡畎在正月王固曰大吉甲午彡上甲

洋甲 二葉 卷四十 卷一

世 一日卜辛

曰辛亥卜貞王賓示壬奭妣庚彡亡尤 卷一 弟十七葉

曰癸丑卜貞王賓武丁奭妣癸彡亡尤 卷一 葉

曰庚午卜貞王賓且庚彡亡尤 卷一 弟十九葉

曰己巳卜貞王賓且己彡亡尤 弟十二葉 曰

曰己巳卜貞王賓且己彡亡尤 卷一 弟二十三葉

曰戊午卜貞王賓且甲奭妣戊彡亡尤 卷一 弟三十二葉

曰辛酉卜貞王賓康且丁奭妣辛彡亡尤 卷一 弟三十七葉

右諸文彡者從彡之義不可知矣

賀

謹上

曰丁巳卜貞王賓大丁乙文□ 卷一第
曰庚戌卜貞王賓南庚□口文 卷一第十
曰癸亥王卜貞旬亡禍在□月甲子□□□ 卷一第
□王賓□□三□上甲名□字□□□知 所祀之為帝□□□
□□□文□字□文字□
曰甲申卜貞王賓上甲□□亡□ 卷一第□
□□□□□王賓小甲□□亡尤 □□ 卷一第□
□二□名□□□知 □□□□□ 卷一第
曰癸亥卜貞王旬亡禍 □□□ 卷二第□

曰癸巳卜貞王賓□□□□□文 卷二第十
□□□□□□一日卜□
曰癸巳卜□貞王□□在四月甲□□日□□□□□□ 卷一第四十二葉
□□□□□□□□□□□□□□□□□□□甲
□人名□人□□□□□□□□□□□□一日□□□□□人□□□□

九九

厶 叔 厶 厶 [illegible] 燕

祖丙甲及且乙丙卜田以癸丑亡先卜日[illegible]矣

曰丙辰卜貞王賓叔亡尤文 智能伐 卷二第二十葉

伐宜于饌說之 此即一日卜此

曰庚辰卜大貞來丁亥其叔丁于大室[illegible]丁酉[illegible] 卷一第三十六葉

以證 此由三日者

曰丁[illegible]卜行貞王賓叔亡尤 卷一第[illegible]葉

曰[illegible]貞王賓叔亡尤 卷五第二十[illegible]葉 卷六第四十二葉

曰庚申卜貞王賓叔亡尤 卷六第九葉

曰[illegible]叔在四五 曰[illegible]貞叔[illegible]

曰丙辰卜賓貞其[illegible]日[illegible] 卷一第[illegible]葉

曰戊午卜[illegible]貞[illegible]口[illegible]乙 卷一第三十二葉

曰乙丑[illegible]其[illegible]工[illegible]于丁世牛十月 卷[illegible]十四葉

曰貞[illegible]丁未[illegible]日 卷[illegible]之四葉 此[illegible]二日卜者

[illegible]之[illegible]曰[illegible]鉤[illegible]

曰甲辰卜貞王賓燕亡尤 卷四第二十葉

曰乙[illegible]卜且丁于己[illegible]十 卷二第十三葉

曰丙子卜貞[illegible]三[illegible]卯三牢

曰乙亥卜賓貞[illegible]亥[illegible]

曰乙亥[illegible] 卷[illegible]

[illegible]石[illegible]

羨

所

不可解者

曰癸卯卜貞王賓𡧊亡□□

曰辛亥卜貞王賓𡧊亡尤

曰癸卯卜貞王賓二牢𡧊亡尤

右[illegible]字[illegible]者之省不可王賓𡧊名者凡卜辭中不常王賓𡧊兩出

皆文字也[illegible]西時字國非古字之祖此矣

曰貞王賓羌[illegible]亡尤 卷六第[illegible]十二葉

[illegible]曰己未卜貞王賓[illegible]亡尤

[illegible]辛酉卜貞王賓[illegible]亡尤 卷五第[illegible] 十[illegible]葉

右[illegible]

曰□□卜貞王賓[illegible]□□ 卷一第[illegible] 十一葉

曰庚子卜貞王賓[illegible]大庚□□亡尤 卷[illegible] 六葉

曰庚申卜貞王賓[illegible]庚[illegible] 卷一第[illegible] 十三葉 □□

[illegible]曰[illegible]卜貞王賓[illegible]亡尤 卷[illegible] 十[illegible]葉

[illegible]

一百

△　濩　伐

曰乙卯卜貞王賓歲乙日亡尤　卷一第二十二葉

曰乙丑卜貞王賓歲日亡尤　四

曰壬子卜祖乙王賓㽙亡尤　卷五第五葉

曰乙丑卜貞王賓毌亡尤　四日

毌六人名當人名冊載稱識于此

曰甲寅卜貞王賓冊冥濩亡尤　卷一第三十葉

始甲子下冊冥文如濩冥下一字從濩省与濩或可以作形近

始甲子之冊冥名於

曰乙亥卜貞王賓乙濩亡尤　卷一第三葉

濩从日大濩之省作冥而下一字象甲冑之形濩字亦見古文之字其後從此

曰辛未卜貞王賓伐亡尤　卷四第三葉

曰丁卯卜貞王賓伐亡尤　四

曰丁酉卜貞王賓文武丁伐三十人卯六牢鬯六卣亡尤 卷一第十八葉

曰丁丑卜貞王賓武丁伐十人卯三牢鬯□卣 四同

曰庚辰卜貞王賓且庚伐二人卯二牢鬯□亡尤 四同

曰丁未卜貞王賓武丁伐 [illegible] 卷二第十九葉

曰乙丑卜侃于庚妣 [illegible] 伐廿鬯卅 卷一第二十五葉

曰癸未卜侃庚妣 [illegible] 伐廿鬯卅卅牢 [illegible] 三十三 卷四第十葉

曰甲寅卜貞三卜用 [illegible] 伐廿鬯卅 [illegible] 二日于妣庚 卷六第十二葉

曰己亥卜 [illegible] 貞伐于 [illegible] 卷一第十二葉

始 [illegible] 伐 [illegible] 諸 [illegible] 記 [illegible] 天 [illegible] 而 [illegible] 伐 [illegible]

一 [illegible] 剌 [illegible] 伐湯以武功 [illegible] 天下 [illegible] 以伐 [illegible] 武功 [illegible] 武 [illegible]

[illegible] 卯 [illegible] 不可 [illegible] 中 [illegible] 有 [illegible] 卯

于大乙六牢 [illegible] 有 [illegible] 而 [illegible] 又 [illegible] 之

亡于 [illegible] 矣

貞一 [illegible] 伐 [illegible] 殷人 [illegible] 伐 [illegible]

百八一

祭

曰癸亥卜□貞□于示壬𡚸 卷一第一葉

西此貞卜出

曰庚子卜貞于妣乙一牢 祖二牢 卷一第三十二葉

曰乙巳卜貞賓貞于乙丑 同文卷一第五頁 卷一第四十九葉

曰貞于丁丑牛 卷二第九葉

曰貞癸亥卜貞于丁丑 卷四第 □ 卯丑牛 卷二第二十一葉

曰貞于王亥 十九葉

王亥之名卜辭中共有日貞□于王亥 卷四第八葉 前人名爲 共誠福記之

曰□貞于昌貞 上 乙同

曰庚子于昌 乙同

曰貞于兕 卷一第四十一葉

曰貞于兕 乙同

曰癸卯卜貞于某三牢 卷一第四十葉

曰丁巳卜貞于某三 卷一第十二葉

曰癸酉卜貞于某三小牢卯三牢 卷七第二十六葉

曰癸未卜貞于廿小牢卯十牛 年十二月 卷四第十七葉

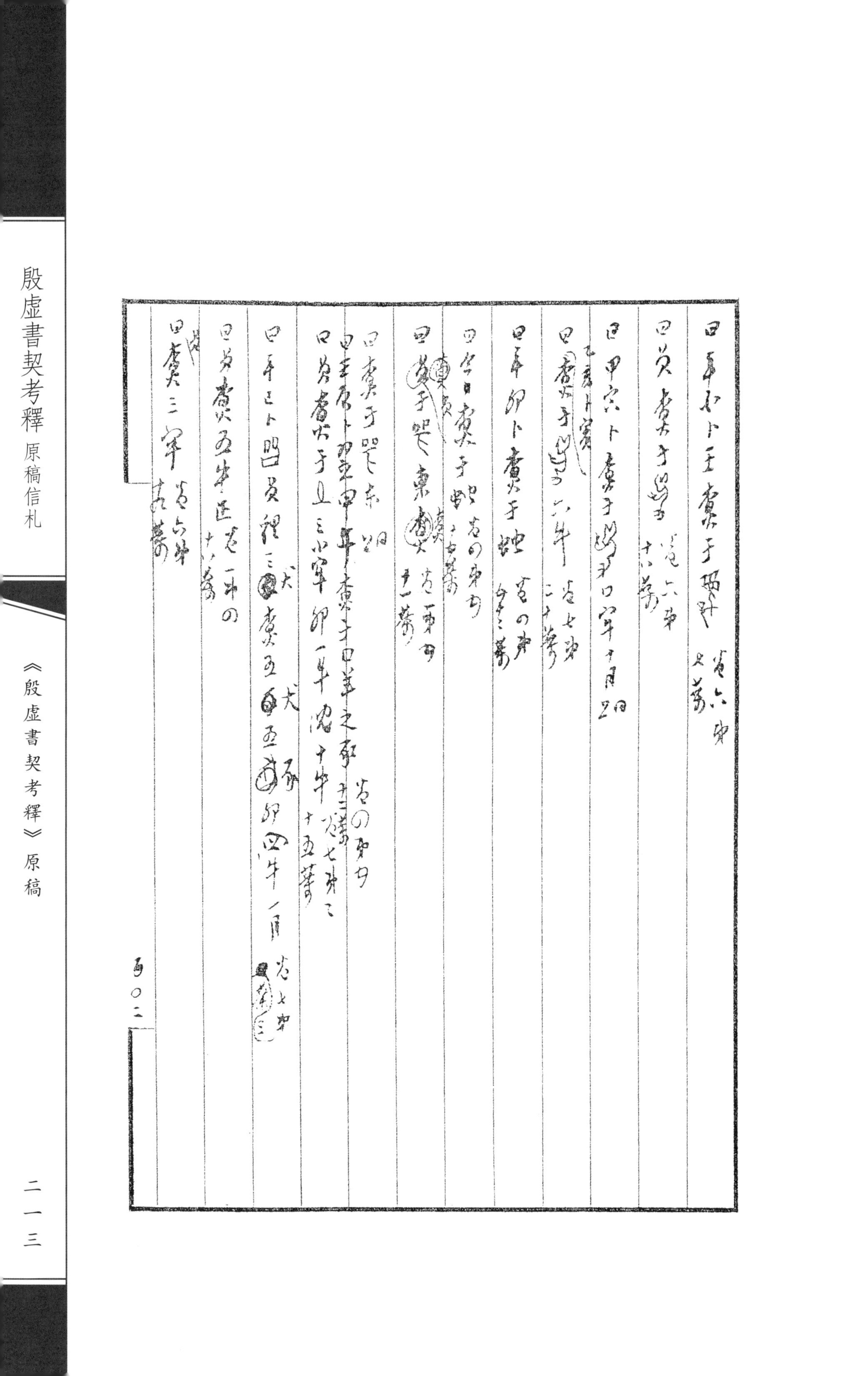

曰己亥卜王于[illegible]

右[illegible]之[illegible]二十有[illegible]出[illegible]代[illegible]用于[illegible]

曰醪十羊之至于大甲 卷一第九葉

曰醪九羊[illegible]大甲[illegible]曰

曰之于大戊三羊[illegible] 卷一第七葉

曰大戊五羊[illegible] 卷一第[illegible]

曰乙巳卜貞[illegible]三羊用于且乙 卷一第九葉

曰甲辰卜[illegible]且乙[illegible] 卷一第[illegible]葉

曰貞牝[illegible]于且乙[illegible]曰

曰甲申卜貞[illegible]乙[illegible]于且乙[illegible]一牛[illegible]曰 卷一第十葉

曰甲子卜貞[illegible]且乙[illegible]羊[illegible]用[illegible]曰

曰甲戌卜貞[illegible]宗丁[illegible]羊[illegible]用[illegible]曰

以上五則[illegible]先一日卜[illegible]

曰丙午卜貞[illegible]于且乙十白[illegible] 卷七第二十九葉

曰[illegible]于且[illegible] 卷一第[illegible]葉

曰丙子卜貞[illegible]丁[illegible]羊[illegible]用[illegible] 卷一第十[illegible]葉

[illegible]先一日卜[illegible]

曰癸卯卜□于且辛二牛癸□日用　卷一第十一葉

其戊二日卜壯　曰且辛二牛又已二牢　卷二第二十二葉

丙戌卜貞　祖丁□

曰且□□日宰□革䓊用　卷一第十二葉

丙申卜貞康祖丁

曰□□□□□其宰革䓊用

曰丙子卜貞康祖丁其宰革用

曰丙戌卜貞康祖其小宰革用

曰丙辰卜貞□□□其宰䓊用　卷一第十二葉

曰甲午卜貞丁且其宰革　曰丙辰卜貞康祖丁其宰　卷一第十一葉

其□二日卜　卷一第十二葉

曰庚申卜貞貞南庚玉牛□　卷一第十二葉

曰乙未卜南庚□小宰　卷一第十四葉

曰甲戌卜貞□于□□小宰七月　卷一第十六葉

百〇三

曰丙戌卜貞文武丁其牢茲用 卷一第十八葉

曰丙午卜貞文武丁其牢 卷一第十八葉

曰丙子卜貞武丁其牢茲用 卷一第十八葉

[illegible]其一曰卜

曰癸巳卜貞祖甲丁其牢茲用

曰甲申卜貞祖甲丁其牢茲用 卷一第十八葉

其先丁卜

曰甲六卜貞武丁其牢茲用 卷一第十二葉

曰甲子卜貞武乙丁其牢茲用 卷一第十二葉

曰甲戌卜貞武乙宗丁其牢 卷一第十二葉

曰甲寅卜貞武乙宗丁其牢 卷一第十二葉

曰戊戌卜貞祖戊[illegible]其牢 卷一第十二葉

曰貞[illegible]甲 卷一第十四葉

曰癸卯卜[illegible]甲犬 卷一第十六葉

曰丙戌卜貞武丁丁其牢茲用 卷一第十七葉

曰丙辰卜貞武丁其牢茲用

曰丙寅卜貞武丁其牢 卷一第十二葉

[illegible]

此以先一日卜

曰貞□□大于大甲□□卷一第十二 十九葉

曰貞二于父庚犬□ 卷一第二 十六葉

曰于□□小牢□三 卷一第二 十六葉

曰貞□于□庚二牛 卷一第二 十五葉

曰□庚牡一 □曰

曰貞□于□ 批 庚五牢十二月 卷二第十 十四葉 貞□卜□貞 曰乙亥卜來□羊□□六十牛 三葉

此以□先の日卜

曰乙亥卜□□貞□于□十牛 卷一第四 十四葉

曰貞□□于□大牢 卷一第四 十五葉

曰□犬 □曰

曰貞□犬于多介父 卷一第四 十六葉

曰貞□二犬于多介父 □曰

曰甲□卜殻貞□于□一牛□之日□ 卷一第四 十七葉

百〇四

曰丙辰卜賓貞[illegible]于丁[illegible]牛十[illegible]口用 卷一[illegible] 十二葉

曰貞[illegible]于丁三牢[illegible] 卷[illegible] 八葉

曰貞[illegible]于王亥世牛[illegible]亥用

曰貞[illegible]于[illegible]卯[illegible] 卷四弟[illegible] 十二葉

曰癸卯卜貞[illegible]百牛百[illegible] 卷[illegible] 四葉

[illegible]人名[illegible]

[illegible]于[illegible]

曰己未[illegible]于[illegible]羊[illegible]卯十牛[illegible] 卷六弟 七葉

曰貞[illegible]百 九月 卷六弟 十二葉

曰[illegible]曰羊[illegible]曰[illegible]貞人名 卷四弟 十二葉

又曰貞口于[illegible] 貞人名[illegible]

曰丁卯卜賓來[illegible]卅 三牢口[illegible] 卷六弟 七葉

[illegible]

[illegible]

曰丙寅卜貞[illegible]宗[illegible]牢 二曰

[illegible]

[illegible]

[illegible]

上十八

曰貞乞往于牛 亡田

曰貞西牛百 亡田

曰貞匃牛十五 卷一第二十九葉

曰丁巳卜貞帝其 卷四第十七葉

曰貞帝 三 大田

雍于寧 十 有

曰之于大甲 卷一第 葉

曰之于大甲 曰

曰丁卯卜貞 于大甲二月 卷七第四十一葉

曰貞 于大甲 卷一第十三葉

曰于王戌 卷一第十五葉

曰之于且乙 卷一第九葉

曰貞且辛 它我 卷一第十一葉

曰貞且辛不我它 亡田

曰貞于且 卷一第十三葉 十五葉 第四十一葉

曰貞于且丁御 卷一第十九葉

曰己亥卜 貞御于南庚 卷一第十二葉

曰癸五年 大三年 卷三第二十四葉

曰十四年廿牛 亡

曰 五 卜 肜 卷八第 葉

曰貞 一 二月 卷一第十九葉

百〇五

曰癸卯卜王賓于咸六月 上旬

曰貞ㄥ于南庚 上日

曰貞南庚宅 上日

甲午卜殻貞之于羊甲 卷七第四十葉

曰貞南庚不宅 上日

曰貞ㄥ于咸 卷一第

曰庚辰卜命貞于咸 卷一第四十四葉

曰貞ㄥ于咸戊 十二葉第四

曰丁卯卜旅貞大甲于小丁四月 卷一第二 十二葉

曰于多介且戊 卷一第二 十三葉

曰貞隹父甲宅 卷一第二 十四葉

曰王賓卜ㄥ父甲 上日

其戊二日卜旨

曰庚寅卜ㄥ父乙羊寸 卷一第二 十五葉

曰丙寅卜貞其月于父丁 卷一第二 十六葉

其先一牛卜

曰貞ㄥ于父庚 卷一第二 十七葉

曰㞢于不乞 之曰

曰㞢卜月于壯甲 卷一第二十七葉

曰貞于㞢丙御 卷一第二十六葉

中丁于㞢己御 十九葉 卷一第二十

曰貞ㄙ于㞢庚御 卷一第二十五葉

曰王于㞢庚 卷一第三十葉

曰壯甲不佳 卷一第三十一葉

曰㞢ㄙ于壯乙 卷一第十一葉

曰癸未貞㞢、㞢 于高壯丙 卷一第三十三葉

曰貞ㄙ于壯己 之曰

曰于壯己 卷一第十三葉

曰貞ㄙ于高壯己 卷一第三十四葉 卷一第三

曰貞ㄙ于高壯己御 卷一第三十四葉

曰于壯庚 卷一第十三葉

曰貞ㄙ于高壯庚 卷一第十六葉

曰貞ㄙ于高壯己高壯庚 之曰

曰于壯壬 卷一第三葉

曰隹妣癸 之日

曰于妣庚御婦 之日

曰丁丑卜兄甲 之日

曰隹兄丁 之日

曰貞于兄丁御 卷一第二十九葉

曰貞兄丁小宀 之日

曰貞御于兄丁 之日

曰貞之于兄丁 之日

曰貞御䜌于兄丁 之日

曰卜貞于子戊 卷一第四十四葉

曰于盡戊 之日、

曰貞之于盡戊 日 上缺中

曰貞ㄑ于多介 卷一第四十五葉

曰[illegible]貞[illegible]之庚 卷一第四十七葉

曰貞ㄑ于[illegible] 卷一第四十九葉 上回

曰貞ㄑ大[illegible] 上回

曰貞于[illegible] 卷一第四十八葉

曰貞ㄑ于[illegible] 卷一第四十九葉

曰貞ㄑ于[illegible] 上回

曰貞ㄑ于[illegible] 卷一第五十葉

曰貞ㄑ于[illegible]又 卷一第五十二葉

曰[illegible]貞ㄑ于[illegible]又[illegible] 上回

此以先[illegible]

曰貞ㄑ于[illegible] 卷一第五十三葉

右[illegible]

[illegible] 五頁

石〇七

卜禘示

[illegible]

[illegible]禘示[illegible]

曰甲午卜貞王□大示 卷三第二 十二葉

曰貞御王自田□大示十六月 四日

曰□□卜□□于大示□于丁 卷四第十七葉

曰癸巳卜大貞之自田元示三牛二示二牛十二月 卷二第二 十二葉

曰□□貞勹元示 二日

曰□□卜貞于三示十月 卷四第十七葉

曰□□卜□于九示 卷三第二 十二葉

曰丁巳貞□□ 卷四第十 □葉

曰貞□□三羊三豕三犬 □日

曰元示□二示曰三示曰九示[illegible]

又有上示西示 卷四第二十二葉

[illegible]

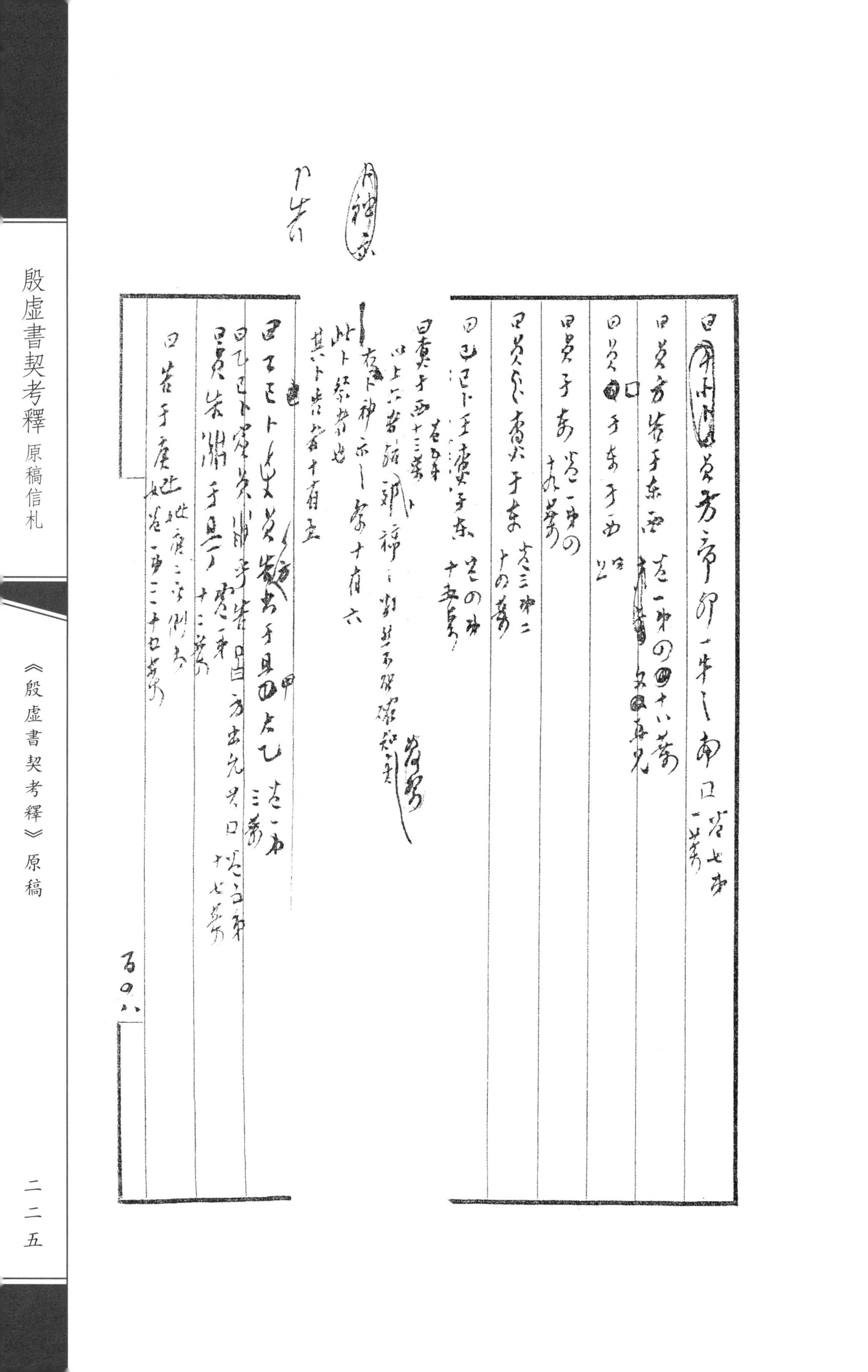

巳貞于妣庚告 二月

[illegible]貞于[illegible]甲告 卷一第[illegible]十二葉

[illegible]貞[illegible]告于[illegible] 卷一第[illegible]十七葉

巳貞于[illegible]告 二月

[illegible]貞[illegible]方于[illegible] 四月 [illegible] 五十葉

[illegible]卜[illegible]今月[illegible]告于[illegible] 卷三第三[illegible]十二葉

[illegible]卜[illegible]貞[illegible]告[illegible] 卷四第三 十二葉

[illegible]卜[illegible] 卷四第四[illegible]葉

[illegible]庚子卜[illegible]丑[illegible] 卯

[illegible]乙未[illegible]告[illegible] 二月

[illegible]卜[illegible]貞[illegible]于[illegible]十月 卷五第四 十[illegible]葉

[illegible]卜[illegible]在[illegible]

卜言

出入

乙

其卜享者四

曰甲辰卜□貞王于戊申高祖享 卷三第二十四葉

曰壬辰卜大御高祖兄 卷四第二十四葉

曰甲申缺上亞貞大高祖□ 卷四第四十二葉

曰癸亥卜王方貞高祖大邑 卷六廿三葉

此卜享祭也

其卜出入者百二十有四

曰丙戌今日□貞大出□月 卷一第四十六葉

曰貞亦出 卷四第三十三葉

曰戊貞大出者 卷七第三十葉

曰丙子貞戊方貞大出以月 卷五第二十六葉

曰庚子四五庚申出 卷五第四十四葉

百〇九

入

曰癸卯卜出貞旬亡囚九月 卷五第二十八葉

曰貞王往出 卷七第二十葉

曰甲午卜賓貞王往出畬 卷七第二十八葉

曰貞不允出 卷一第四十五葉

曰丙辰貞不出 卷三第二十九葉

曰貞方不大出 卷五第二十八葉

曰庚子卜貞我不吉出 卷六第三葉

曰甲口卜賓貞王入 卷一第十六葉

曰甲戌卜循貞今六月王入于商 卷二第一葉

曰辛未卜王貞王于之朔入于商

曰辛卯卜循貞來辛酉王入于商

曰己巳卜循貞來乙巳王入于商

曰庚子卜循貞來乙巳王入于口

步

曰貞今夕王入于商 卷二第二葉

曰辛卯卜貞袁乞巳王往入 上同

曰貞王六月入于商 上同

曰貞不□于商五月 上同

□亥卜□

曰貞王于六月入 卷四第六葉

曰貞王入□ 卷四第二十二 又第二十三

□卜八在十月二

曰□貞王步 卷六第二十三葉

曰壬寅卜在□貞王步于□亡□ 卷二第二十一葉

曰乙卯卜在林貞王步亡□ 卷二第十二葉

曰庚辰卜在□貞王步于□亡□ 上同

曰辛巳卜在□貞王步于□亡□ 上同

曰甲午卜在□貞王步于□亡□ 上同

曰□□卜在□貞今日王步于□亡□ 上同

曰□卜貞王步亡□ 卷四第十一葉

曰□□卜貞王步亡□ 卷二第二十葉

曰□卯卜貞王步亡□ 上同

曰己巳卜貞王步亡□ 上同

曰甲□卜貞王步亡□ 卷二第十葉

曰辛卯卜貞王步亡□ 上同

曰庚辰卜貞王步亡□ 卷三第十五葉

百〇十

曰庚寅卜在[?]貞王步于杞亡災 同上

曰乙卯王卜在[?]貞今日步于[?]亡災 卷二第九葉

曰戊寅王卜在[?]貞今日步于[?]亡災 卷二第十葉

曰癸巳卜在[?]貞王步于[?]亡災 卷二第十二葉

曰□亥卜在□貞王步□[?]亡災 同上

曰丙辰卜在[?]貞今日王步于[?]亡災 卷二第十五葉

曰庚辰卜貞王步亡災 同

曰甲午卜在[?]次貞今日王步于[?]亡災 卷二第十六葉

曰壬申王卜在[?]次貞今日步于[?]亡災 卷二第十七葉

曰壬巳卜在[?]王步亡災 卷二第十九葉

曰辛酉王卜在[?]貞今日步于[?]亡災 同上

曰癸卯[?]庚寅步于[?] 卷二第二十二葉

1

後[illegible]

曰貞于辛亥步 二月

曰己未王卜[illegible]在[illegible]貞今日步于[illegible]亡災 卷二第二十六葉

曰辛丑卜貞今日王步于[illegible]亡災 二月

[illegible]文[illegible]廿有[illegible]卜曰[illegible]往[illegible]在[illegible]步于[illegible]

曰癸丑卜在[illegible]貞王旬亡禍在六月王[illegible]于[illegible] 卷二第[illegible]葉

曰癸巳卜在[illegible]貞王旬亡禍在五月王[illegible]于[illegible] 二月

曰癸亥卜在[illegible]貞王[illegible]往來亡災 卷二第[illegible]葉

曰癸巳卜在[illegible]貞王[illegible]往來亡災 于師[illegible] 二月

曰庚寅卜在[illegible]貞王[illegible]往來亡災 卷二第十五葉

曰甲午卜[illegible]日[illegible]于[illegible]亡[illegible] [illegible]亡[illegible]于[illegible]亡[illegible] 卷二第二十葉

曰丁巳卜貞王[illegible]于[illegible]往來亡災 卷二第十一葉

曰壬寅卜貞王[illegible]于[illegible]往來亡災 二月

曰辛丑卜貞王[illegible]于[illegible]往來亡災 二月

曰丁未卜貞王[illegible]于[illegible]往來亡災 卷二第十二葉

百十一

發行

曰乙巳卜貞王徃于召往來亡𡆥在九月 同上

曰甲申卜貞王徃于召曰來亡𡆥王固曰弘吉隹王二祀彡日隹□□ 同上 丙寅

曰戊戌卜貞王徃于召往來亡𡆥 同上

曰丁亥卜貞王徃于召往來亡𡆥 同上

曰壬申卜貞王徃于召往來亡𡆥 同上卷第二十二葉

曰壬寅卜貞王徃于召往來亡𡆥 卷二第十五葉 第二十二 第二

曰壬辰卜貞王徃于召往來亡𡆥 同 卷二第十二葉

曰丁酉卜貞王徃于召往來亡𡆥 同上

曰甲子卜貞王徃于召往來亡𡆥 同上

曰戊戌卜貞王徃于召往來亡𡆥 同 卷二第十三葉

曰己亥卜貞王徃于召往來亡𡆥 卷二第十四葉

曰戊辰卜貞王徃于召往來亡𡆥 同 卷二第二十四葉 同 凡再見

曰辛亥卜貞王徃于召往來亡𡆥 卷二第二十六葉

曰己未卜在彶貞王今月亡𡆥 卷二第十七葉

曰癸亥（丑）卜在劉貞王旬亡𡆥 口

曰癸卯在劉貞王旬亡𡆥 上田

曰壬寅卜貞乎御在自某在蒦□ 卷二第十八葉

曰癸亥卜在向貞王旬亡𡆥 卷二第二十葉

曰癸丑卜在上𩂣貞王旬亡𡆥 口

在□二十有□八

曰辛卯卜出貞羽乙未甲午王□師 卷二第二十九葉

曰丙辰卜貞□□曰命方歸 貞□卜月 卷九第二十六及第□葉

曰辛未卜貞貞今日命方歸□月 卷二第十九葉

曰戊戌卜貞王曰虎兄母歸 甚辭

曰辛卯卜𡧊貞令𣪕曰先歸九月 卷七第□葉

曰戊申子卜人歸 卷四第二葉

曰己亥子卜貞人不歸 二日

百十二

曰戊寅卜[illegible]貞師般人 卷八第六葉

曰戊寅卜[illegible]貞歸[illegible]人 以上

曰癸丑卜口貞今十月人歸 卷八第九葉

曰乙亥子卜貞在[illegible]人歸 卷四第十二葉

曰[illegible]壴歸[illegible] 卷五第十葉 貞[illegible]歸[illegible]有二

貞卜史入[illegible]百有三十

貞卜田[illegible]在

曰貞王[illegible]于父 卷一第四十葉 再見

曰貞王[illegible][illegible]于父 以上

曰甲申卜[illegible]王步[illegible] 卷四第十葉

曰上 [illegible]貞今日[illegible][illegible]日 卷四第十葉

曰丁丑貞羽乙卯王其[illegible][illegible]日 卷六第廿葉

後下 葉

新四 卷下

曰乙巳貞翌丁卯其狩敝亡災 以

曰貞王狩 前六卷二十六葉

曰往狩 前六卷四十九葉

曰貞令日狩 前六卷四十一葉 曰隹辛卯卜貞其狩 前六卷四 十九葉

曰貞其狩 其羣 十月在盂 前二卷二十七葉

曰貞其羣十月在昭 前二卷四 葉

曰戊申卜王往田 前二卷二十七葉 曰王往田 前二卷二十四葉

曰庚寅卜在梌貞王田往來亡災 前二卷二 以葉

曰癸巳卜在昏貞王往于射往來亡災 驅隴 十六 回

曰癸巳卜 前六卷 二十六葉

曰丁酉卜在杏貞王步于田馬來無往迺令曰 隹亡災 畢 前二卷十一葉

曰壬寅卜在涪貞王田衣逐亡災 前二卷十一葉

曰壬辰卜貞王田于涪往來亡災 前二卷二十九葉

曰戊申卜在聝貞王田衣逐亡災 前二卷十一葉

曰丁酉卜在高遹貞王田衣逐亡災 前二卷十二葉

曰戊午卜在呈貞王田衣逐亡災 前二卷十五葉

此卿卜在杏 之後 敝

五十四

曰辛丑卜貞王田于盂往來亡災吉 卷二第二十一葉 卷二第十五葉
曰壬辰卜貞王田盂往來亡災 王固曰吉 卷二第四十二葉

曰辛酉卜在高貞王田衣逐亡災 卷二第二十二葉
曰戊午王卜貞田高往來亡災 王固曰吉 卷二第二十一葉
曰丁卯卜貞王田天往來亡災 十七葉
曰戊申卜貞田𡧊往來亡災 王固曰吉 卷二第十六葉
曰戊午卜貞王其田𡧊往來亡災 兹御 獲鹿九 卷二第十九葉
曰戊戌王卜貞其田盂往來亡災 卷二第十一葉
曰丙戌卜王田𡧊往來亡災 三十葉
曰戊午卜貞王田宮往來亡災 卷二第十七葉
曰乙亥卜貞王田宮往來亡災 吉
曰辛卯卜貞王田宮往來亡災
曰辛酉卜貞王田宮往來亡災 卷二第十四葉
曰戊寅卜貞王田𡧊往來亡災
曰乙亥卜貞王田𡧊往來亡災 王固曰吉 卷二第十四葉
曰丁卯卜貞王田𡧊往來亡災 卷二第三十葉
曰壬申卜貞王田宮往來亡災 卷二第十二葉
曰辛未卜貞王田書往來亡災 日
曰戊戌卜貞王田𡧊往來亡災 卷二第十九葉
曰辛巳卜貞王田書往來亡災 王固曰吉 卷二第十六葉
曰壬寅王卜貞王田𡧊往來亡災 吉 卷二第十六葉
曰乙丑卜貞王田于書往來亡災 卷二第三十一葉
曰辛卯卜貞王田書往來亡災 卷二第二十九葉
曰辛未王卜貞王田書往來亡災 王固曰吉 卷二第三十葉
曰壬寅卜貞王田于𡧊往來亡災 卷二第十一葉
曰庚寅卜貞王田書往來亡災 卷二第十六葉
曰丁巳卜貞王田高往來亡災 王固曰吉 卷二第十二葉
曰壬子卜貞王田𡧊往來亡災 王固曰吉 獲兕 卷二第二十二葉

告福田閒以步

日壬辰王卜貞田書往來亡災王占曰吉 卷二第三十四葉

日戊寅王卜貞田書往來亡災王占曰吉 卷二第四十二葉

日辛丑王卜貞田書往來亡災王占曰吉 卷二第三十五葉

日壬寅王卜貞田書往來亡災王占曰吉茲御在十月又二 卷二第四十葉

日辛丑卜貞王田書往來亡災 上闕

日戊子王卜貞田書往來亡災王占曰吉 卷二第四十一葉

曰辛卯卜貞王田杵往來亡𡆥 卷二第三十三葉

曰壬子卜貞王田休往來亡𡆥 [illegible]曰

曰壬申卜貞田杵往來亡𡆥王固曰吉 卷二第三十四葉

曰壬[illegible]卜貞田[illegible]往來亡𡆥王固曰吉 十五葉 卷二第三

曰戊戌卜貞王田㴉往來亡𡆥 [illegible]

曰壬子卜貞王田㴉往來亡𡆥 卷二第三十六葉

曰戊申卜貞王田㴉往來亡𡆥 [illegible]

曰壬午卜貞王田㴉往來亡𡆥 [illegible]

曰戊[illegible]卜貞王田[illegible]往來亡𡆥 卷二第三十七葉

曰戊午[illegible]卜貞田[illegible]往來亡𡆥 王固曰吉 [illegible]

曰壬寅卜貞王[illegible]田[illegible]往來亡𡆥 卷二第[illegible]葉

曰辛丑卜貞王田于[illegible]往來亡𡆥 [illegible]

曰乙巳卜貞王田杵往來亡𡆥王固曰吉在三月 卷二第三十六葉

曰辛丑卜貞田杵往來亡𡆥王固曰吉 卷二第[illegible]葉

曰壬辰卜貞王田杵往來亡𡆥 卷二第四十[illegible]葉

百十五

曰戊戌卜貞王田于高京往來亡巛

曰戊子卜貞王田高京往來亡巛 卷二弟の十二葉 重出

曰丁亥卜貞王田高京往來亡巛 之曰

曰壬子王卜貞田𪊨往來亡巛王固曰吉隻鹿十 卷二弟十六葉

曰己丑卜貞王從于召往來亡巛在九月茲御獲鹿一 卷二弟十七葉

曰庚辰王卜貞田𦎫往來亡巛王固曰吉茲御獲鹿二 卷二弟二十六葉

曰壬辰卜曰貞王田于𩂣往來亡巛茲御獲鹿十四

曰壬子王卜貞田𢀛往來亡巛王固曰吉弘茲御獲兕卅一鹿……麑八雉一 卷三十七葉

曰戊戌王卜貞田于往來亡巛王固曰大吉在四月茲御獲兕十又三

曰戊申卜貞王田于⿴林鹿往來亡巛茲御獲兕一虎四兕延鹿十 卷の弟二十八葉

曰壬申卜貞王田𤶭往來亡巛獲白鹿一麑二 卷の弟二十五葉

曰戊戌王卜貞田𢀛往來亡巛王固曰吉茲御獲鹿八 卷の弟三十の葉

曰戊戌王卜貞田𧾷往來亡巛王固曰吉茲御獲鹿四 卷の弟三十四葉

曰癸巳卜在□貞王步于射往來亡災 十八 卷二第八葉

曰乙未王卜貞田書往來亡災王固曰吉兹御獲三麑一鹿 卷二第十八葉上

曰壬寅王卜貞田殸往來亡災王固曰吉在十月兹御獲鹿六 之曰

曰戊申卜貞王田鷄往來亡災王固曰吉兹御獲兕二 卷二第十六葉

曰壬申卜貞王田□往來亡災王固曰吉獲□十三 卷二第十三葉

曰戊辰王卜貞田喪往來亡災獲兕七 卷二第十三葉

曰辛卯卜貞田□往來亡災獲兕七 之日

曰戊子卜貞田麥往來亡災王固曰吉兹御獲 卷二第十四葉

曰壬午卜貞田麥往來亡災王固曰吉兹御獲鹿 卷二第十四葉 之曰

曰戊寅王卜貞田噩往來亡災王固曰吉兹御獲鹿二 之日

曰壬申王卜貞田□往來亡災王固曰吉兹御獲鹿十又二 之曰

曰戊午卜貞王田税往來亡災兹御獲□ 卷二第十二葉

曰癸未卜王曰貞有豕在行其左射獲 卷三第十一葉

曰遘獲 貞不其獲 之日

曰壬戌卜鼓獲不 十二葉 卷三第三 固曰其獲 己亥王遘兕獲 卷七第三葉

曰丙申卜貞畢□丙子阱 允畢二百又九 卷四第二十九葉

曰上缺卜以貞
逐馬獲 卷七第三十四葉

曰逐鹿獲 卷三第三十二葉

曰癸巳卜王逐鹿 之日

曰貞其射鹿獲 之日

曰今日獲 壬其往逐鹿 之日

曰鹿獲乎射 之日

曰丙戌卜王不其獲鹿 之日

曰貞谷不其獲鹿 卷三第十二葉

曰上缺獲鹿允獲五 卷七第十二葉

曰上缺獲允獲鹿五 之日

曰己未卜以貞逐兕獲 卷三第十二葉

曰上缺獲兕鹿十五之六 卷七第十の葉

曰庚丙其獲兕十月 之日

曰貞口不其獲羊 之日

曰光不其獲羊 之日

曰貞光獲十牛 卷六第十二葉

曰貞求[illegible]年 卷の[illegible] 五十葉

曰乙酉卜[illegible]貞[illegible]穫年 二月

曰貞往羊不其得 二月

曰[illegible]卜[illegible]者 百二十有三

曰[illegible]于[illegible]乙 卷一第二十葉の

曰丁亥卜貞王[illegible]之[illegible] 卷五第十の葉

曰辛卯卜貞今日口[illegible] 卷の十七葉

曰辛卯卜貞今日口[illegible]月酒 十 卷五第十の葉

曰貞[illegible]羊 卷[illegible] 在酒 二月

曰[illegible]卜十[illegible]酒 十[illegible]葉 卷七第

曰貞御[illegible]酒 十二葉

右卜酒之文

此卜田漁者也

共卜征伐者三十有五

曰貞[illegible]子 酒二千日 乙 卷五第の 十の葉

百十七

曰征 貞弗克[illegible] 卷二第二葉

曰貞乎往征 卷七第三十九葉 曰佳□弗其克 二四

曰其伐濟利 不利 卷二第三葉

曰弗伐才利 不利 二四

曰貞乎伐𢀛方 卷三第二葉

曰貞令隹王伐（征）𢀛 卷四第二十一葉

曰乎多臣伐𢀛方 二四

曰令□乎伐𢀛方 卷四第二十九葉

曰貞乎伐𢀛 卷五第十九葉

曰貞令乎伐𢀛 二四

曰貞令伐𢀛方 不我其受又 卷六第十八葉

曰庚子卜賓貞令登人三千乎伐𢀛方 弗其受又 卷七第二葉

曰乙巳卜殼貞𢀛方其允戈 卷七第八葉

曰甲子卜殼貞乎伐𢀛方受□□ 卷七第十五葉

曰庚申卜殼貞王□令正□𢀛方下上弗若不我其受又 卷七第十二葉

曰貞今□□从□侯虎伐𢀛方受之又 卷四第四十葉

曰乙丑卜王貞余伐𢦏 左七第十六葉

曰貞令𢀛王伐曲方口口人五千爭日 左七第十六葉

曰貞曰師毋在𢦏延 左一第[illegible]葉

曰丙戌卜貞𢀛師在𢀛不水 左二第十四葉

曰甲戌卜在𢀛今月師不口 左二第十三葉

曰戊寅卜貞令𢀛師止𢦏𡧊 左四第三十一葉

曰癸丑卜𧾷貞師往衛止𡆥四 左四第三十二葉

曰丁亥卜貞令𢀛師止𢦏𡧊 左五第十八葉

曰丙戌卜貞令𢀛師止𢦏𡧊四

曰丙申卜貞𦥑馬左右中人三百六月 左三第三十一葉

曰丁巳王卜貞今𡆥巫九𠧟興𤙘東侯弓口丈眾二膚余其从戰止

有自下上口有不𢀛𢦏口口口邑商亡𢀛在口口 左四第三十七葉

曰缺人三千乎𢦏 左六第三十四葉

左甲子卜王於卜大江方 左六第五葉

獲卜大於之際

曰甲日庚申亦之來嬉自北子𡿺告曰昔甲辰方征于收俘人十之五人五日戊申方亦征

俘人八十之六人六月在日日

右言征伐者三十有一

書契

菁華

曰癸巳卜𡧊貞旬亡囚王固曰之求之𢚩甲寅允之來嬉又告曰之往芻自𣱼十人之二 同上

曰王固曰之求其之來嬉三至九日辛卯允之來嬉自北𡧊敀𢚩告曰土方牧我田十人 同上

曰王固曰之求其之來嬉三至七日己巳允之來嬉自西𠂤友角告曰𢀛方出牧我示𩰡田七人五 上同

曰癸巳卜殼貞旬亡囚王固曰之求其之來嬉三至五日丁酉允之來嬉自西沚𢦏告曰土征于我東鄙𢦏二邑

日𢀛方亦牧我西鄙田 上同

曰觀黍　卷四第三十九葉

曰戊戌貞我受黍年　卷四第四十葉

曰己丑卜黍年㞢正雨

曰乙未卜貞黍在龍囿啚受㞢年十二月　卷四第四十三葉

曰風受年　卷六第十六葉

曰貞不其受黍年　卷三第三十葉

曰貞我弗其受年　四月

曰乙巳卜以貞㞢其受年　卷七第十三葉

曰甲辰卜商受年　卷三第三十葉

曰戊申卜王貞受中商年十月　卷八第十葉

曰[illegible]受㞢年　四月

曰[illegible]卜萬受年　卷三第三十葉

百十九

此卜年者也

貞卜風雨者七十有七

曰之丑卜貞今日王[illegible][illegible]不遘大風 丝[illegible]日 卷三第二十六葉

曰其遘大風 卷二第二十九葉

曰不遘風 其遘大風 之日

曰其[illegible]亙雨[illegible]其[illegible]風 卷四第十三葉

曰辛未卜王貞今辛未大風不佳囚 卷六第十四葉

曰乙卯卜貞今日王田 其遘大風 其遘大風 卷二第二十葉

曰壬寅卜貞今日王其田不遘大風 其[illegible]大風 之日

曰丙辰卜丁巳雨 卷三第十七葉

布[illegible]作[illegible]八

曰壬[illegible]田其雨 卷四第二十四葉

曰丁巳其雨 之日 卷三第十七葉

曰戊午卜日其雨[illegible]庚日

自北

月[illegible] 卷四第十三葉

曰今雨申其雨 之日

止風

曰辛亥貞今日雨 之日

曰乙卯卜貞今日其雨 之日

曰貞今日雨 前三卷十六葉

曰貞今日其大雨 七月 之日

曰貞今壬申其雨 之日

曰庚寅卜出貞今日其雨 前七卷十[illegible]葉

曰癸未卜來壬戌雨 前三卷十九葉

曰乙酉卜大貞及茲二月又大雨 之日

曰七日壬申雷辛巳雨壬午亦雨 之日

曰口今癸巳至于丁不雨 前三卷二十葉

曰今三日雨 之日

曰辛未卜貞自今至乙亥雨一月 之日

曰丙申今日雨 十七雨 前三卷十一葉

曰貞今月不其雨 九月 上四

曰六月乙丑雨 十四葉上

曰戊寅卜貞不雨 卷三 十七葉

曰甲戌卜大貞今日不雨 上四

曰壬申卜今日不其雨 上四

曰壬午卜貞今日不雨 上四

曰癸庚寅其雨 卷三 十八葉

曰壬庚卜貞今日多雨 卷三 廿九葉

曰己卯雨不 卷三 十八葉

曰壬午卜來乙亥雨不 卷四 十六葉

曰丙戌卜貞自今日至庚寅雨 不 卷三 十九葉

曰乙未卜貞今日其延雨 卷三 廿九葉

曰貞今乙亥不延雨 卷三 二十一葉

曰辛亥卜貞延雨 不多雨 卷三 十八葉

百二十一

曰乙巳卜貞有雨已其不 卷三第廿三

曰貞其遘雨 卷三第廿四葉上

曰戊寅卜貞今日王其田湄不遘大雨 茲用 卷二第二十四葉

曰壬午卜今日王田書不遘雨 四 卷二第二十五葉

曰戊申卜貞今日王田𣪊不遘雨茲用其遘雨 卷二第三十五葉

曰戊辰卜貞今日王田㳄不遘雨 大 其遘大雨 卷二第四十三葉

曰丁卯卜𣪊貞王往于𠂤不遘雨 八 卷四第五十一葉

曰丁卯卜貞王茲蓋曰不一遘 雨 上

曰貞今日其雨在圃魚 卷四第四十五葉

曰庚子卜貞王豚之日敢遘雨五月 卷五第二十七葉

右言雨者六十有九

此卜風雨者亦八事之外何可知者為數不多不復備舉

殷虛書契考釋 原稿信札

讀者隔五字可矣

禮制第七

殷商禮制徵之卜辭其可知者六 曰諱 曰諡 曰遷國 曰

祭名曰祀 禮曰牢 曰官制 曰牧國 禮天因事殊其名如

也 今依次述之

商稱年曰祀亦曰祠

爾雅釋天商曰祀 徵之卜辭稱祀者四 稱司者三 曰惟王

二祀 曰惟王五祀 曰其惟今九祀 曰王廿祀 卷三第二十 七及卷二第二十六葉

中曰王廿司 卷二第十葉 卷四第二十八葉 是商稱年曰祀又稱司也

祀 祠字在爾雅為春祭曰祠 郭注祠之言食 ... 祠之為言

祠之 ... 為新 ... 是祠與祀音 ... 近 ... 商

證祠與祀為春祭之 ... 以祠為 ... 支

商之稱祀，取四時祭祀一訖之說，其說殆可信矣。

一曰為正月，亦稱一月。

卜辭中正月凡三見（卷一第十九葉之十二，及卷四第四葉），一月凡四見（卷一第二十九，及卷四第三十四之七、第三葉），其稱正月者稱一月也。

有閏之年不曰閏月，而曰十三月。

卜辭中十三月凡四見（卷一第五，卷二第二十五，卷三第二十二，卷四第六葉），皆有閏之年。

此古人閏月稱十三月，由此觀之，在商代並閏月

得此之徵，古今稱閏之不同矣。

此釋時之可考者也。

王城曰京師，亦曰大邑。

卜辭中有王其宅于京師（卷四第十四葉）及貞于大邑商語（卷三第二十七葉），均

謂王城也。周書多士：予敢求爾于天邑商。天邑即大邑之謂也。

義引郭云日下天邑商此六宰于天之下者也據禮以逸說
謂爲世室廣雅諸王閨門謂之堂心太室于東西隅各有士今朕
心太室于茲謂太室太室乃卜辭所謂商人之如鍛室
其宗廟宮室之制則有太室
卜辭中有大室者凡一曰其狩丁于大室卷一第三十六葉一曰甲戌王卜
曰大室曰曰曰命卷二第三十六葉是大室之名商已有之矣
有南室
卜辭曰貞于南室卷三第二十三葉南室之制未可知者孫詒讓明堂
至殷之陽館考所稱之明堂在國之陽在南室在
自大明堂次柳西扉中自在南室之室所以
有血室
卜辭中言又血室曰其侑于血室日又殷虛書契後編卷下第五十葉曰貞

第二十二

卜辭（共）曰于血室三大室 十六葉 又卯百七 曰告血室 卷四第七 十三葉 佑

其文觀之[illegible]其廟室也祊宗之名諸于宗廟稱之血室

與

有祠室

[illegible]巳王卜貞䢔司室 卷四第二十七葉 司室即祠室殆亦廟室

矣

有四宮

卜辭文多斷缺 卷四第十五葉 誼不可知

有東室

日口癸巳卜貞王賓亡尤[illegible]室 卷四第十五葉 此室殆亦廟室

亦誼矣

有新圍

未詳
此語
待考

癸日乙未卜貞祖乙□ 卷の第十五葉 祖乙□□□歸無尤

此述用丁乃卸于帝

諸事乙名曰宗

癸日丙子卜貞文武宗其牢□□ 又日丙寅卜貞文武宗□牢

□□ 卷の第二十六葉 此當爲卜宗祀者

□禘

癸日日日卜貞大日其日又其有乙武 日文武帝牢 □日日王受

癸酉王受□ 卷一第二十二葉 帝號即禘號爲禘又綏武乙此意

田武乙初名名手廟而而□□□於 乙祊

□燕

手見卜辭篇

□形日

一百二十の

多見卜辭 以上四字由證之可知蓋朋月以下則但示所知者也

而已

曰朋月

曰㫺日

曰旺

曰另

曰蔑

曰肖

曰穫

曰草

曰叔

曰汪

曰彡夕

曰品

皆諸殷文莫見卜辭者 叙序

曰[illegible]

說見各字下

曰衣

卜辭中言衣者曰 殷 丁丑卜貞王賓自武丁至于武乙衣亡尤

曰甲辰卜貞王賓求祖乙祖丁祖甲康祖丁武乙衣亡尤 迄 並書契卷 弟之卜 附編

貞王賓上甲叙至于多后衣亡尤 曰癸丑卜貞王賓父自上甲至于多

后衣亡尤 曰丙寅卜貞王賓叙自上甲至于多后衣亡尤 並書契卷二第二十五葉

衣之爲名所以合多祖以祭之 其制名如今之祫祭 其中其且乙且丁且

甲康且丁武乙合祭於某 殷有且丁又有康且丁合以爲

一百二十五

之世次據此且甲之次武丁以前當由康丁知康且丁者即康丁也

而卜辭中稱文武丁者又稱武且乙者又稱康且丁者以此例

推之知文武丁即文丁武且乙乃武乙矣前第三卷載文

丁爲識（殷代）年一世（殷人）文丁史記作太丁殊文丁據卜辭則以

太丁史記誤（艸）某又卜辭中有康且丁作□口（卷一第二十三葉）且□口（十二葉）

此康且丁之所以稱也（殷人名屬從日乃且庚附記于此）

殷先王日卜稱某卜日也以所祭之祖之生日卜之殷其祭名亦上八

以其祖所生之日

證見前卜辭篇

某卜稱也卜其先也色

□曰戌貞（且丙下）康且丁其牢兹用（卷一第十葉）曰其饗兹用（卷第二下十一葉）

羌甲與戠與卜先色（也）祖□（祖甲稱祖丁）諸庚后氏稱爲且從而稱國師

岡字卜辭所見不外二義

卜大牝牡

（三篇）曰卯其牡（卷二第十二葉）曰庚牡一（卷十二第九葉）曰御于高妣己牡（卷三第□葉）

（十四葉）貞其牡于乙（卷一第七葉）曰其牛牝貞且辛□牢牡（卷五第四葉）

或卜牝牡也

王親初牛

卜辭云王往初牛者（卷三第十三葉）國語則有牲為太牢小

牢之[illegible]不祀初出國語之云于殷者

[illegible]

卜辭曰己未卜貞賓[illegible]大甲[illegible]又曰[illegible]（卷五第十二葉）

又曰御于高妣己[illegible]牲（卷一第十四葉）[illegible]

[illegible]丁亥[illegible]

一百三十六

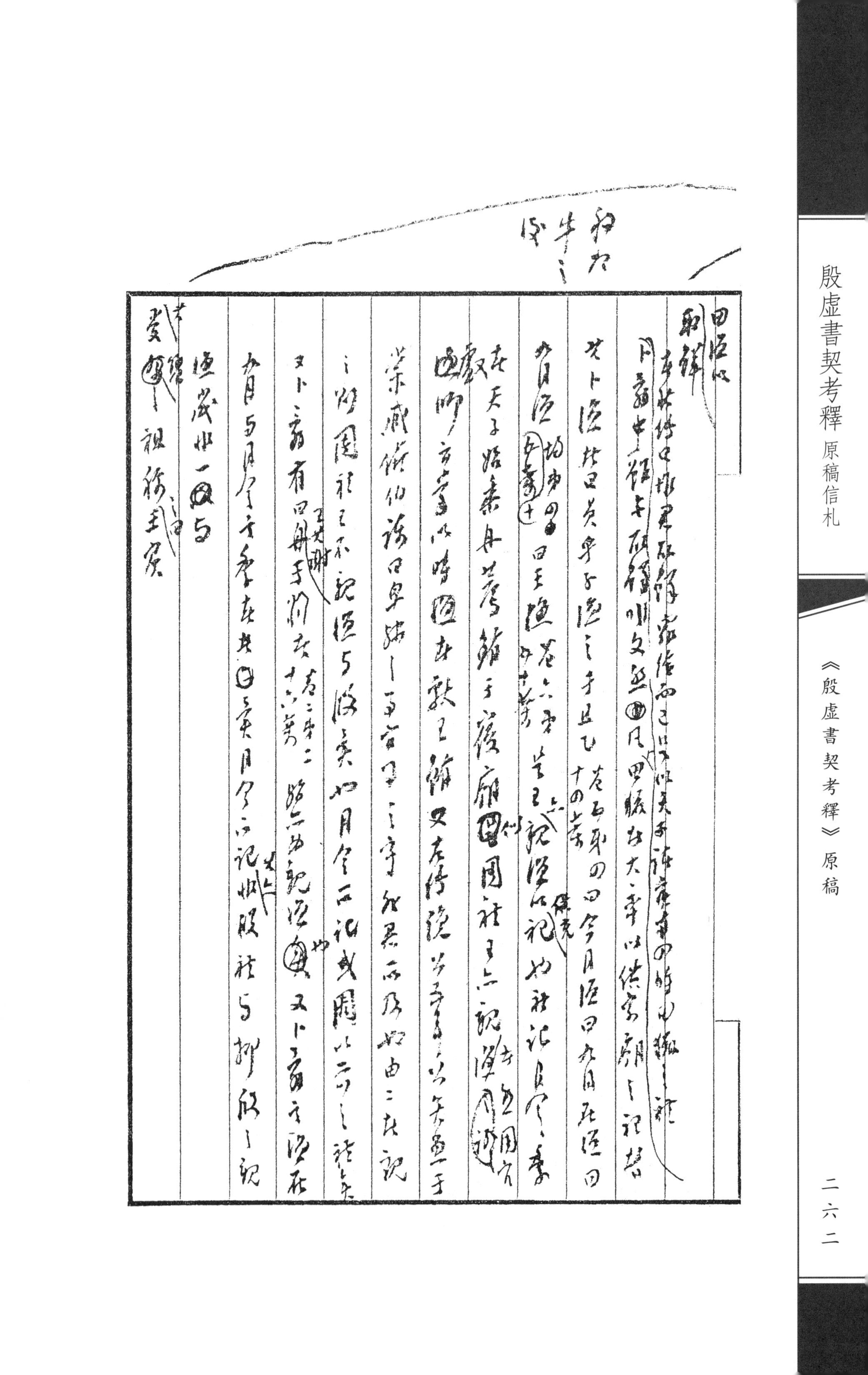

[illegible]

卜辭[illegible]卜曰[illegible]祖[illegible]
[illegible]曰[illegible]
賓之[illegible]出[illegible]之矣
此祀禮之可知者也
其祭時牢[illegible]之數與牢制[illegible]以下[illegible]
[illegible]
[illegible]
卜辭中載[illegible]一牛[illegible]
卷一第二十九葉[illegible]卷一第十二葉
戊二
[illegible]卷一第廿一葉[illegible]
[illegible]
百二十七

戊三

甲 三牛 翌日戊 卷六第七葉 翌三牢 翌日大戊 卷一第七葉 田小牢 卷一第十六葉

日丁 卷一第四十葉 王 卷一第十葉 翌三小牢 翌日甲己 卷一第二十六葉 翌三牢 戊

日且乙 卷一第九葉

戊五

甲九牛 戊日丁 卷一第十六葉 甲 五牢 翌日大戊 卷四第十六葉 田 牲 庚 第二十五 卷二

十 第三 十六葉

戊十

甲十牛 翌日戊 卷一第四十葉 甲十白豕 …… 卷七第二十九葉 翌十牢 戊

日且乙 卷一第十二葉 日 乙 卷一第十四葉

戊二十

甲 十牛 十 牢 翌日丁 卷一第五十三葉

戌三十 [illegible] 卷一第三十四葉一 [illegible]

[illegible]三十牛 [illegible] 卷五第 [illegible] 三十 [illegible] 牛 [illegible] 曰 [illegible] 庚 卷四第八葉一 [illegible]

戌の十

用の十牛 [illegible] 曰壬亥 卷の弟八葉

[illegible] 止于百

用百牛 [illegible] 曰 [illegible] 卷七 [illegible] 用百羊 [illegible] 曰 [illegible] 卷六第四 十の葉 又有 [illegible]

[illegible] 曰牛 [illegible] 曰羊 [illegible] 卷一第 [illegible] 五葉 [illegible]

[illegible] 牛曰南庚 卷一第 十三葉 [illegible] 卷一 [illegible]

小宰 [illegible] 曰南庚 卷一第 [illegible] 卷一 [illegible] 曰 [illegible] 卷二第二 曰 [illegible]

[illegible] 卷一第 十三葉 [illegible] 曰 [illegible] 甲 [illegible] 曰 [illegible] 卷一 [illegible]

卷一第二 十六葉

[illegible]

百二十六

一　三　二

卯之誼予亦無說卜辭所載有燎幾牢薶幾牢卯歲

牢或曰燎幾牢沈幾牢卯幾牢則卯于燎薶沈別

卯殆言殺之為若膺于廟之牲矣

時戊用燎

[illegible]用燎[illegible]曰示壬　若一牢　曰乙亥　若一牢[illegible]曰[illegible]曰兕　[illegible]十葉

[illegible]曰甲東　五十二葉　皆不記牢數其[illegible]用三牢　十葉

戊[illegible]用燎与薶

[illegible]用燎[illegible]牲曰[illegible]燎一牢[illegible]二牢　若一[illegible]十[illegible]葉

戊[illegible]用燎与卯

[illegible]用燎与卯[illegible]曰[illegible]燎[illegible]小牢卯[illegible]十一葉

十小牢卯十牢　若[illegible]曰[illegible]燎三小牢卯三[illegible]十六葉

[illegible]用燎[illegible]

戊[illegible]用卯

[illegible]用[illegible]田[illegible]卯六牢　[illegible]十六葉

其用鬯之數或六
用六鬯者曰文武丁（卷一第十八葉）
或三十
用鬯三十牲曰祖庚（再見一卷一第三十五葉一卷四第十八葉）
或至百
用鬯百者曰祖（卷七第八葉）其傳世殷已爵不言幾鬯者
曰大甲（卷貳第一葉）曰祖乙（卷九葉）曰南庚（再見一卷一第十二葉一卷一第十四葉）曰康祖丁
（卷二十一葉）曰且戊（卷二十三葉）
帝鬯之外或薦以豆
祭用豆於曰南庚（卷一第十三葉）其僅見者也
然鬯飲之可知者也
至鬯之卣則有卯字（再見一卷一第三十三葉一卷四第二十葉）

百二十九

卿事 [illegible]乙未敦 又曰乙未卿事 [illegible]小子[illegible] 其三有

與卜辭同 [illegible]及書之敦 [illegible]卿事 [illegible]士 古書作

卿士 卿事卿士 詩古籍卿士 [illegible]卿士之有 [illegible]也 又見

其卿士 [illegible] 有[illegible] 職 [illegible]但日以卿士

云 [illegible]之卿士 卯卿 乃周官六官之長 皆曰卿 [illegible]

注 卿士 [illegible] 職 是卿士 [illegible] 周官 [illegible]卿

士之[illegible] 周人 [illegible]殷[illegible]

有大史 卷六第二 十九葉

周禮[illegible]大史 [illegible]中周之六典 [illegible]大[illegible]

中周卜辭 [illegible]大史之[illegible] 殷之大史 與周同 一也

當是[illegible] 有大史 [illegible]周官之[illegible]

有一方 卷二第二 十九葉

上辭曰帝方歸方當[illegible]周禮夏官有職方 土方

合方訓方懷方氏疑亦仿彼制矣

有小臣 凡三見內有 四第二十七葉

周禮夏官有小臣掌王之小命詔相王之小灋儀 及王

之燕出入及大喪祀小祭祀賓卜辭之小臣殆即此矣

有豐 卷二第六葉凡再見

文曰命豐歸豐與楙當為一字即[illegible]之豐字說文

豐字豐亦[illegible]訓釋詁豐亦[illegible]豐在卜辭中爲官名在與

周禮天官有[illegible]及[illegible]之[illegible]豐[illegible]一爲[illegible]之豐

曹伯之[illegible]豐[illegible]之[illegible]周[illegible]其職矣

有婦官 卷四第十二葉 凡十七見

[illegible]以[illegible]六[illegible]之[illegible]小臣與豐

百三十

由羽矣

此字從丁乃知黃帝也 而此國之首周代祥宗社稷 國大

同于武事國之大宗矣

卜下從貝 八

卜以龜 以殼背龜 因腹甲而甚大 背甲

背甲厚而易作此 上不平 故用腹甲

其骨用肩胛及脛骨

脛骨 則剖而用之

凡卜祀者用龜 卜 [illegible]

用脛骨 左肩胛骨 [illegible]

[illegible]

龜甲 [illegible]

寶一可
立此

異字從字或從從[illegible]與字意皆同[illegible][illegible]言
則從在卅二葉在卅八九既[illegible]從交契[illegible]從皆二十一葉
也印證與前所說契也
異字從橢圓則乃[illegible]從刃正圓形也[illegible]從從[illegible]從契 交
則外圓而內從刃[illegible]大抵在甲上契者多刃背皆
契字從大從而從契其皆為從刃為從[illegible]契在於
既與[illegible]則[illegible]於契字以技術均于畫則契不于畫
先生直接所得出版收集所得均在也矣
手與兄者所書多異 示知下
差不契而[illegible]刀則不能以契從契則甲上[illegible]契其契字
刀轉入外側而橫則為橢圓則大刀象西甚斜加鍥手[illegible]其

第三十二

側刻由書契而為書契由書契而[illegible]契其于以契書也
其刻著于世側以記下為出古下之[illegible]持目錄以記之者也
予所據目錄以知古下之[illegible]以為證以同類者[illegible]及
更論其記同者證之于下下[illegible]所同下之[illegible]者也
而契其義從訓詁對[illegible]字之[illegible]首用下之書之字
不然明季之訓詁之論書以示契契刻不知契即刻之契而
不合之契之契即契之初文契于[illegible]刻刻[illegible]
[illegible]錦與及用竹木下契刻書之所以契刻
[illegible]諸字及王制所謂[illegible]契刻[illegible]契[illegible]
[illegible]
[illegible]契[illegible]為刻[illegible]刻之之其即以[illegible]
而證當其[illegible]契[illegible]也契而以[illegible]以[illegible]子[illegible]

[illegible]

卜自可明，據居高貞而鄭君乃爲貞義，一則曰士喪禮

楚焞置于燋，在龜東，楚焞即契，所用灼龜者也，再則曰以

契柱燋火而吹之，契既然，以授卜師，大鄭士喪禮又曰

楚，荊也，荊焞所以鑽灼者，燋炬所以契與燋爲一物，鑿與

灼爲一事，以鄭君之說推之，契乃用以出兆，以灼圖下，清

代之意之灼，證表孔氏說正義，謂楚焞即契，賈氏儀

禮正義亦云，後之龜圍劃，粗述鄭義，偏謬益深，至唐李

華乃謂卜用焦龜之說，自古無之，遂有鑿後，鑿跡之中又有

焦，正滋古謬失之，亦知矣，而卜之法亦占籍而不載，而龜見

因于史而變得其傳，寶之又謂乃吉凶大戾與龜之以戾

因前纖悉，其知而兩兩占之卜，以灸灼其胛骨（字史作胛骨，乃胛骨之訛）與龜灼

華之校子有說之燒，猶猶已寫，前代骨卜，卜用胛骨

百二十七

本也令中丞由此將發于茲庶幾二千年而不絕之文字矣

又殷周以下之學術已多絕明而先朋胡侍郎由上諸說

考雅訓禮經以以驗以為以證已丟而于小學精明以考所目證所以之以為古

諸家之說關其所超越古代之明經矣所以侍郎之

古世列知者以樹於此以形器

殷虛書契考釋

羅振玉致王國維信札

信札一

羅振玉致王國維

一九一四年春

札高一七·六　長二一一厘米　一開

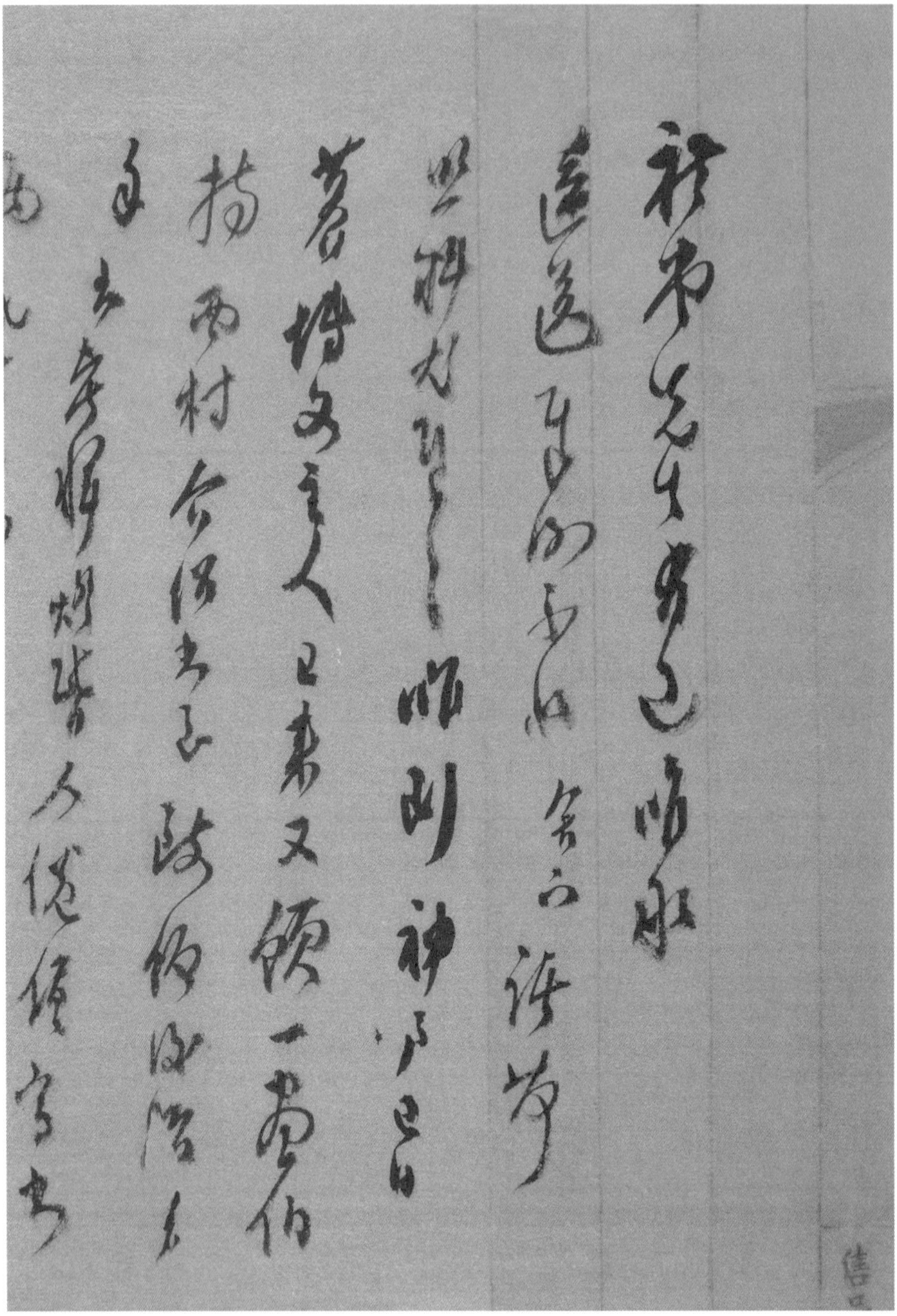

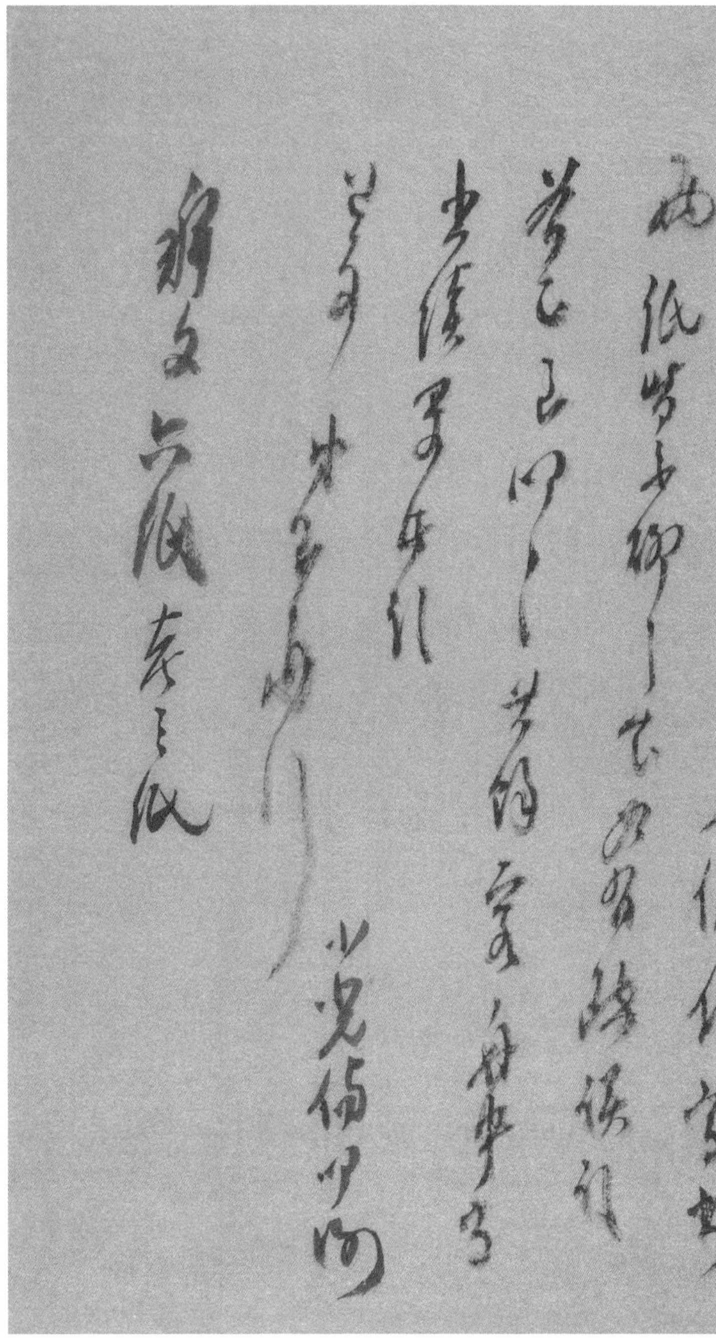

釋文

禮堂先生有道

昨承遠送，感謝無似。舍下諸荷照料，尤感尤感。昨到神户已日暮，博文主人已來，又領一畫伯，持西村介紹書至，致飯後始去。手書《考釋》，〔一〕燈昏人倦，僅寫書兩紙，皆無聊之甚。如有疏誤，請斧正，至叩至叩。其餘容舟中寫出續寄。此請

道安

弟玉再拜　小兒侍叩謝。

《釋文》六紙，《考》三紙。

〔一〕此處『手書《考釋》』即指《殷虚書契考釋》手稿。一九一四年春，羅振玉乘船赴滬，此當舟中所寫。

信札二

羅振玉致王國維

一九一四年三月二十四日

札高二五　通長三六厘米　一開

静安先生有道 前兩日由津返

京 昨兩函遠道勞神

先生甚不安 手書

福井玉術 今日午後二時乃善暇

明日可奉 若尊處心一二事未

了 擬緩二三日

先生不欲赴寧亦

可 弟頃在

京 擬過二十

日再送上 此事尚可

緩 柳申兄囑刻

諸庵印 地名葉葉印也

大謨足候 即此 候

安

弟羅振玉頓首附上二紙

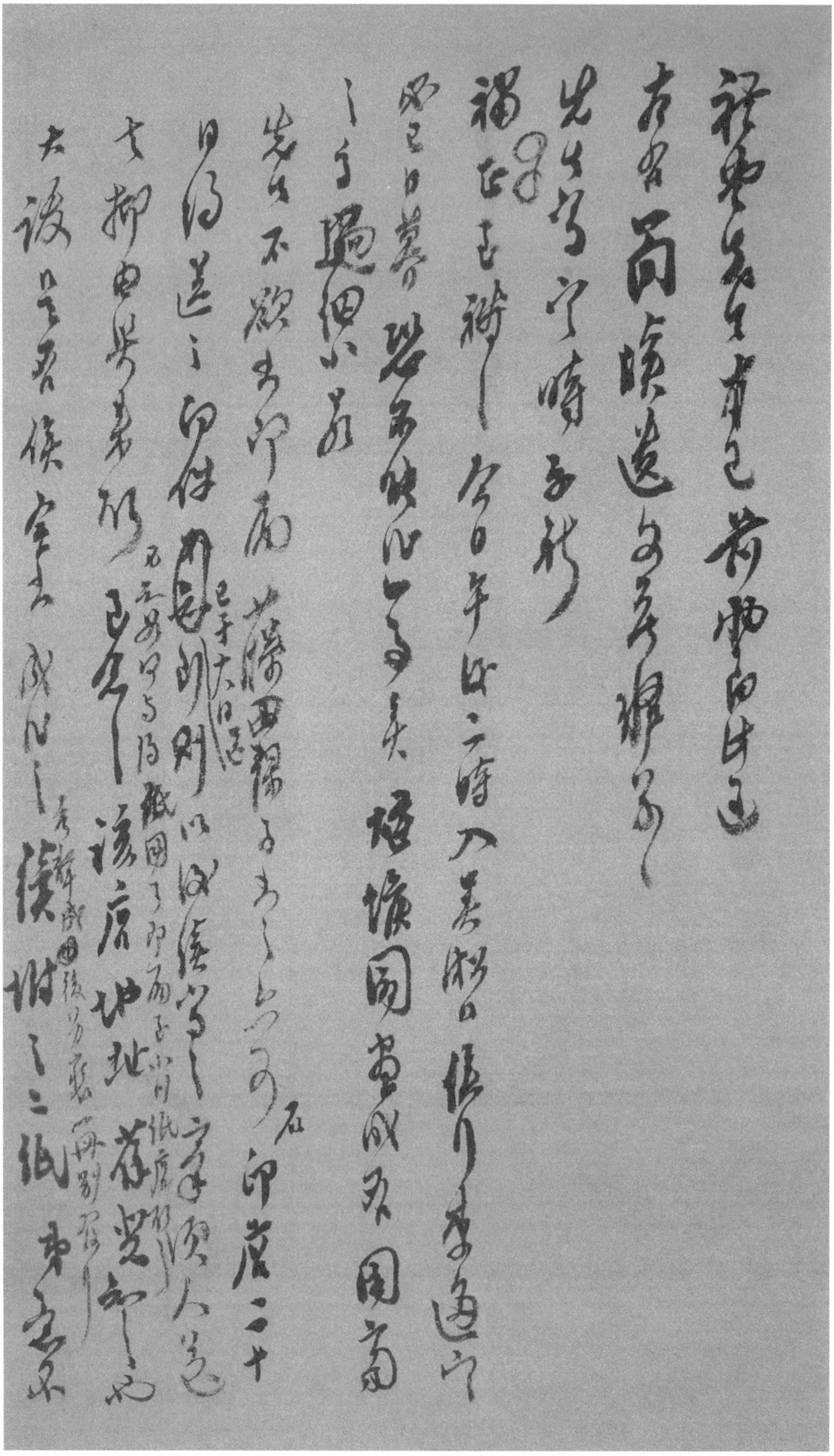

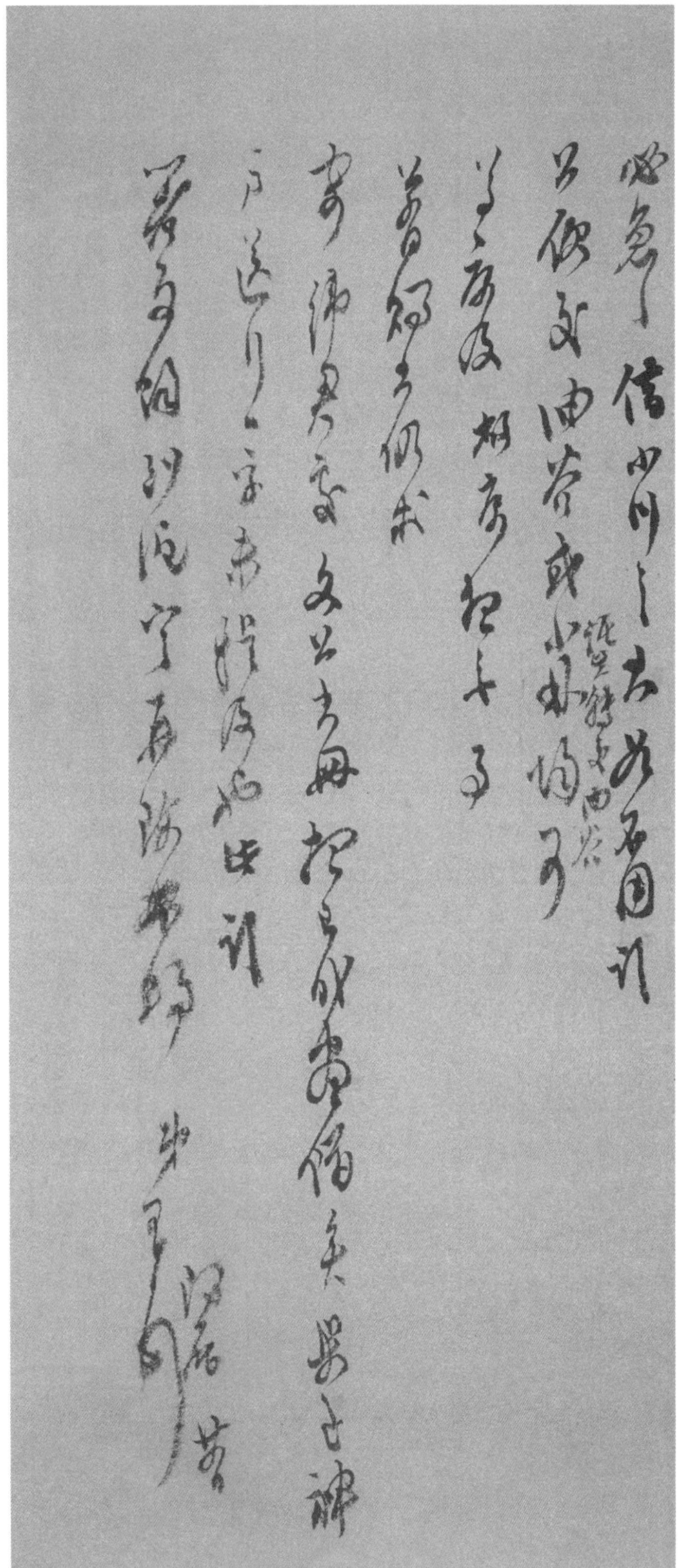

釋文

禮堂先生有道

前兩函計達左右。《簡牘遺文》考釋草草，先生寫定時，千祈補正，至禱至禱。今日午後二時入吴淞口，候行李逡定，必已日暮，恐不能作一事矣。

燧堠圖畫成否？圖旁之字過細小，若先生不欲書，即屬藤田緑子書之亦可。石印店二十日約送之印件，已于十八日送到，則以後續寫之稿，須人送去，抑由渠來取，不知如何與約，至念至念。紙用了，即屬至小川紙店取之，該店地址，葆兒知之也。大跋〔一〕是否俟全書成作之？《考釋》成後，另裝一册，别發行。續附之二紙，弟意不必急急。借小川之書，如不用，請公便交油谷，或小林託其轉交油谷均可。

尊寓及敝寓想無事，公有賜書，仍求寄緯君處。文公書册想已成畫餅矣，渠至神户送行，一字未提及也。此請

箸安　餘到滬定再陳不賜

弟玉頓首　陽曆廿四日

〔一〕此處即指《殷虚書契考釋》王跋，此札亦羅振玉初至滬時所書。

信札三

羅振玉致王國維

一九一四年三月二十九日

札高二四·三　寬一六·六厘米　二開

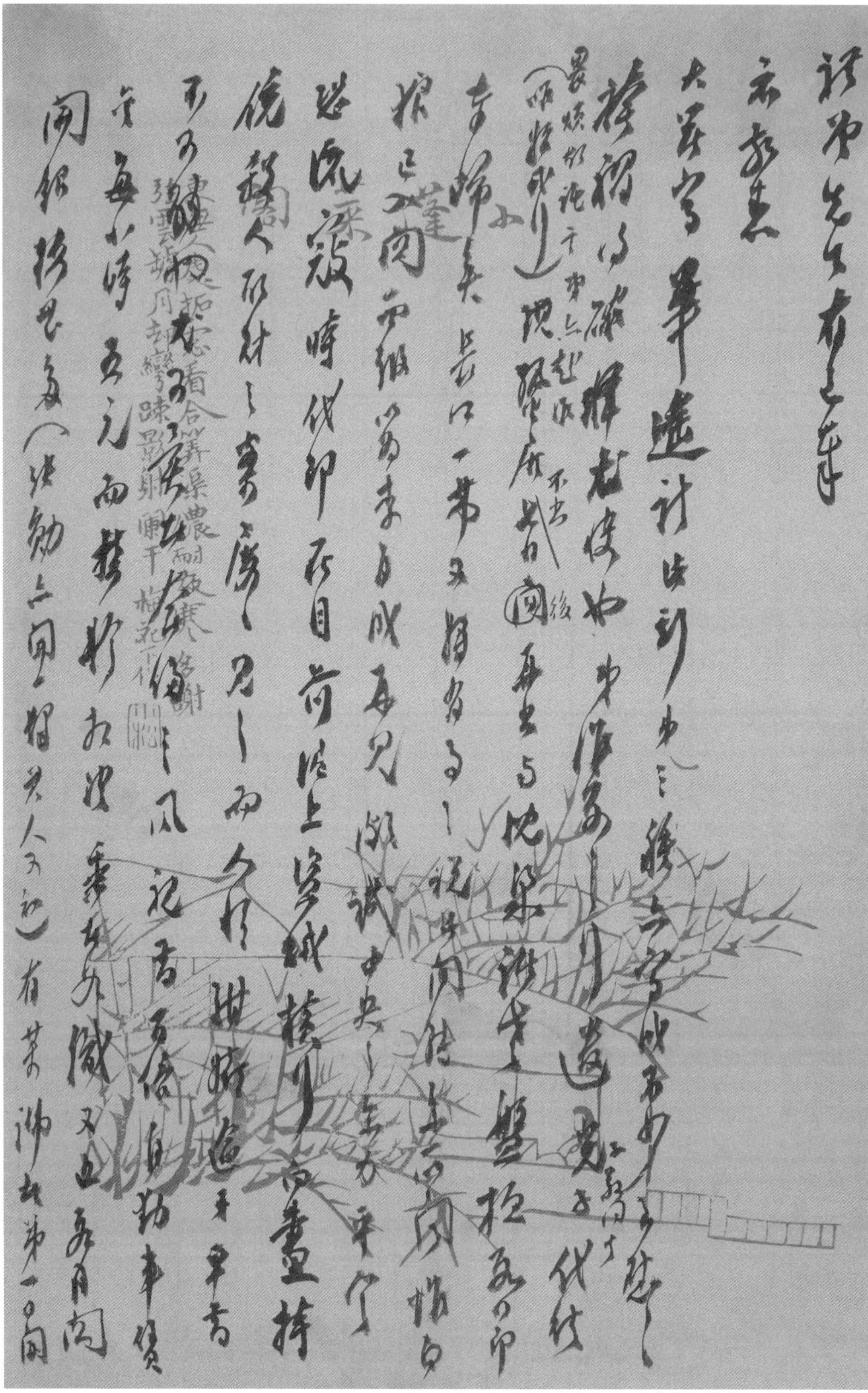

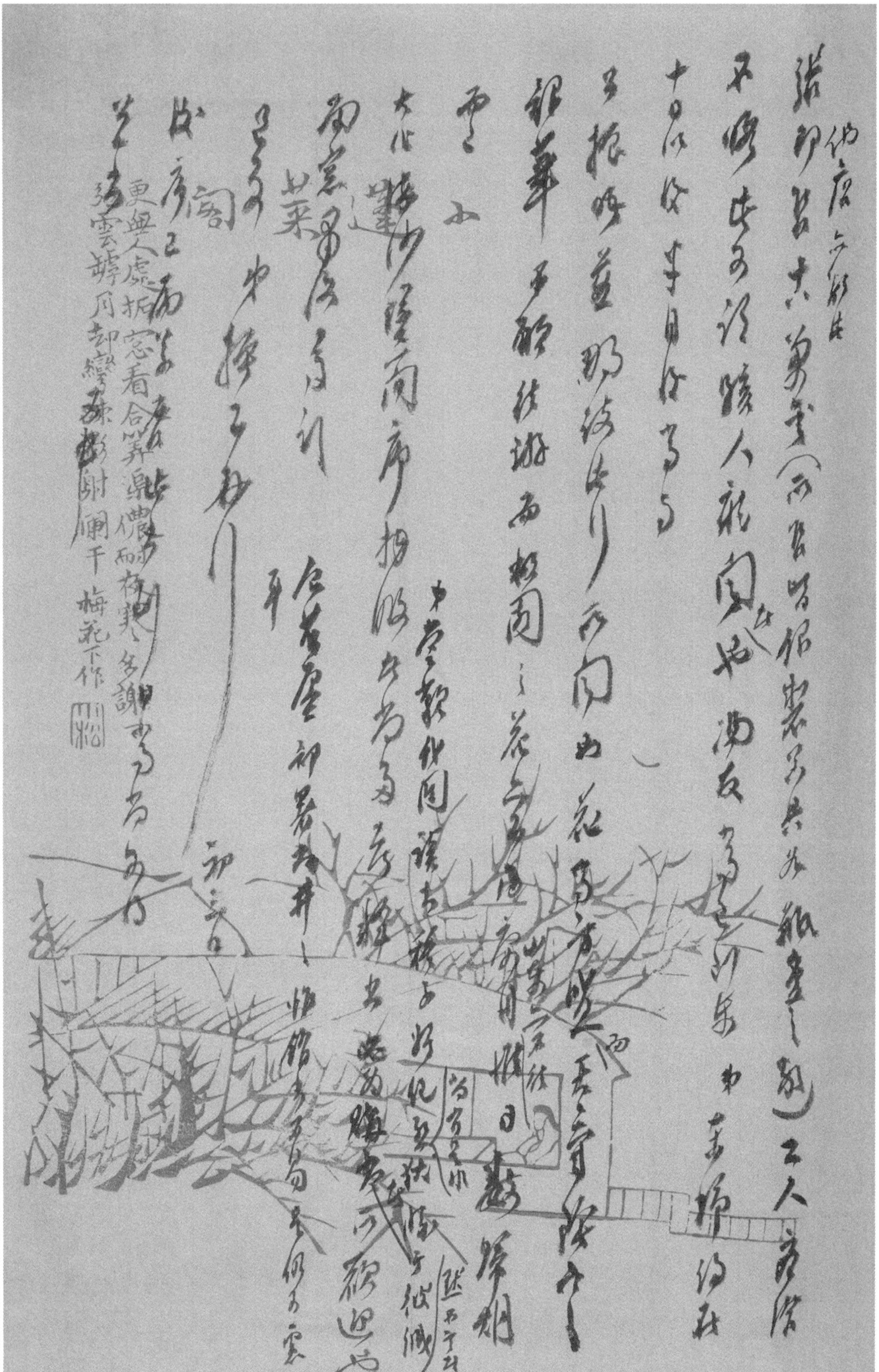

釋文

禮堂先生有道

奉示敬悉。大著寫畢，遥計此刻第三種亦寫成不少，至慰至慰。「袴」、「褶」得確釋，尤快也。

弟淮安之行，遣兒子代往，子敬同去，（昨始成行。）畏煩，故託言弟亦赴淮。現蟄居不出，七日後再出，與沈、梁諸老盤桓數日，即東歸矣。

長江一帶又將有事之説，此間轉無所聞，惟白狼已入關，西報以爲李自成再見，頗譏中央之無力平定，恐流寇時代即在目前。滬上盜賊横行，白晝持銃殺人取財之案，屢屢見之，而人情酣嬉，逾于平昔，不可解也。尤可異者，奢侈之風，視昔百倍。自動車賃金，每小時五元，而接軫相望，乘者如織。又近數月間開銀樓甚多（張勛亦開一肆，其人可知）。有某號者，第一日開張，即售十八萬金，他店亦類此，（所售皆銀製器具，如瓶盎之類，），工人應給不暇。此可謂駭人聽聞者也。

馮友當已到東。弟東歸約在十日以後，半月後當與公握晤，並暢談此行所聞也。花事方盛而天氣陰寒，龍華不願往遊，而敝園之花亦可濟寓目，山東亦不往，惟日數歸期而已。

大作『流沙墜簡序』拜服者尚多。《考釋》〔一〕書必爲購書者所歡迎也。弟嘗歎我國讀書種子將絶，然尚有是非，猶勝于彼緘默不言者也。食舊廛部署尚井井，惟銷書不易，是仍可慮耳。雨窗肅復，并請

道安

弟振玉再拜　初三日

後序已屬草否？此書到日，當尚可得公一書。又申。

〔一〕此即指《殷虛書契考釋》。

信札四

羅振玉致王國維

一九一四年

札高二四·五　寬一一·一厘米　一開

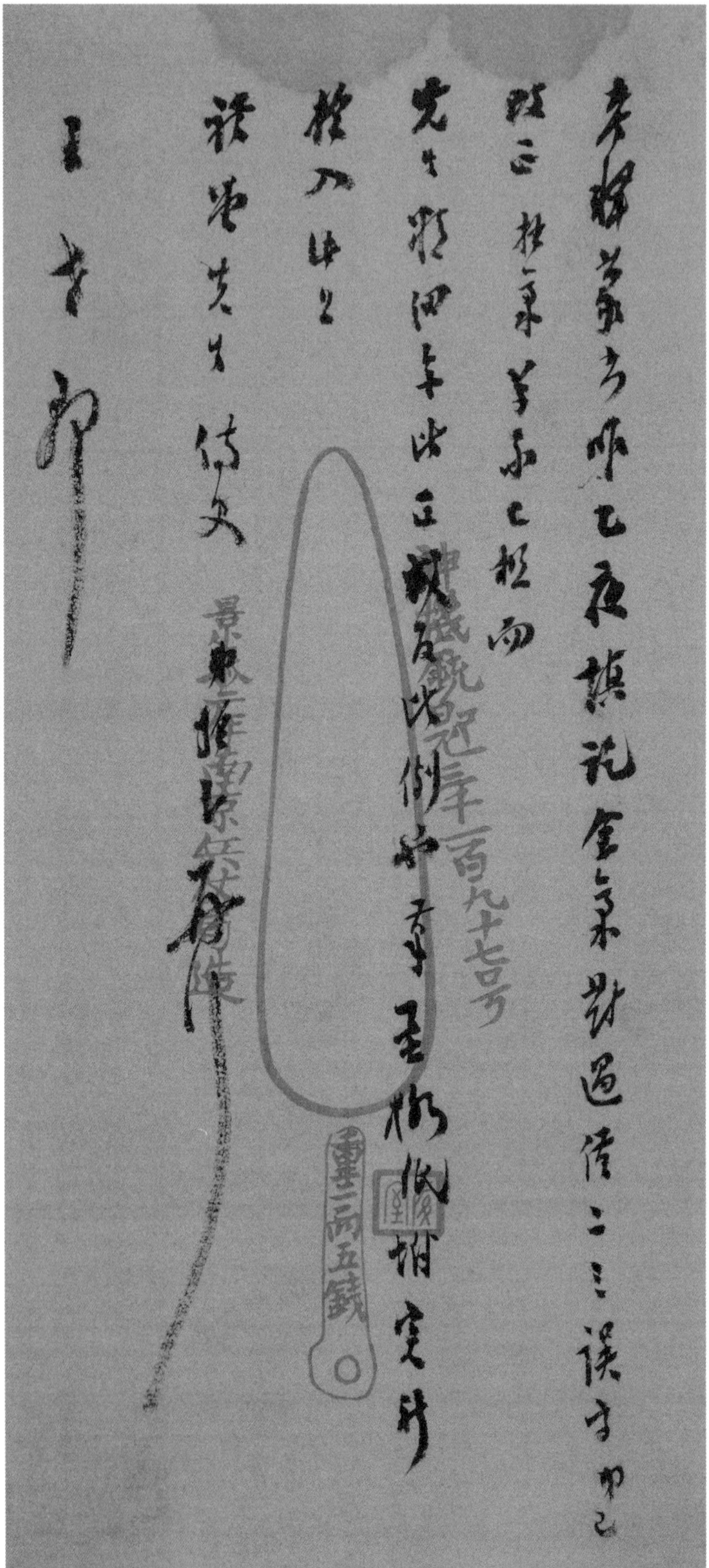
一百九十七号
重三兩五錢

釋文

《考釋》篆書，〔一〕昨乙夜填訖。全稿對過，僅二三誤字，弟已改正。拙稿草率已極，而先生精細無比，正成反比例也。筆墨格紙附完，祈檢入。此上

禮堂先生侍史

弟振玉再拜

王老爺

〔一〕此即指《殷虚書契考釋》中甲骨文原字，乃羅振玉親自填寫。由此知全書最後校核亦係羅振玉親自爲之。

信札五

羅振玉致王國維

一九一五年一月

札高二四·六　寬二一·一厘米　二開

神機甎觚第一百九十七号

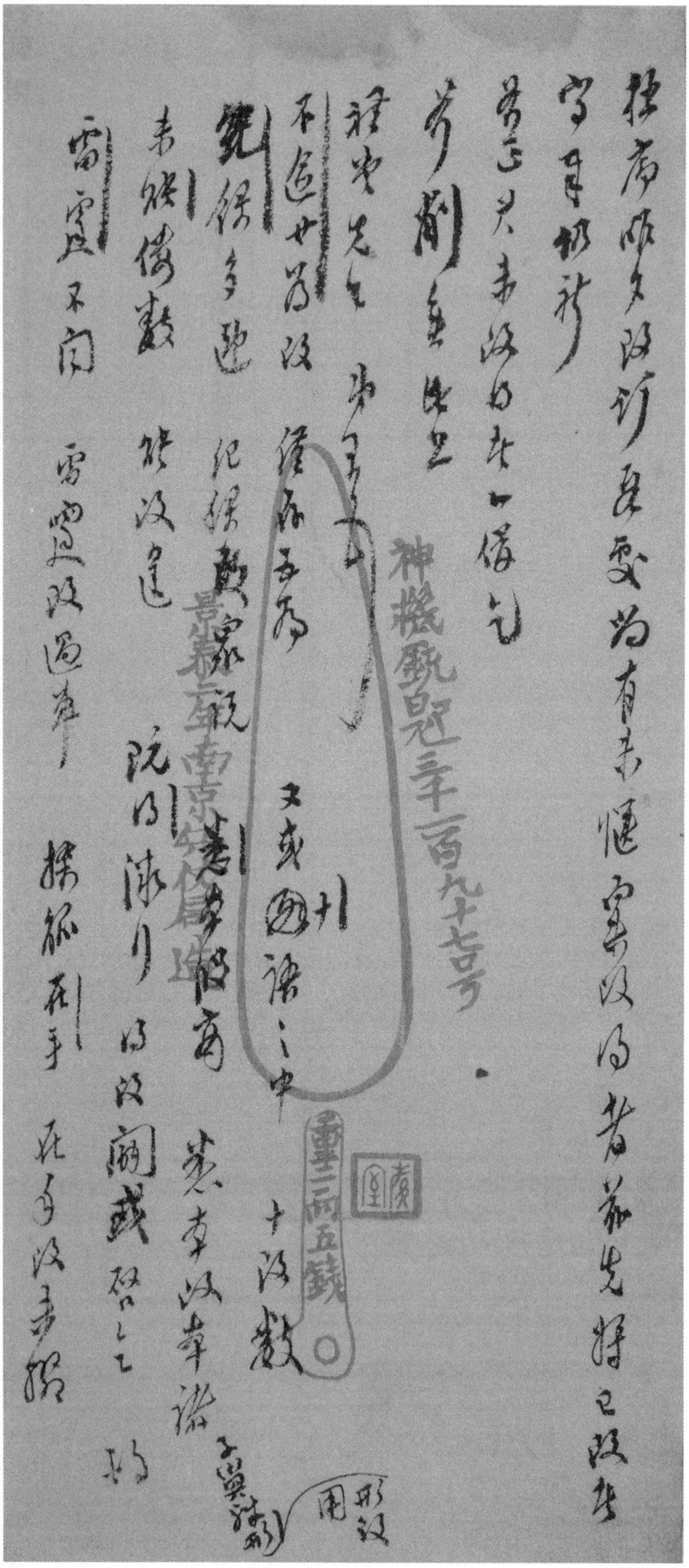

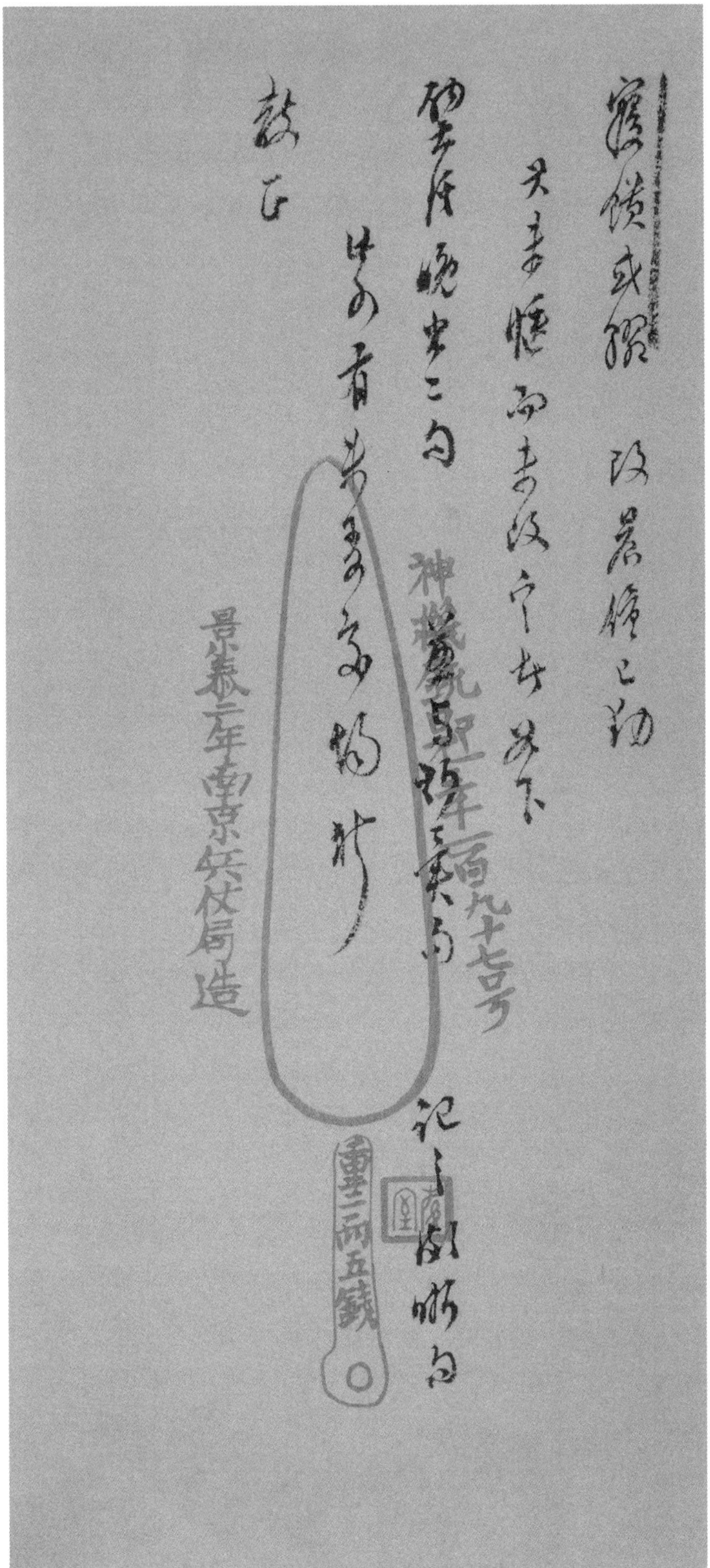
景泰二年南京兵仗局造
重三兩五錢

釋文

拙序〔一〕昨夕改訂數處，尚有未愜而未改得者。兹先將已改者寫奉，仍祈斧正。其未改得者，一併

乞斧削矣。此上

禮堂先生

弟玉頓首

『不逾廿篇』，改『僅存五篇』。

『又或十語之中』，『十』改『數』。

『紀録多違』，『紀録』改『衆説』。

『悉本殷商』，『悉本』改『本諸』。

『子與殊形』，『形』改『用』。

『未能僂數』，『能』改『遑』。

『既得流行』，『得』改『闢』或『啓』，乞酌。

『雷霆不聞』，『雷霆』改『過聲』。

『操觚在手』，『在手』改『未輟』。

『寢饋或輟』，改『晨鐘已動』。

其未愜而未改定者如下：

『壁經晚出』二句、『並與斯異』句、『記之頗晰』句。此外有未妥處，均祈

教正。

〔一〕此『拙序』即指《殷虛書契考釋》序，該序成于一九一五年二月一日。

信札六

羅振玉致王國維

一九一五年一月

札高一七·九　寬一一·二厘米　一開

趨訪不值因悵悵月底之內擬再
一行如不再枉則乞公
寫畢收正已有此原稿擬
寫一紙寄了不能靈刻目即以付排
珂卿玉兄留之
行當先乞
社中先生尊前一
平甫書一紙附此乞轉致并乞附寄

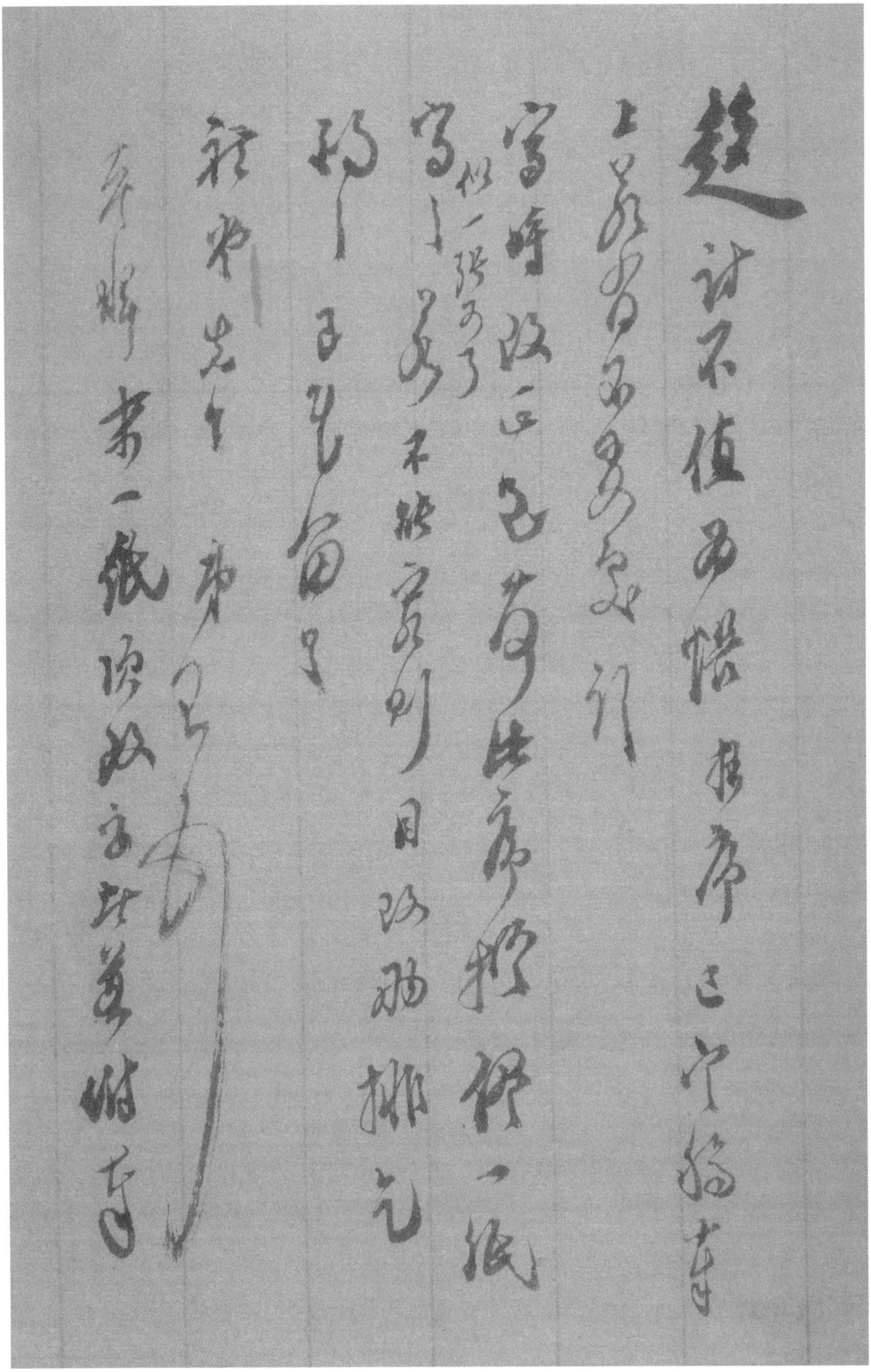

釋文

趨訪不值爲悵。拙序〔一〕已定稿，奉上。若有不妥處，請寫時改正，至荷。此序擬盡一紙寫之，似一張可了，若不能容，則目改兩排，乞酌之，至感。留呈

禮堂先生

弟玉頓首

《考釋》〔二〕末一紙須改字者並附奉。

〔一〕『拙序』亦指《殷虛書契考釋》序。

〔二〕此即指《殷虛書契考釋》。

信札七

羅振玉致王國維

一九一六年四月十日

札高二五·七　寬一七·一厘米　六開

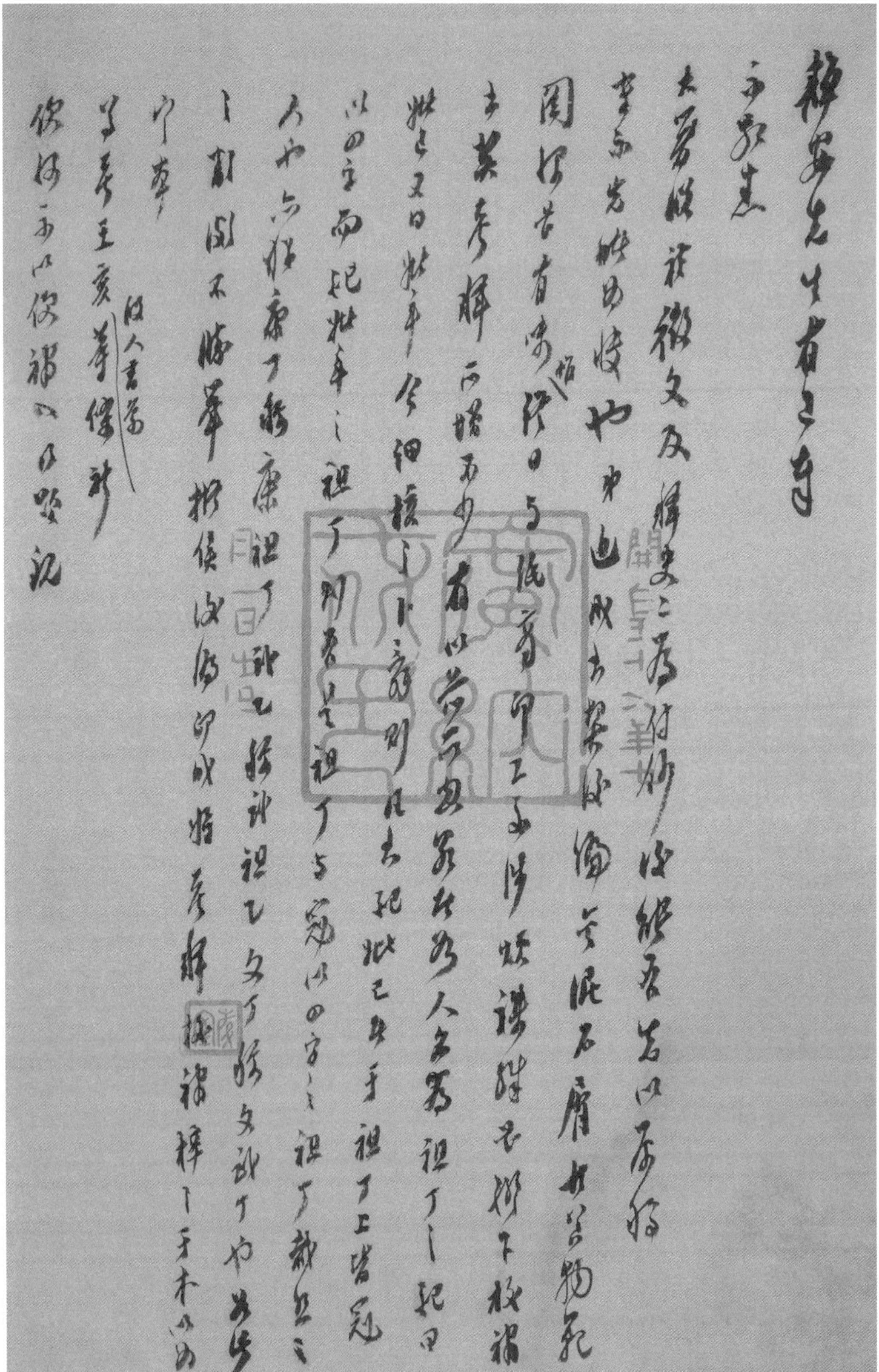
靜安先生有道

手教悉

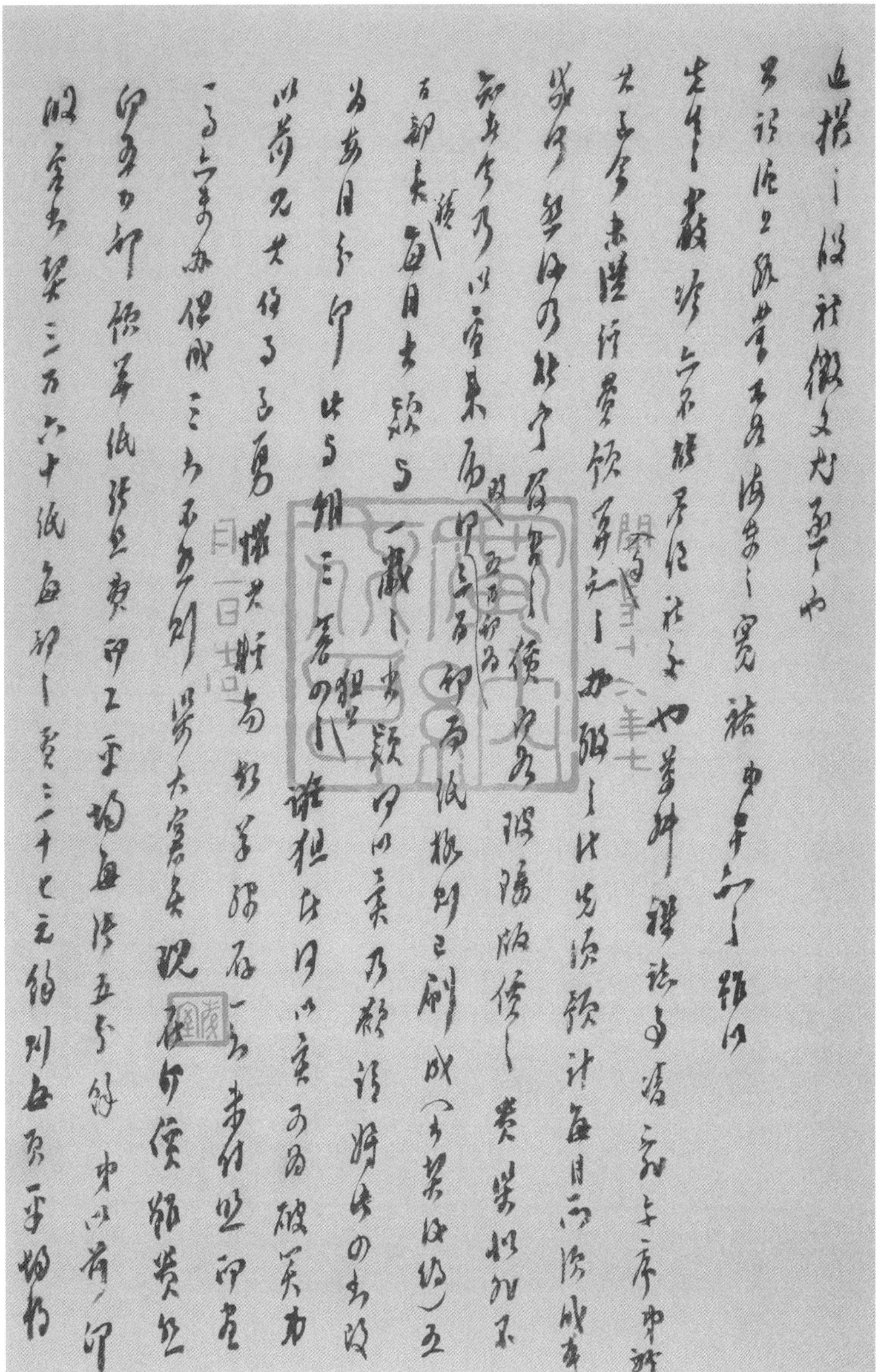

一角的，共須四十元，價八折，得三十二元，每部祇五元的
印出，每部不定，費還出照費，若又每紙亦合五分，彼等無法
請館，每部大者約動印五六部，然筆記之以西西裏來，此次
書契須亦自印二百部，約印五十部耳
先生此次大字之務，與兩同見之紙，然印之事乃
書之自然印，以無書印樣一時財力難變，實亦無財
此書尚有印二百部，但須候錢時可了
但版擬何如，弟昨欲不欲變，若同見之文一樣分及錢去
十分之一之了，弟務若同見以後欲自印，定如弟先有明不
至弟等外，此時之事，日離畔寓婦人，細細致繼欠
誤中土定也，此次若知弟之寶贖出賣，寫中向古，小園迫因
總請尋其惠發，離之大殺，不蘭海寺出擬均欲此色收

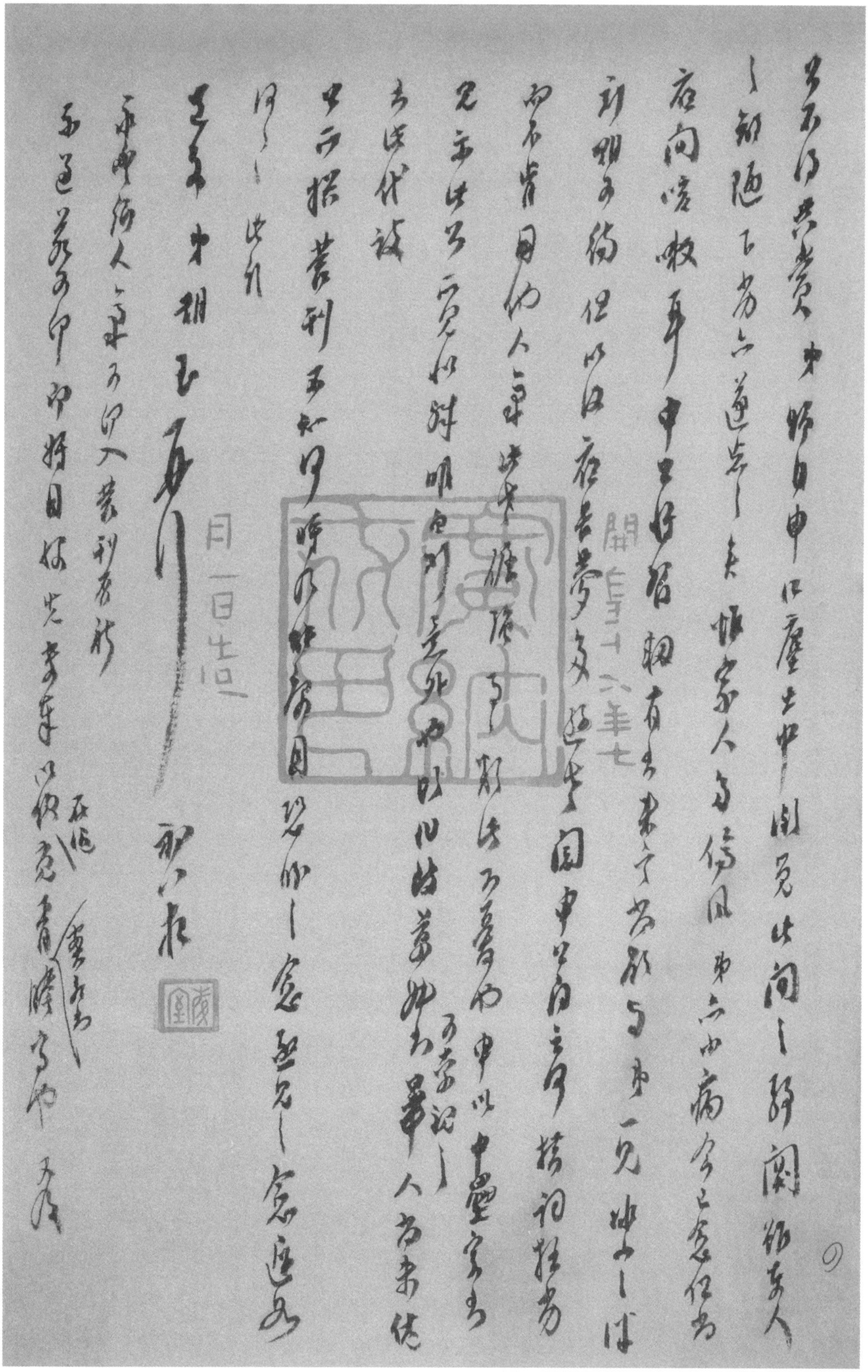
開皇十六年七月一日造

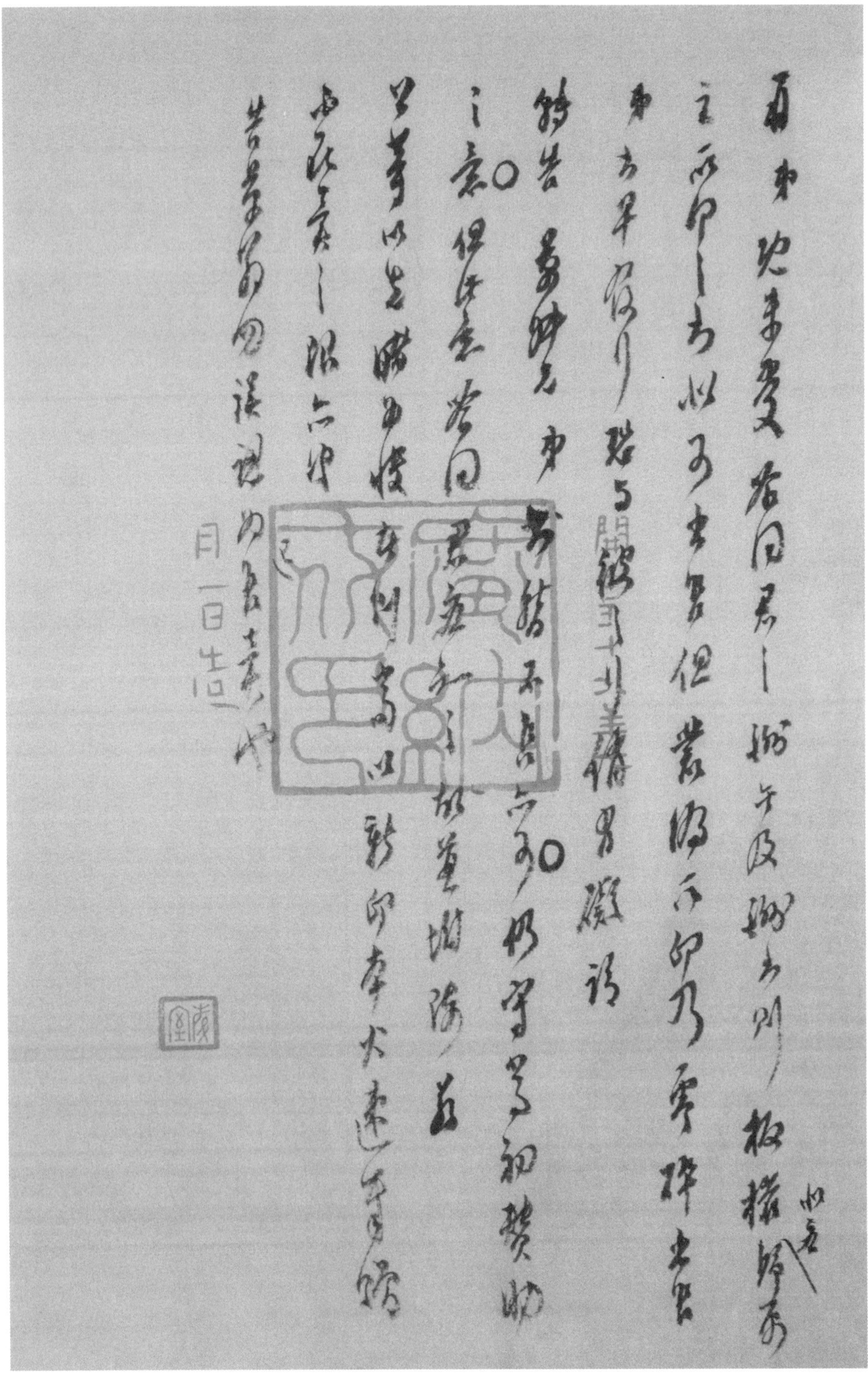

再寄日讀朝日新聞所記[illegible]

于由[illegible]

景泰三年南京兵仗局造

●復辟再運動由來

前日支那公使陸宗輿氏は交通銀行借款成立に關聯せる經濟上の日支親善の前途は日本朝野の有力者間に商議する一方北京政府内外の大官中に近來漸く有力となれる清朝宣統皇帝復辟問題の是非に就ても我國朝野の意を探るべき使命を帶びて來朝し居れるが右に關し

△問題發生の由來

を尋ぬるに昨年夏第三次革命の終熄後南方國民黨の勢力が議會に多數を占めて北京政界に最も重きをなし殊に唐紹儀氏が外交總長に選ばれんとして上海より天津に北上せし際國民黨の權勢を憂慮せし張勳及び倪嗣冲等の徐州派は政爭の具として宣統帝復辟論を唱へ之を以て南方國民黨に反抗せしに始まり尚之に前議院會館補衆十餘及び楊度氏等の參加するあり而して別に宣統帝の幼時より獨立を畫策し來りし肅親王を中心とせる宗社黨系の升允氏及び張作霖、內蒙古にある四十八人の各王等も從前結束するありて前記徐州派の復辟論とは全く別に肅親王を擁立すべき清朝復辟論を主張するありしが其の後北京は政爭の口に激成し最近の政權は殆ど段祺瑞氏を中心とせる國務院北洋派の手に移り浙江、湖南、湖北、陝西、四川等の各省長は悉く北洋派出身者に更迭せらるゝ等從來議會に據りし民黨凋落するに及んで徐州派並に前議院會館補衆の相共に唱道せし宣統帝復辟論は單に政爭の具たるに止まらず

△漸く眞面目

に主張せらるゝに至りしが殊に元老徐世昌氏を始め國務院、陸軍部、段大司令等諸氏の同意をも得て支那內政の統一は君主政體にあらざる可からずとの論近來漸く有力となるに及び遂に肅親王も亦此の宗社黨の近來頓に無力なるに鑑みて自ら擁立せられんとするは宣統皇帝を復位せしむべき本來の畫策に資するに決し帝制獨立運動を一先づ中止すると同時に已に述べたる如く北京內外の大官と脈絡一點相通ずるものあり斯くて段祺瑞氏も亦前祕書官徐樹錚氏を通じて宣統帝復辟論を暗に默許するが如く茲に於て陸宗輿氏の直屬せる前總統徐世昌氏の志を帶びて國務總理段祺瑞氏とは交渉ありと云ふ宣統帝復辟論を擁し今回來朝するに及べり即ち陸氏の使命は交通銀行借款並に復辟論に關する本朝野の意嚮の偵察並に北京政界北洋派の對日親密の主張闡明に在りと云ふ而して陸氏來朝に先だち宗社黨系の

△升允氏來朝

して該黨の復辟論に關する將來の態度を我が方面
通じて陸氏來朝と同時に評議するあ
更に前議院會館の幹部たりし潘士立氏
去十一月中旬北京を發し徐州に張勳氏
京に通訊謀議を經て上海に康有爲氏に
見えて目下來朝しあり其の目的は段
を迎へ前藩の後任として康有爲氏
氏の意を大隈侯、尾崎、犬養、原の諸氏
に通ぜんとするに在るが如く更に所
謂張派も近く來朝すべく其の時
事件に關する謝罪を旅順に中村關東
督に致すと共に肅親王を訪ひ而して一
內省相に面會を切望しありと云へば斯
の間の消息も亦窺ひ得べしと云ふ

△宣統帝復辟問題

に關し我朝野に對し全く非公式に偵察
せられつゝあり尤も其の間答の
的關係を帶び條件を含むものにあらざる
●閣にても之に關し何等の明確なる
●を與へず單に支那政界の新現象と
●今後の成行如何を傍觀するに止む
●と云ふ（東京電話）

支那共和國總理段祺瑞氏を中心とする北京政府部內の一部に於て昨年夏第三次革命終熄以來畫策せられつゝありし清朝宣統皇帝復辟問題は爾來張勳、倪嗣冲氏等の徐州派によりて暗々裡に唱道せられつゝありしが曾て袁世凱氏が在世中外交總長たり次いで段氏が最初の責任內閣を組織せし際の財政總長たりし孫寶琦及び袁氏の侍從武官長たりし蔭昌も亦清朝復辟案に全く同意する所あり而して該案は北京政府祕書長徐樹錚により段祺瑞並に徐世
せしが、徐兩氏も之に賛
り斯くて北京政府部內大官
政の統一は君主政體ならざ
この說漸く有力となるに及
今回來朝の陸宗輿氏の任務
借款成立に聯關せる經濟上
を圖るにありと雖も尚一方
辟案を齎して日本朝野の有
を諮るべき使命を帶べる
云はる（東京電話）

釋文

静安先生有道

奉示敬悉。大著《殷禮徵文》及《釋史》二篇付鈔後，能否先以原稿寄示？先睹爲快也。弟近成《書契後編》、《金泥石屑》、《古器物範圖録》，甚有味，惟終日與紙商印工交涉，煩褋殊甚。燈下校補《書契考釋》，〔一〕所增不少。有以前所忽略者，如《人名篇》祖丁之祀曰妣己，又曰妣辛。今細核之卜辭，則凡書祀妣己者，于祖丁上皆冠以『四』字，而祀妣辛之祖丁則否；是祖丁與冠以『四』字之祖丁，截然二人也，亦猶康丁稱康祖丁，武乙稱武祖乙，文丁稱文武丁也。如此之類，頗不勝舉。擬俟《後編》印成，將《考釋》校補，梓之于木，以爲定本。尊著『王亥』、『殷人畜象』等條，祈便録示，以便補入。頗欲觀近撰之《殷禮徵文》，尤亟亟也。

公謂滬上執業，不如海東之寬裕，弟早知之，雖以先生之嚴冷，亦不能盡絶社交也。

景叔褋誌事，凌亂無序，弟於其至今未從經費預算入手知之。辦報之法，先須預計每月所須成本幾何，然後乃能定發售之價。即如玻璃版價之貴，渠似非不知者，今乃以電來，屬改印五百部爲三百部，而紙格則已刷成（《書契後編》）五百部矣。積每月出款與一歲之出款，何以異？乃欲請將此四書改爲每月分印，此與朝三暮四狙公之詐狙者，何以異？可爲破笑。弟以前見其任事至勇，懼其輕易，故《草隸存》一書未付照，印畫一事亦未辦，但成三書，不然則渠大窘矣。現在印價雖貴，然印五百部，預算紙張照費印工，平均每張五分餘，弟以前印《殷虛書契》三百六十紙，每部之費三十七元餘，則每頁平均將一角餘，前漫定四十元之價，八折得三十二元，每部折五元餘。即弟所印《石室遺書》照費不要，每紙亦合五分。彼等無此經驗而好大喜功，動印至五百部，我輩視之，以爲異矣。

此次《書契後編》，弟自印二百部，餘書各印五十部。請告景叔，此次書稿贈與哈同君，並爲執督印之勞，乃弟之自願。即《後編》弟多印，雖一時財力頗受窘，亦無妨。此書本意今年印二百部，但須俟稍裕時爲之。但板權仍爲弟有，故不欲受哈同君一文之酬金，及贈書十分之一之事。若哈同君以後欲再印它書，非先商明不可，不能如此次之草草矣。景叔爽快人，而細緻處稍欠缺，中無它也。此次若非弟之審慎，渠中間受窘甚矣。

小園近因驟暖，群花怒發，桃已大放，玉蘭、海棠、絲纓，均欲吐色，恨公不得共賞。弟歸自申江塵土中，頗覺此間之靜閴，雖東人之鄙陋下劣，亦遂忘之矣。惟家人多傷風，弟亦小病，今已愈，但尚夜間咳嗽耳。

申公將發軔，有書來，言尚欲與弟一見。冰山之泮，刻期可待，但以後夜長夢多。遯老閲申公函，云何？措詞拙劣，而不肯用他人稿，此老倔强，事事類此，可憂也。申以中壘家書見示，此公所見，似殊明白，則意外也。頃作致景叔書畢，可索觀之。

人尚未倦，書此代談。公所撰《叢刊》，不知何時乃能寓目，恐盼之愈亟，見之愈遲。如何如何。此請

道安

弟期玉再拜　初八夜

《永豐鄉人稿》可印入《叢刊》否？祈示過。若可印，即將目録先寄奉，以便在滬覓胥，案各書謄寫也。又及。

再，弟既未受哈同君之酬金及酬書，則板權似應歸原主，所印之書，似可出售。但《叢編》所印，乃零碎出售，弟書早發行，恐與彼之行銷有礙。請轉告景叔兄，弟書暫不售亦可，仍守當初贊助之意。但此意哈同君應知之，故並附陳。若公等以先睹爲快者，則當以新印本火速奉贈，不在賣之限。亦望告景翁，勿誤認爲已售賣也。

再，今日讀《朝日新聞》，所記如此。此何事也？聲聞于外而謀未定于内，危乎不危？請並送乙老一覽。

〔一〕《殷虚書契考釋》書出後，羅振玉仍不時增訂，已有刊印增訂版之計劃。

信札八

羅振玉致王國維

一九一六年四月二十四日

札高二五·八 寬一七·二厘米 四開

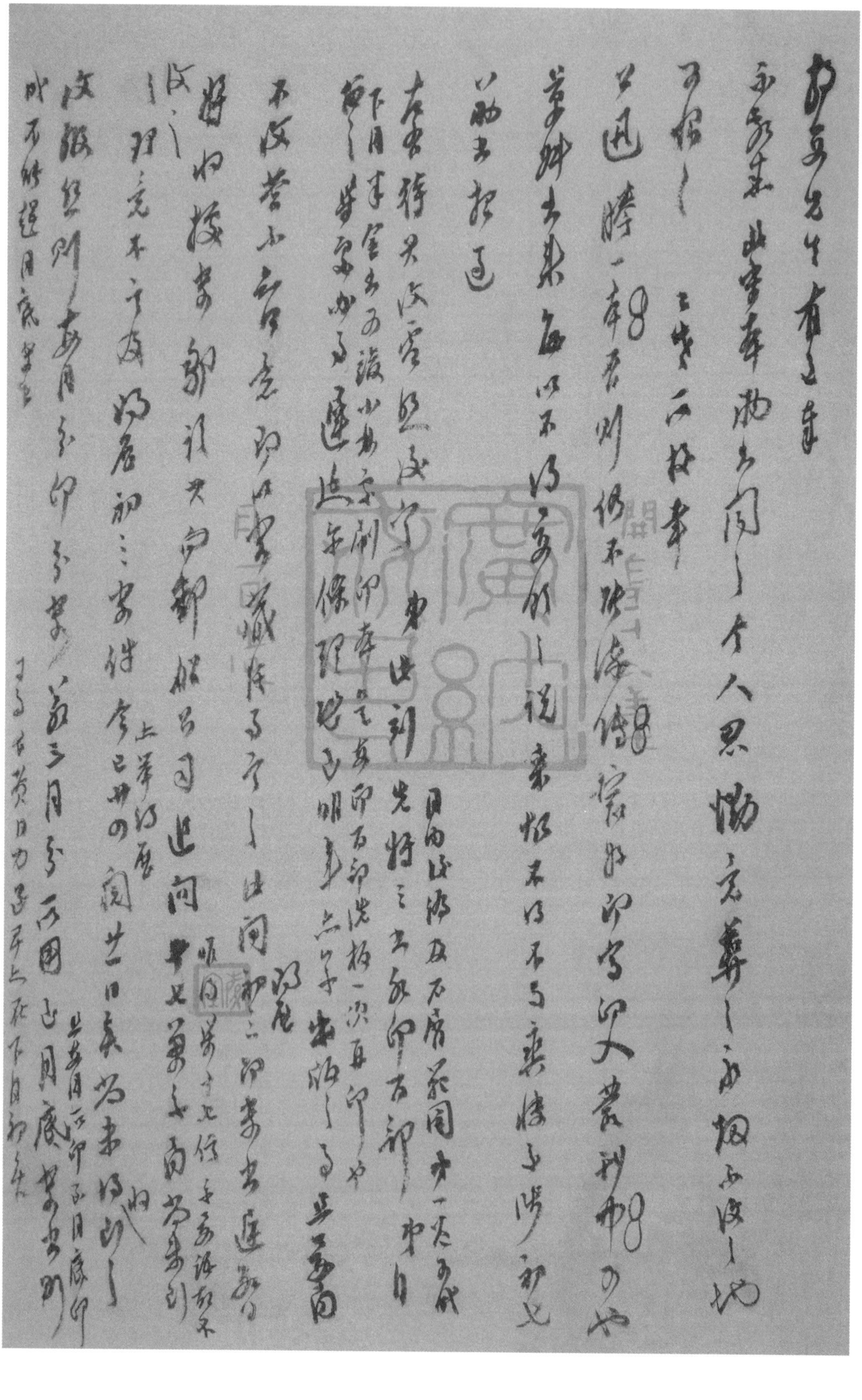

靜安先生有道

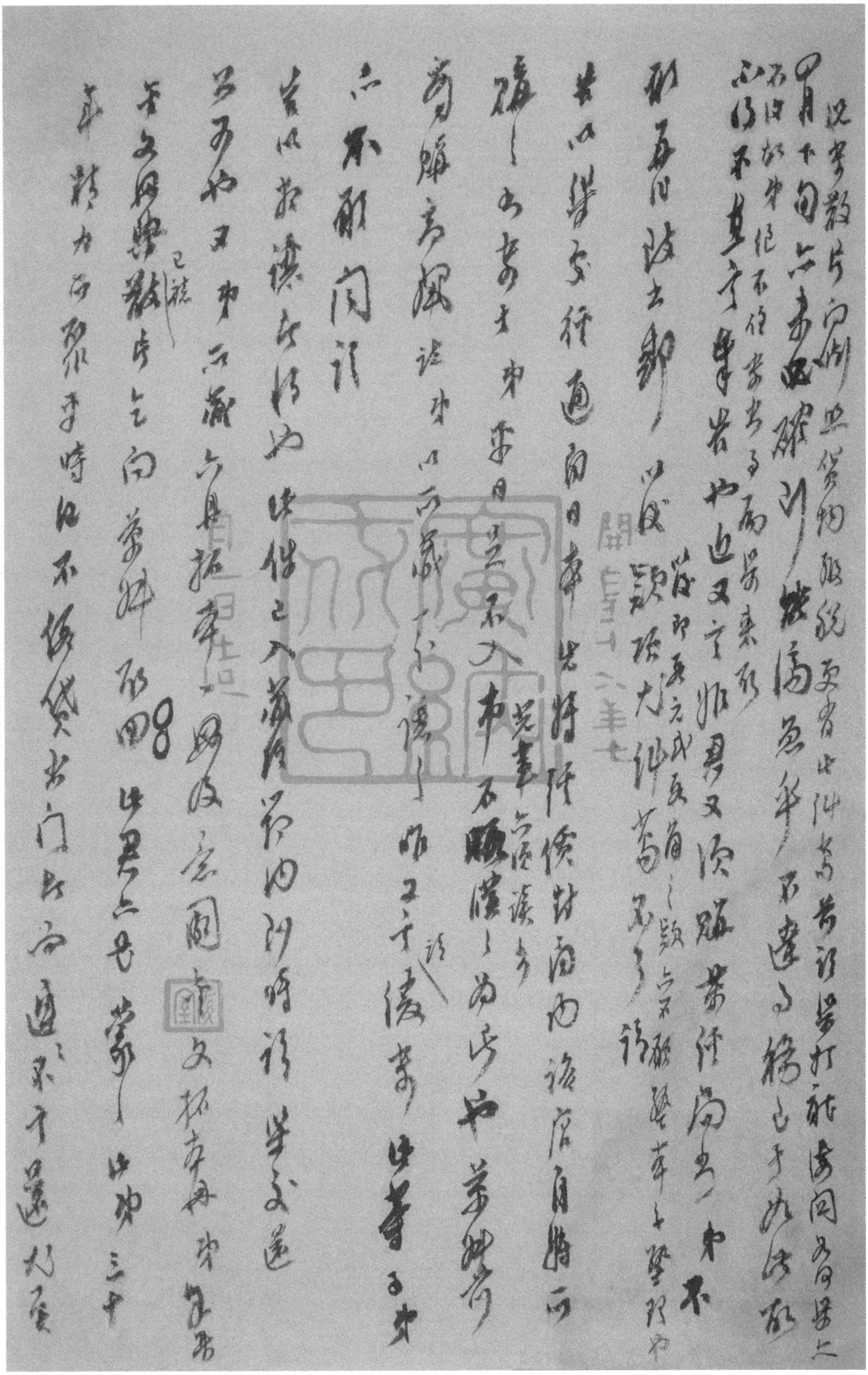

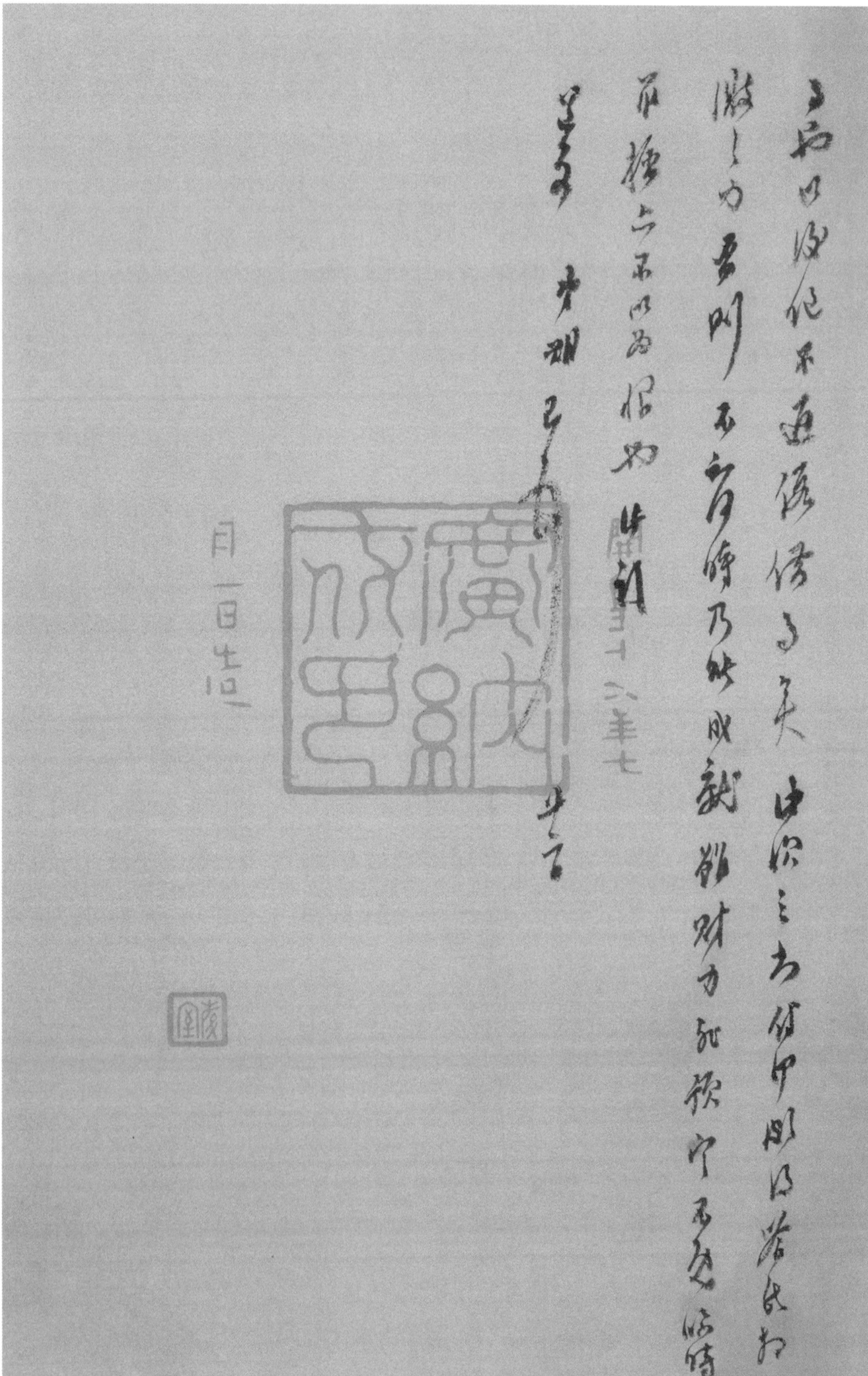

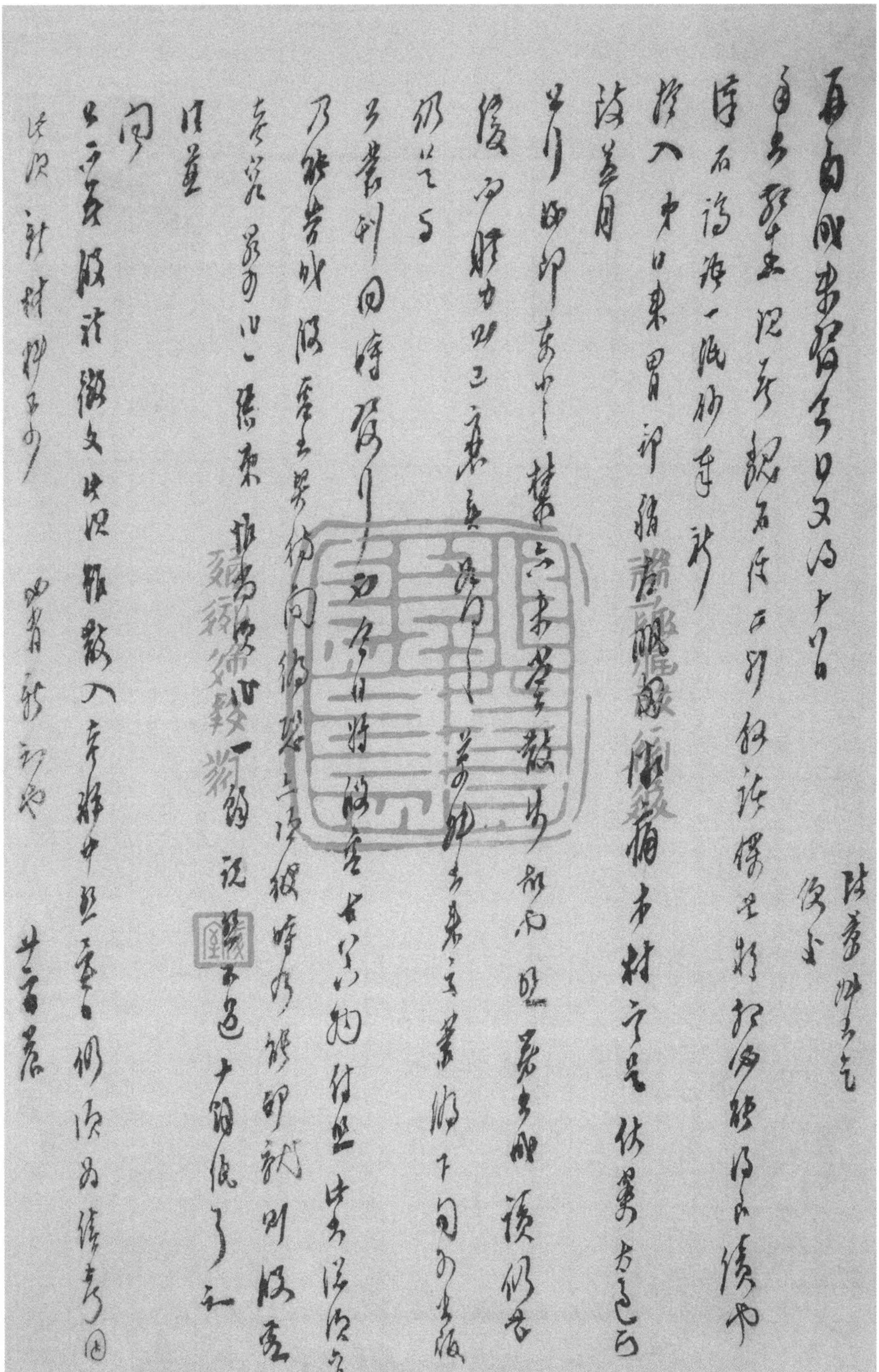

釋 文

靜安先生有道

奉示敬悉。此宋本兩書，聞之令人思慟，竟葬之永劫不復之地，可恨可恨。乙老所校，幸公迅謄一本，否則仍不能流傳，最好即寫印入《叢刊》中可也。

景叔書來，每以不得要領之説來，故不得不與爽快交涉。初七、八兩書想達左右，待其復電，然後定。弟此刻先將三書各印百部，弟自留之。月内《後編》及《石屑》、《範圖》第一卷可成，下月半全書可竣。小林處刷印本是每印百部，洗板一次再印也。渠處辦事遲延無條理，恐至明年亦無出版之事，且要函不復答，不知何意。即以寄《藏經》事言之。此間陽曆初三即寄出，遲數日將收據寄鄒，請其向郵船公司追問。十七萬無函，尚未到之理竟不言及。昨得渠十七信，無要語，故不復之。陽曆初三寄件，今已廿四，亦舉陽曆，閱廿一日矣，尚未得收到之復報。然則每月分印分寄，若三月份所用至月底寄出，則四月下旬亦未必確到，能濟急乎？且每月所印至月底印成，不能趕月底寄奉，□□□□事甚費目力，遲早亦在下月初矣。不達事務，至于如此，故不得不直言奉告也。況寄散片，向例照貨物報税，更有此糾葛，前請渠打聽海關如何，渠亦不復。故弟絕不任寄書事，屬渠來取。近又言姬君又須購某經局書，弟不願再作致書郵，以後款項尤糾葛不了，以後即數元或數角之款，亦不願墊，本無墊理也。請告以渠處，徑通函日本，先將經價封函内，該店自將所購之書寄去。弟平日足不入市，兒輩亦須讀書，不暇僕僕爲此也。景叔前商購《高麗誌》，弟以所藏一分讓之。昨又言請緩寄，此等事，弟亦不願聞。請告以相讓者情也，此件已入『藏經』箱内，到時請渠交還公可也。又弟所藏六舟拓本一册，及意園金文拓本册，弟手集金文册，與已裱散片，乞向景叔取回。此君亦甚蒙蒙，此弟三十年精力所聚，平時絶不假貸出門者，而遲遲不言還，尤異事也。以後絶不通假借事矣。此次三書付印，頗得哈氏相激之力，否則不知何時乃能成就。雖財力非預定，不免臨時羅掘，亦不以爲恨也。此請

道安

弟期玉頓首　廿二日

再，函成未發，今日又得十八日手書，敬悉。現考魏石經所列叙諸條甚精，想必能得良績也。漢石《論語》一紙鈔奉，祈檢入。

弟日來胃部稍左肋胸頗痛，木村言是伏案太過所致。蓋自公行後，即東山之麓亦未嘗散步故也。然著書成績仍甚緩，而體力則已衰矣。如何如何。

景叔書來，言《叢編》下旬可出版，仍是與公《叢刊》同時發行也。附景叔書乞便交。

今日將《殷虚古器物》付照，此書總須六月乃能告成。《殷虚書契待問編》恐亦須彼時乃能印就，則殷虚考究，略可作一結束。惟尚須作一餘説，然不過十餘紙耳，知注並聞。公所著《殷禮徵文》此次雖散入《考釋》中，[一] 然異日仍須爲《續考》，因此次新材料不少，必有新知也。

廿二日晨

[一] 羅振玉此時增訂《殷虚書契考釋》的計劃已漸成熟。

信札九

羅振玉致王國維

一九一六年四月二十五日

札高二四·二　寬三二·八厘米　一開

人間先生有道：連日
兩奉教書，一切具
示殷祀徵文，讀竟，欽佩之至。特殷先妣特祭之
條，至確。弟前年寫定時，擇其以卜日祭妣而未及祖
也。大夫固謂乃祀妣而非祀祖，後見一條曰：庚申卜貞王賓大甲有
于報有奭（書一卷十二葉），但云有奭，[illegible]某，而署祖名，又見有奭
某妣某者無疑，疑彼為祀妣之後，有奭者為祀祖。今請證明
[illegible]之說矣。此日為名一條正確，[illegible]亦不類，但前言卜辭稱有[illegible]
[illegible]合祀[illegible]以上百世，[illegible]卜辭文書一條曰[illegible]上下
大乙之先公自田至于武丁者（[illegible]），因之為自人[illegible]
[illegible]卜辭[illegible]不止[illegible]則止于[illegible]
則[illegible]
[illegible]卜辭中[illegible]中[illegible]祖，又先王則[illegible]大甲[illegible]
而妣[illegible]，則[illegible]（卜辭中又有妣庚[illegible]）又[illegible]于妣[illegible]
先[illegible]二[illegible]一日[illegible]二祖[illegible]正月甲申[illegible]甲

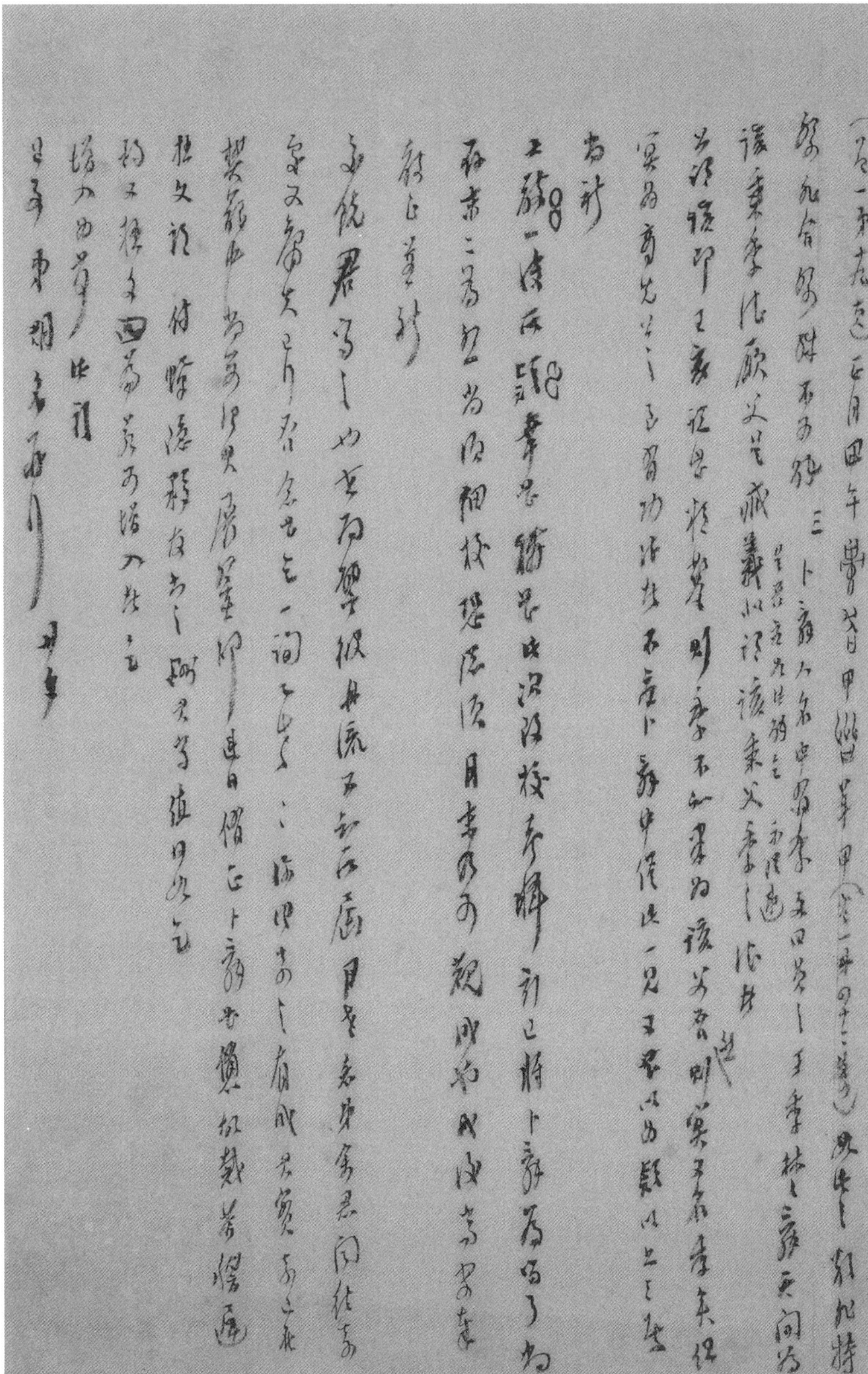

釋　文

人間先生有道

連得兩函，敬悉一切。承示《殷禮徵文》諸條，至精至核，忻佩無地。『殷先妣特祭』一條所論至當。弟前年寫定《考釋》時，早以卜日從妣而不從祖爲大異，固疑爲乃祀妣而非祀祖，後見一條，文曰：『庚申卜貞翌年無有于祖有爽』（卷一第十二頁），但云有爽，乃不舉其名，而舉祖名。又見有專舉妣名者，遂疑彼爲祀妣，其稱有爽者爲祀祖，今決改從尊定之説矣。『以日爲名』一條至確，『殷祭』條亦至精，但有與卜辭稍有不合者。尊論合祀僅及自父以上五世云云，至爲明爽，惟卜辭又有一條曰：『丁亥卜貞王賓厶自田至于武乙示』（《後編》上第廿頁）田之爲何人，雖不可知，委爲商之先公，下距武乙殆不止五世，則止于五世之説，尚當存疑。其『示』即殷，則精確不可迻易者也。

弟尚有數事欲就正者：一、卜辭中妣乙專祀，其禮且至豊。卜辭中凡用䀠䕺沈者，多爲遠祖，其先王則僅見大甲一人耳。而妣乙則用此禮者凡五見，又求年于妣乙者三見，又不舉爲何祖之配，意或竟是契母簡易與？卜辭中又有妣庚，亦專祀，禮亦隆，但次于妣乙耳，亦不知何人之配。

二、有一日而祀二祖者，若正月甲申祭且甲，[illegible][illegible]甲（卷一第十九頁）、正月甲午[illegible][illegible]甲[illegible]

羊甲（卷一第四十二頁），如此之類，非特祭非合祭，殊不可解。三、卜辭人名中有季，文曰貞之王季。《楚辭·天問》爲『該秉季德，厥父是臧。』義似謂該秉父季之德者，是否應爲此解，乞示從速。公謂該即王亥，説甚精鑿，則季不知果爲該父否。然則冥又名季矣，但冥爲商先公之至有功德者，不應卜辭中僅此一見，又甚以爲疑。以上三者尚祈大教，一決所疑，幸甚禱甚。〔一〕

此次改校《考釋》，業已將卜辭篇寫了，尚存末二篇，然尚須細校，恐總須月末乃可觀成也，成後當寄奉教正，並祈交饒君寫之也。世爲譬彼舟流不知所屆，月老表弟余君聞往奇處，又庸夫已行否？念甚，乞一詢乙老，乙老深謂奇之有成，其實奇已在樊籠中，尚安謂其展翼耶。

連日修正卜辭甚憊，故裁答稽遲。拙文請付蟫隱夥友書之，酬其寫值何如，乞酌。又拙文四篇若可增入者乞增入爲荷。此請

道安

弟期名再拜　廿夕

〔一〕此札可見羅振玉函王國維研討甲骨文字考釋，有採納王説，也有不同意王説，主張存疑待考，正是羅振玉之風格。此札甚重要，然刊《羅振玉王國維往來書信》（一一〇函）時，釋文只釋了一半（原注[下缺]），今據影本，補充釋文二百八十五字。

信札十

羅振玉致王國維

一九一六年五月三日

札高二五·七　寬一七·二厘米　二開

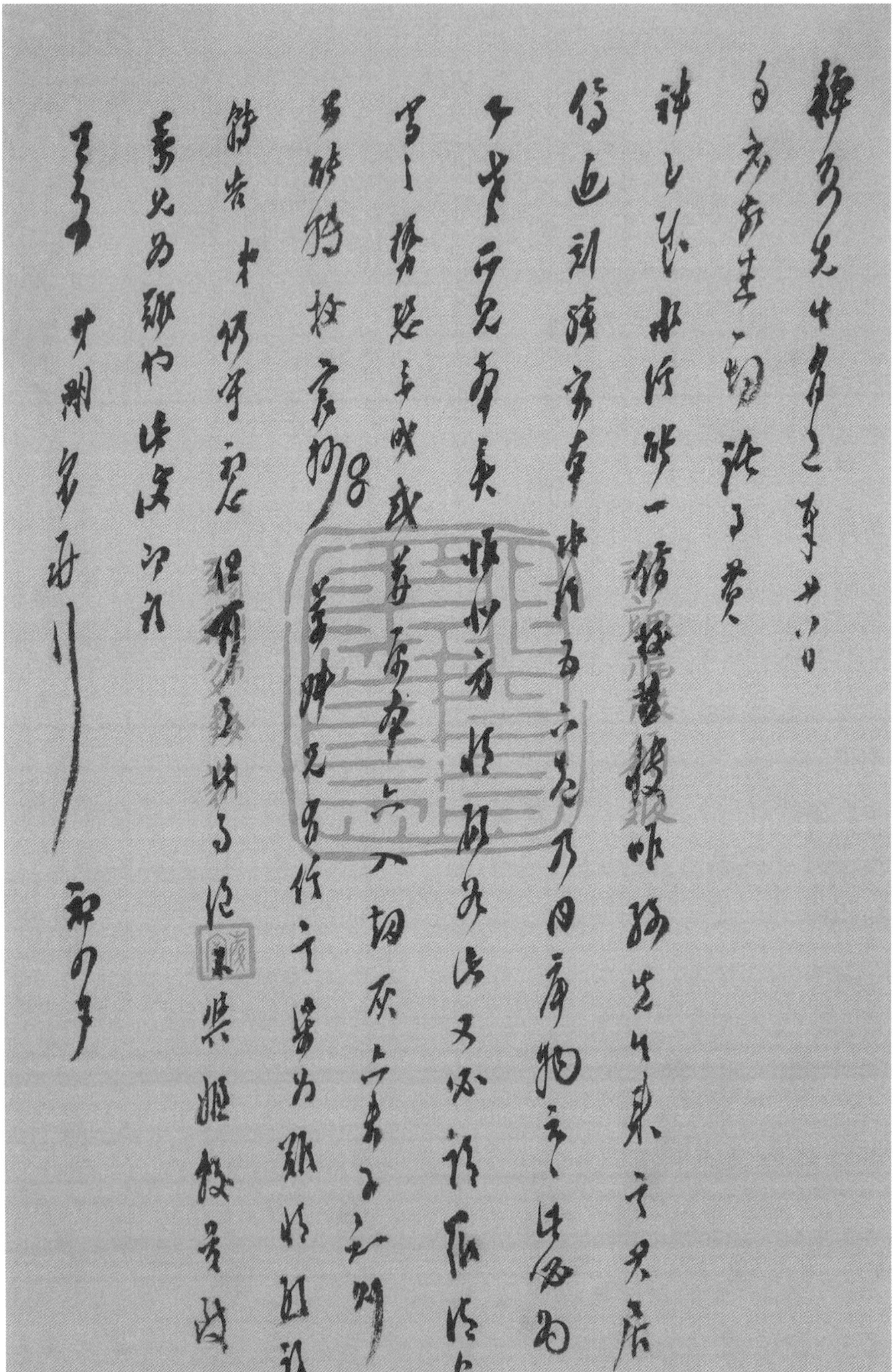

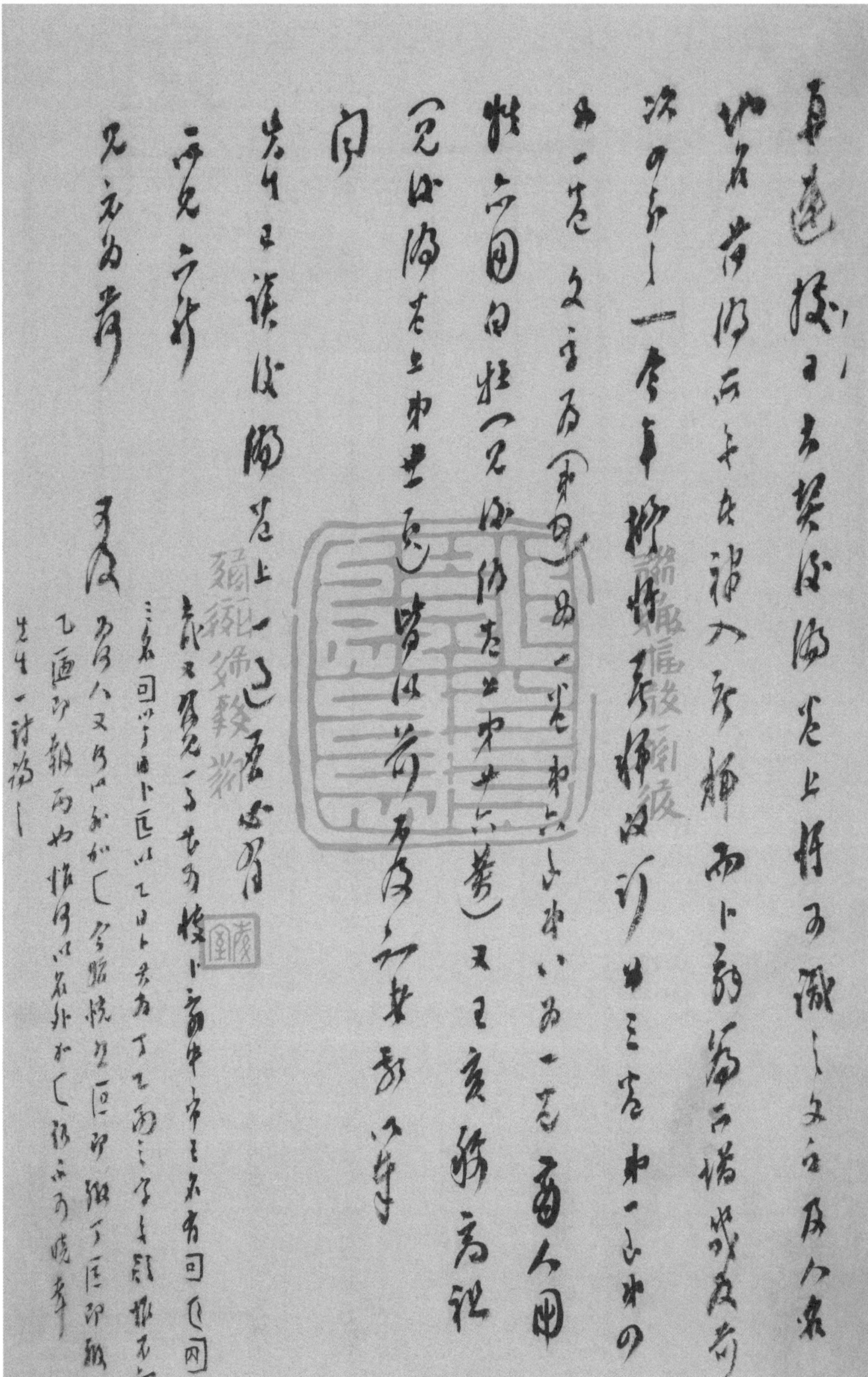

釋文

靜安先生有道

奉廿八日手示，敬悉一切。諸事費神，至感。《水經》能一借校，甚快。昨孫先生來，言其居停近刻殘宋本《水經》五六卷，乃内庫物云云。此必爲乙老所見本矣。惟北方情形如此，又必請羅清泉寫之，勢恐無成。或並原本亦入劫灰，亦未可知。則公能轉校最妙。

景叔兄有信，言渠爲難情形，請轉告，弟仍守初心，但有了此事，絶不與姬校量，致景兄爲難也。此復，即請

道安

弟期名再拜　初四夕

再，連日校《書契後編》卷上，將可識之文字及人名、地名前編所無者，補入《考釋》，而《卜辭》篇所增，幾及前次四分之一。今年擬將《考釋》改訂爲三卷，〔一〕第一至第四爲一卷，文字篇（第五）爲一卷，第六至第八爲一卷。商人用牲亦用白牡（見《後編》卷上第廿六頁），又王亥稱高祖（見《後編》卷上第廿一頁），皆以前不及知者，敬以奉聞。

先生已讀《後編》卷上一過否？必有所見，亦祈見示爲荷。又及。

書成，又發見一事，甚可快。卜辭中帝王名，有⿷匚丁、⿷匚乙、⿴囗丙三名，『⿷匚丁』以丁日卜，『⿷匚乙』以乙日

卜，其爲丁乙丙三字無疑。惟不知爲何人，又何以外加匚。今始恍然『𠀀』即報丁，『𠃑』即報乙，『𠚤』即報丙也。惟何以名外加匚，仍不可曉，幸先生一討論之。

〔一〕此札羅振玉詳述了對于《殷虚書契考釋》的增訂計劃。

信札十一

羅振玉致王國維

一九一六年五月八日

札高二五·七　寬一七·二厘米　一開

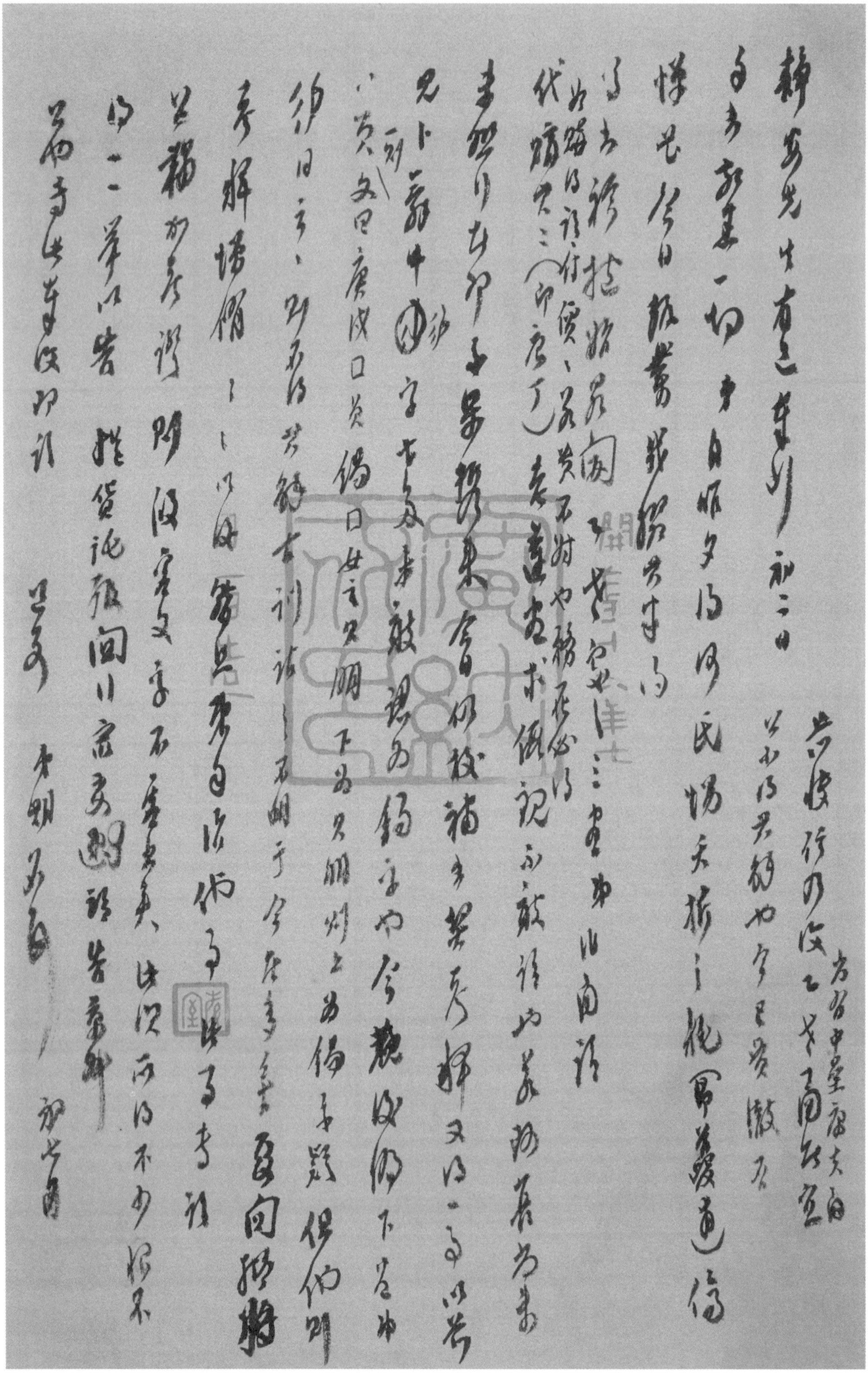

釋文

靜安先生有道

奉到初二日手示，敬悉一切。弟自昨夕得何氏甥夭折之耗（即夔甫），傷悼甚，今日執業幾輟其半。得尊書，襟抱始略開。

乙老處之三畫，弟作函請代購其二（即唐，丁），如購得，請付價，價略貴不妨也，務在必得。

老蓮畫求假觀，不敢請也。若阿萇尚未啓行者，即交渠攜來。

今日仍校補《書契考釋》，又得一事。以前見卜辭中[illegible]字甚多，未敢認爲錫字也。今觀《後編》下卷第八頁一則，文曰：『庚戌□貞錫□女主貝朋』，下爲『貝朋』，則上爲錫無疑。但他則[illegible]日云云，則不得其解。古訓詁之不明于今者多矣。夏間擬將《考釋》增脩，增脩以後暫且束手治他事，此事專請公補加考證，則殷虛文字不虛出矣。此次所得不少，恨不得一一舉以告。

提貨託報關行最妥速，請告景叔公也。專此奉復，即請

道安

弟期名頓首 初七日

前快信乃復乙老函者，宜公不得其解也。今已貫徹否？尚有中壘、庸夫函。

信札十二

羅振玉致王國維

一九一六年五月八日

札高二五·七　寬一七·二厘米　二開

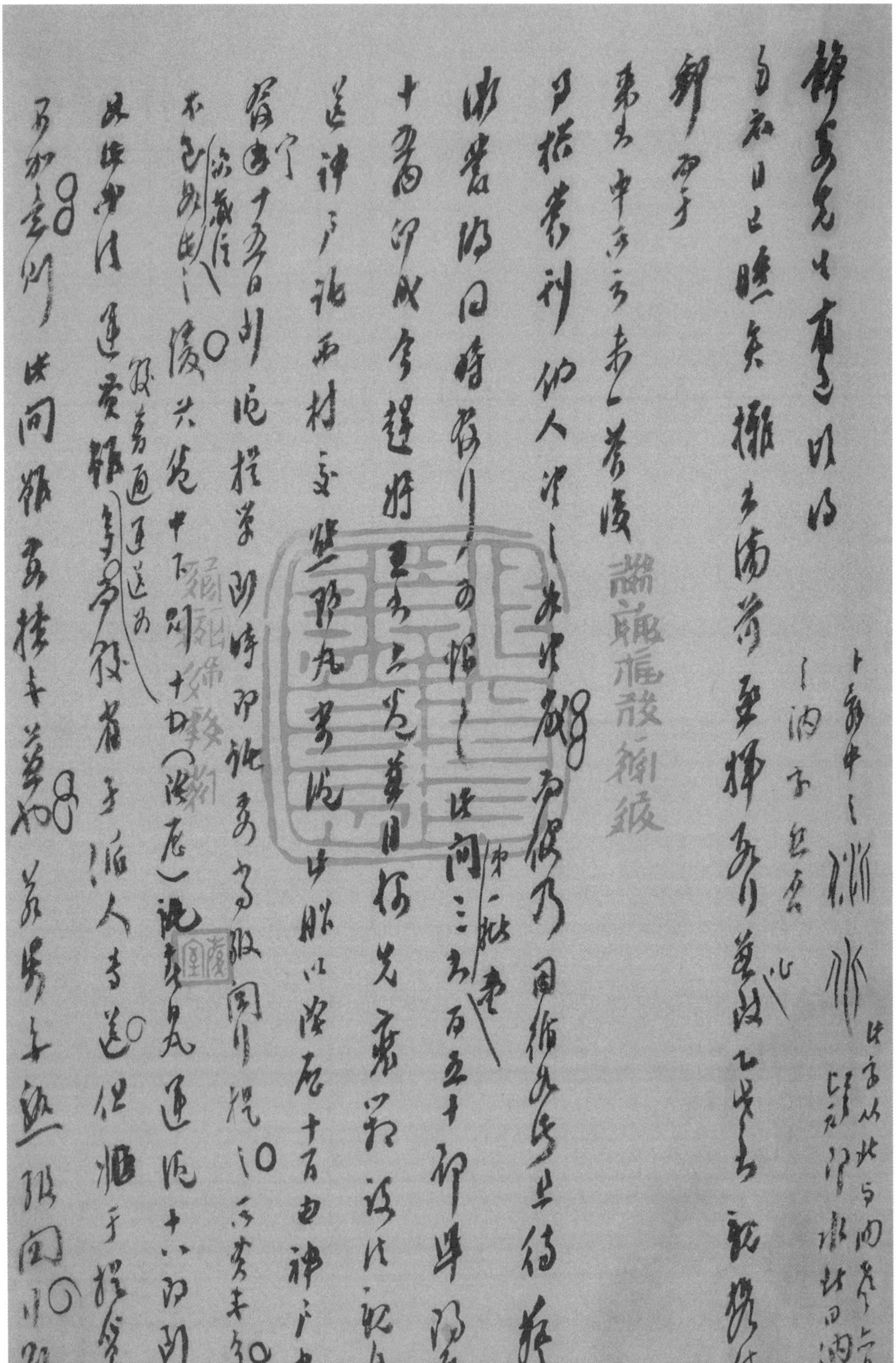

又伏讀先生先君事略○讀君臣復之辭，敬已讀之也○此殊妙也○

此刻方畢即少假矣○耳

[illegible]

又承寄示[illegible]，不待一言，即此一言，申間人亦固不可知。

又拱送者，[illegible]

不爾，則殷亡後，小臨時，恐其可也，然無日。

又一六頁與

又承諭一頁，作不缺，當略書東京文字

大著欲寄來耶也，此紙在校內，不能到入學科中，即其此語

先生 弟振玉 再拜

再者，只得計，如學來拜請人至廿四日出，廿七日可收，[illegible]

未見者大作，任即諸○十字，為序之前，讀後之，承存，極時有暇

過七月某日 閱

釋文

静安先生有道

頃得手示，日已曛矣，攤書滿前，亟揮數行，並作致乙老書，親攜付郵，而于來書中所云，未一答復。

卜辭中之疑即水北曰汭之汭字，此字從北，與汭聲亦近。然否？

尊撰《叢刊》，他人望之如望歲，而彼乃因循如此，且待《藝術叢編》同時發行，可恨可恨。

此間三書，第一批壹百五十部，準陽曆十五内印成，今趕將三書上卷並目録先裝箱，設法親自送神户，託西村交熊野丸寄滬。此船以陰曆十一日由神户出發，定十五日到滬。提單到時，即託妥當報關行提之，所費無多，不至如此次《藏經》之緩。其卷中下則十五（陰曆）託春日丸運滬，十八即到。如此辦法，運費雖較普通運送爲多，而較省于派人專送。但姬于提貨不加意，則此間雖妥捷無益也。若渠無熟報關行，則公代託堯香尤妥，張君于滬上情形至熟也。照此辦法，則本月可出報矣。請轉告景叔爲荷。尊稿即可請紙刷印矣，不可再遲。

弟每得公來書，必立復，又憶一事即作一函。弟閒人也，故可如此。公撰述有程期，請不必函到立復，以暇時總答可也。然每得公一書，如與公對談一次，非不欲常有書來，又恐太勞，故有此

請也。《水經注校》何不即刻入《叢刊》中耶？此請

道安

弟期名再拜　初七夕

再，此次增訂《書契考釋》，補人名廿、地名卅四，可識之字卅六，尚有未盡者，大約總可補四十字。前序言『遂幾五百』再板時當改『逾五百矣』。〔一〕並聞。

〔一〕一九一八年編印的《雪堂校勘群書叙録》中收録的《殷虚書契考釋序》，文中改爲『遂幾六百』。

信札十三

羅振玉致王國維

一九一六年五月十日

札高二五·七　寬一七·二厘米　三開

靜安先生有道：昨寄書并契考編等三種，撰擇一紙，想[illegible]（沈仲[illegible]好刻[illegible]人，神品[illegible]篆刻，皆寫本）

達覽矣。古尚將考契考編又翻閱一過，將考釋僭改

諸處若干不識之字，寫[illegible]以考所釋乃补之一二，亦許處之

處外其即撰寫[illegible]一切將考釋寫定，請弟等[illegible]付梓矣。

以後書七[illegible][illegible]國[illegible][illegible]，即可卸[illegible]，俟[illegible]三次[illegible]正[illegible]後刻版也。回

憶此子[illegible]究先後垂十年，積銖累寸，遂有今日寫定之舍

此而外，尚有[illegible]貫徹此書[illegible][illegible]以[illegible][illegible][illegible][illegible]物所傳評大[illegible]引

之處三處，天人皆以長久之時日一一細目覽之，亦不知費若干[illegible]

討也。

其書中此名由[illegible]許考[illegible][illegible][illegible]事[illegible][illegible][illegible][illegible]好[illegible][illegible][illegible]

其[illegible][illegible]問[illegible][illegible]大年[illegible][illegible][illegible][illegible][illegible][illegible][illegible][illegible]究今[illegible][illegible]人[illegible]

[illegible][illegible][illegible][illegible][illegible][illegible][illegible][illegible][illegible][illegible][illegible][illegible][illegible]求

[illegible][illegible]加討[illegible]以[illegible][illegible][illegible]中[illegible]過閱[illegible]書通[illegible][illegible][illegible][illegible][illegible]

羅振玉致王國維信札

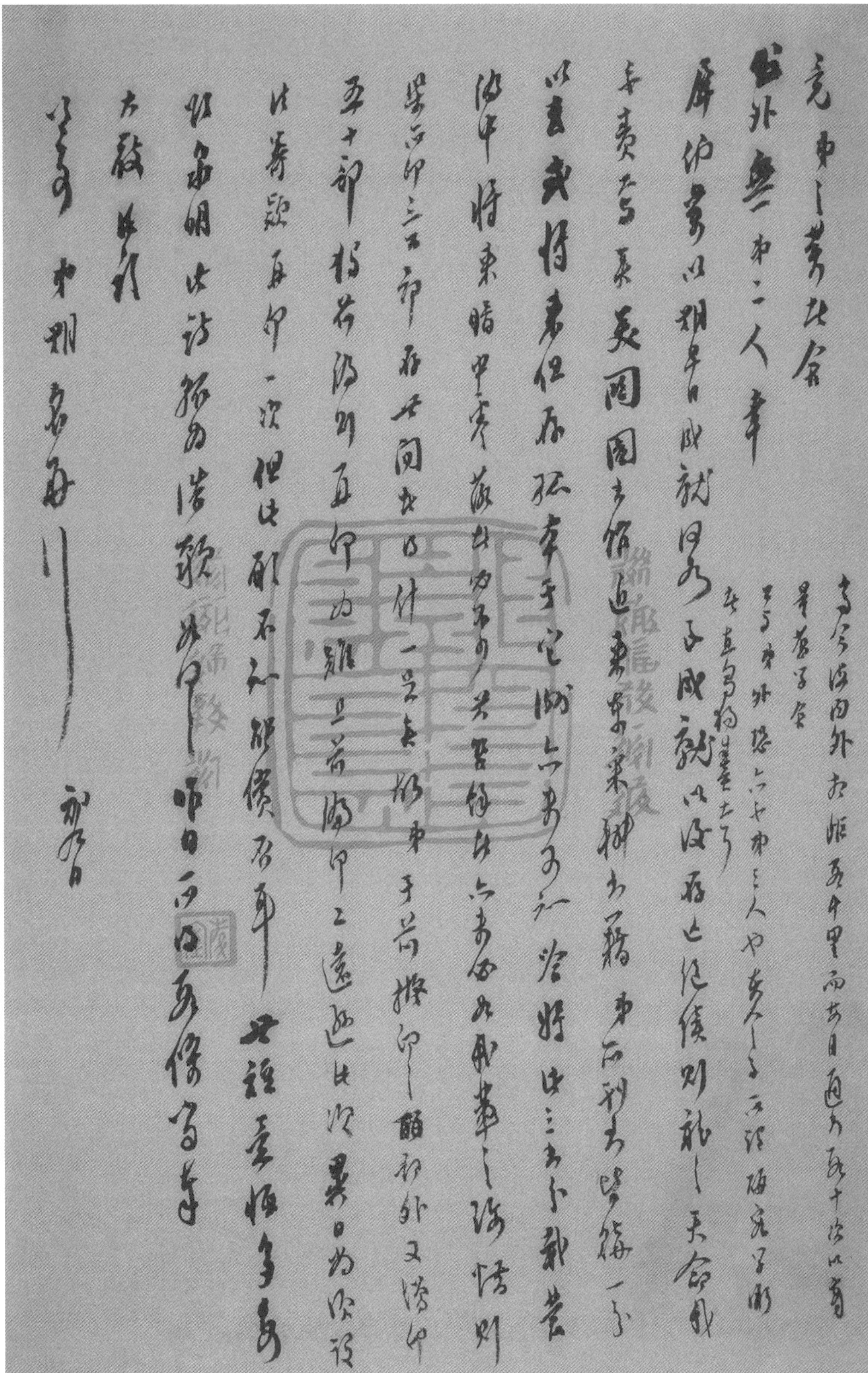

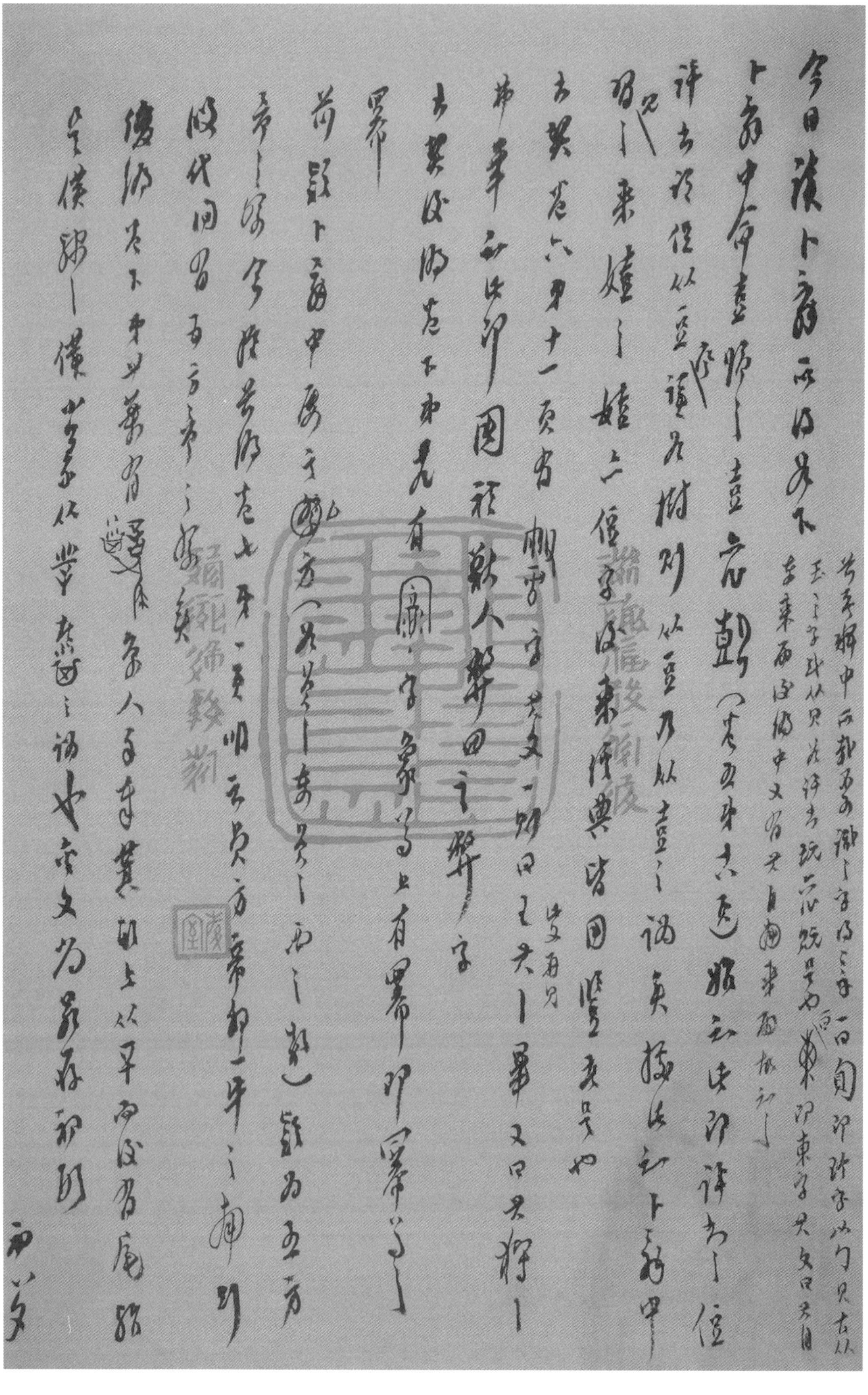

釋文

静安先生有道

昨寄奉《書契後編》等三種提單一紙，想寄到。

近十日間，將《書契前後編》又翻閲一過，將《考釋》修改增補，竟補可識之字五十餘，居以前所釋，得什之一，可謂出之意外矣。〔一〕即擬屏除一切，將《考釋》寫定一清本，寄饒君仿宋書之，以便寄七條愷用金屬版印百部，俟第三次修正，然後刊版也。

回憶此事研究，先後垂十年，積銖纍黍，遂有今日。當今之世，舍公而外，尚無能貫徹此書者。譬猶以數分鐘觀博物館，徒訝其陳列之衆，竟無人肯以長久之時日，一一細尋覽之者。不知異世有潛心蒐討如公與弟者否？弟竊謂考古之學，千餘年來，無如此之好資料，無如此之關繫重大，無如此之書癡爲之始終研究。今有之，而世人尚罕知貴重，可哀也。但此次考證，既竭吾才，尚求公再加討索，以竟此事。弟不過辟蠶叢，通塗術而已。今世士人竟弟之業者，舍公外無第二人，幸屏他業，以期早日成就，何如？至成就以後，存亡絶續，則聽之天命，我無責焉矣。當今海内外相距數千里，而每月通書數十次，以商量舊學，舍公與弟外，恐亦無第三人也。東人之子，所謂研究學術者，直芻狗糞土耳。〔二〕

美國圖書館近來東採辦書籍，弟所刊書，皆購一份以去，或將來但存孤本于它洲，亦未可知。哈將此三書分載《叢編》中，將來暗中零落者必不少，其售餘者，亦未必如我輩之珍惜，則渠所印三百部，存世間者，得什一足矣。故弟于前擬印之皕部外，又增印五十部。獨《前編》則再印爲難，且《前編》印工，遠遜此次，異日尚須設法籌款，再印一次，但此願不知能償否耳。『世短意恒多』，每頌泉明此詩，輒爲浩歎。如何如何？

純伯二畫收到，費神至感，並祈告家弟。

昨日所得數條，寫奉大教。此請

道安　　弟期名再拜　　初九日

今日讀卜辭，所得如下。卜辭中命壴歸之壴亦作（卷五第十八頁），始知此即許書之侸。許書謂侸从豆，聲讀如樹，則从豆乃从壴之譌矣。據此知卜辭中習見之來嬉之嬉，亦侸字，後來經典皆用豎者是也。

前《考釋》中所載不可識之字得二字，一曰貟即珍字，从勹貝。古从玉之字，或从貝，如許書『玩』亦作『貦』是也。一曰即東字，其文曰：『其自東來西』，《後編》中又有『其自南來西』，故知之。

《書契》卷六第十一頁有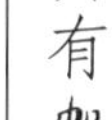字，其文一則曰：『王其丨畢』，此文再見，又曰：『其狩丨弗畢』，知此即《周禮》『獸人弊田』之『弊』字。

《書契》後編卷下第十九有字，象尊上有冪，即冪尊之冪。

前疑卜辭中屢言祭方（如『貞之東』、『貞之西』之類），疑爲五方帝之祭，今檢《前編》卷七第一頁，明云：『貞方帝卯一牛之南』，則殷代洵有五方帝之祭矣。

《後編》卷下第卅頁有，象人手奉箕，形上从而後有尾，殆是僕隸之僕，小篆從者，之譌也。金文尚略存初形。

初八夕

〔一〕羅振玉對於甲骨文的考釋日獲新解，其成果皆補入增訂本之《殷虚書契考釋》。

〔二〕羅振玉對於甲骨文考釋之投入，孤獨前行，其期望于王國維先生暫弃它業，共同努力研究，殷殷之情，溢于言表。

信札十四

羅振玉致王國維

一九一六年五月十六日

札高二五·七 寬一七·二厘米 二開

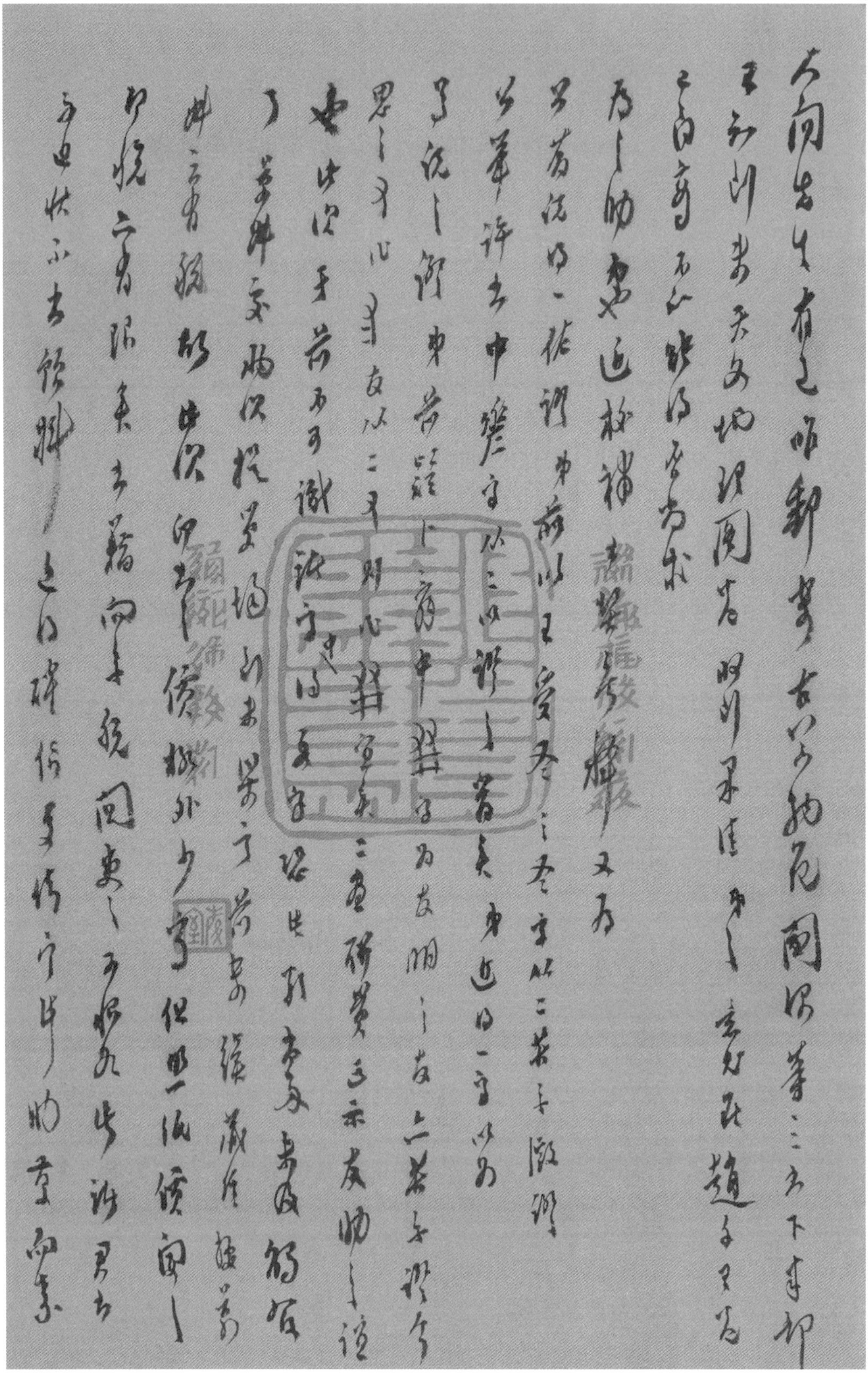

羅振玉致王國維信札

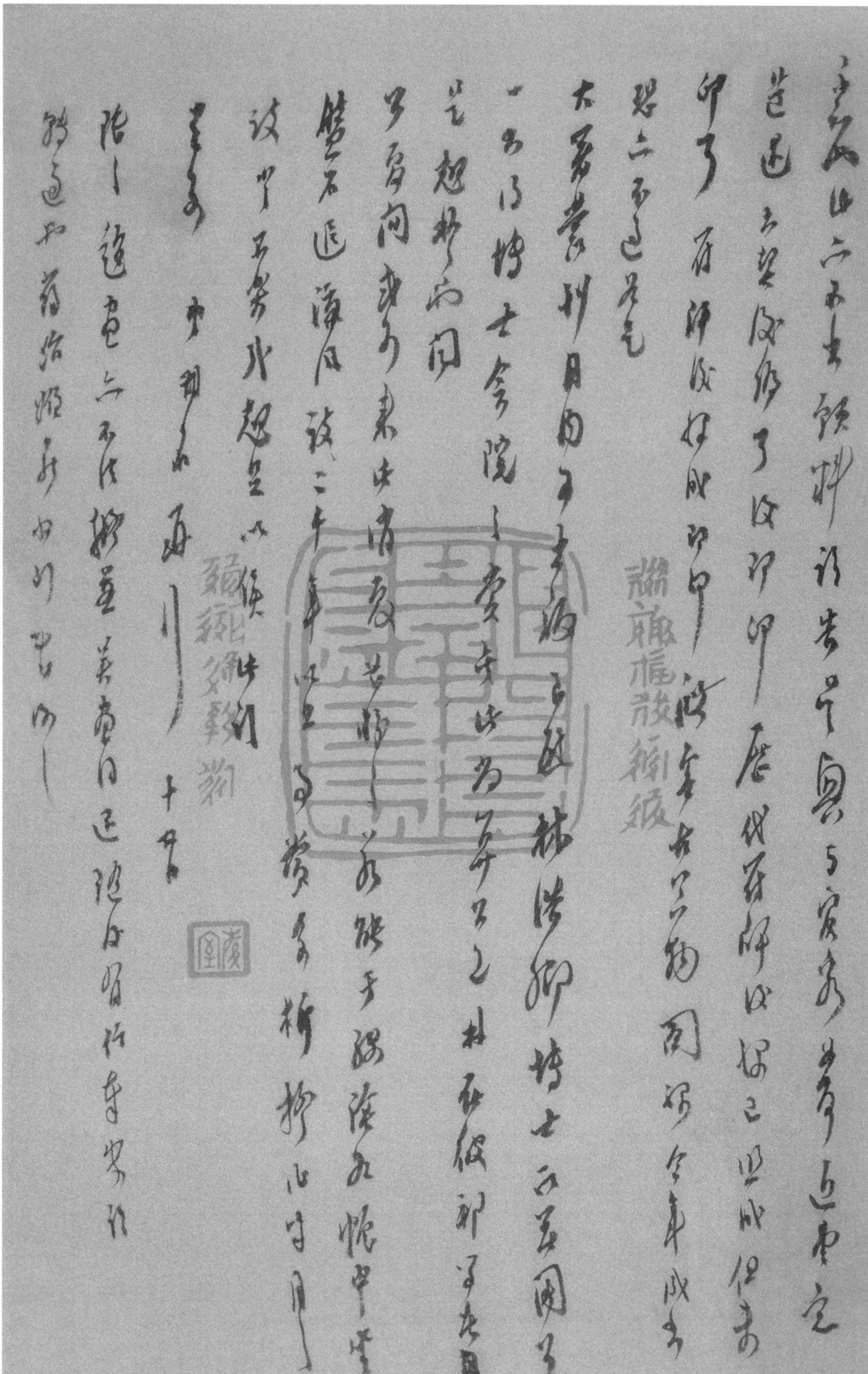

釋文

人間先生有道

昨郵寄《古器物範圖録》等三書下半部，不知到未？《天文地理圖卷》收到，果佳。弟之意尤在趙千里卷，已函商，不知能得否？尚求爲之助力也。

近校補《書契考釋》，又爲公舊説得一佐證。弟前以王受⿰又二之⿰又二字从二，苦無徵證，公舉許書中差字从二以證之，當矣。弟近得一字，以爲尊説之證。弟前疑卜辭中㕛字爲友朋之友，亦苦無證。今思之，又作⿰又二，友从二，又則作㕛，宜矣。二畫聯貫，正示友助之誼也。此次于前不可識諸字中得數字，恐此類尚多，未及觸發耳。

景叔處兩次提單均到未？渠言前寄《續藏經》，據景叔云有税，故此次印書之價，格外少寫，但照紙價開之，即税亦有限矣。書籍向無税，關吏之可恨如此。

諸君書示近狀，不出預料。近得確信，曼倩定計助□，而素不知也。此亦不出預料，請告吴興與賓泉爲荷。

近弟意造述《書契後編》耳後即印《歷代符牌後録》，已照成，但未印耳。《符牌後録》成，即印《殷虚古器物圖録》，今年成書恐亦不過如是。

大著《叢刊》月内可出版，至慰。林浩卿博士所著《周公》一書，得博士會院之賞金，此尚算公道。林在彼邦學者，自是翹楚也。

聞公夏間或可來此消夏，甚盼甚盼。若能于緑陰如幄中坐盤石，追凉風，談二千年以上事，賞奇析疑，作半月之談，豈不樂哉。翹足以俟。此請

道安

弟期名再拜　十五日

陸之趙畫亦不佳，擬並吴畫同退，隨後有信奉寄，請轉達也。蘇冶妊鼎收到，感謝感謝。

信札十五

羅振玉致王國維

一九一六年五月二十五日

札高二五·七 寬一七·二厘米 一開

人間先生有道 弟因八橋五十收發回
羅公所屬書 弟一一又挖取空壹函細又盡二紙附御
君當未出去都新
諸書皆寄 但以擬內事物尚又迻次印船舶之出服
昨屬此已問日印得修訖 俟王字己印此訂
錫伯諸作郵寄

昨年將三不分日料付寄一
旬向又问的女嬸守回甚實肯受紙荐草等餉向事
承人仁崴回毕殼印刊不曾任出君巳內傍旅客目
可喜可喜喜喜

三六〇

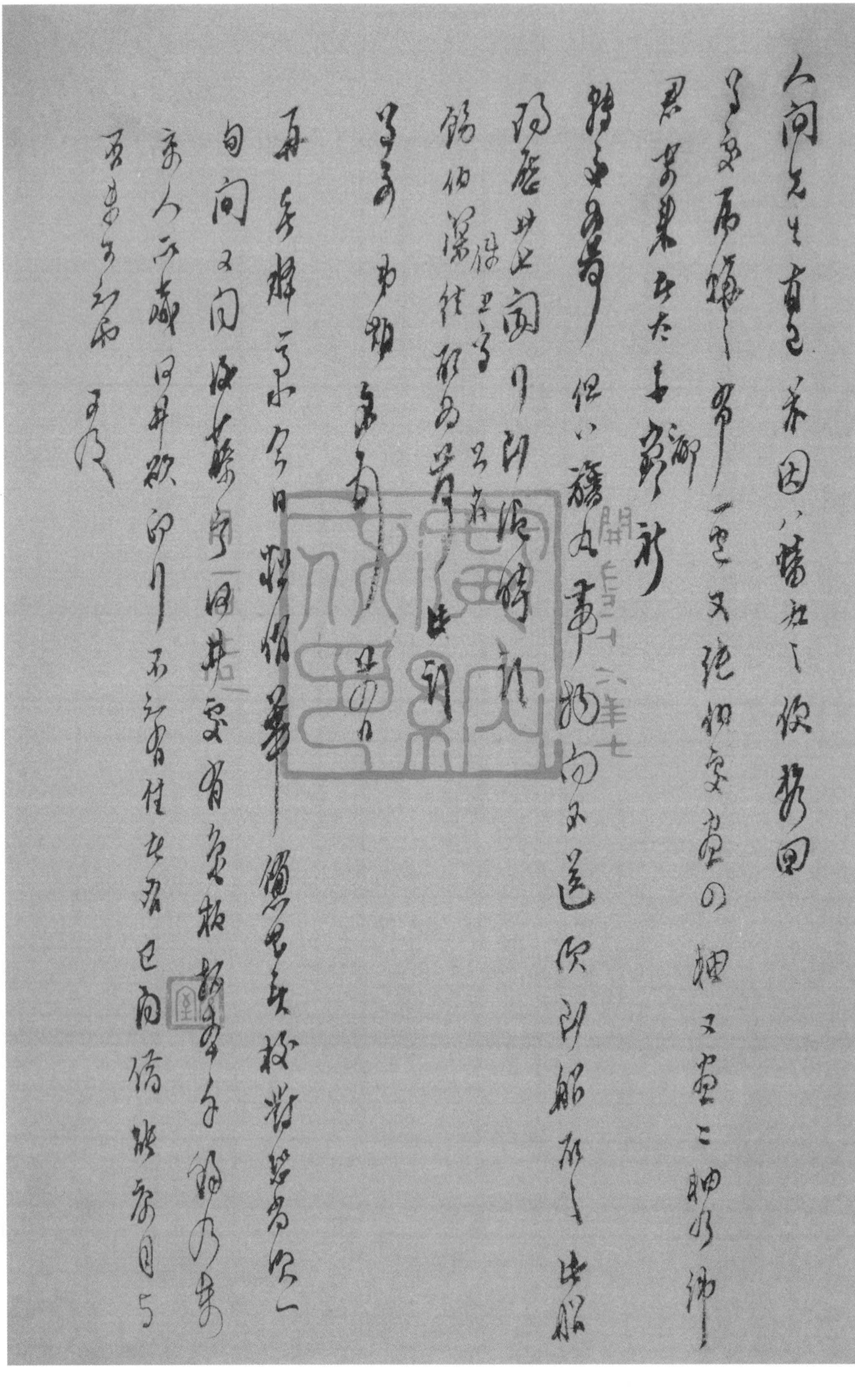

釋文

人間先生有道

茲因八幡丸之便，攜回尊處囑購之布一包，又純伯處畫四軸，又畫二軸乃緯君寄來者，太無聊，祈轉交爲荷。但八幡丸帶物，向不送，須到船取之。此船陽曆廿七開行，到滬時請飭伯深往取爲荷，件上寫公名。此請

道安

弟期名頓首 廿四日

再，《考釋》稿今日粗修畢，憊甚矣。校對恐尚須一旬間。又聞後藤言，河井處有龜板拓本千餘，乃東京人所藏，河井欲印行，不知有佳者否？已函借，能寓目與否，未可知也。又及。

信札十六

羅振玉致王國維

一九一六年五月三十日

札高二五·七 寬一七·二厘米 二開

羅振玉致王國維信札

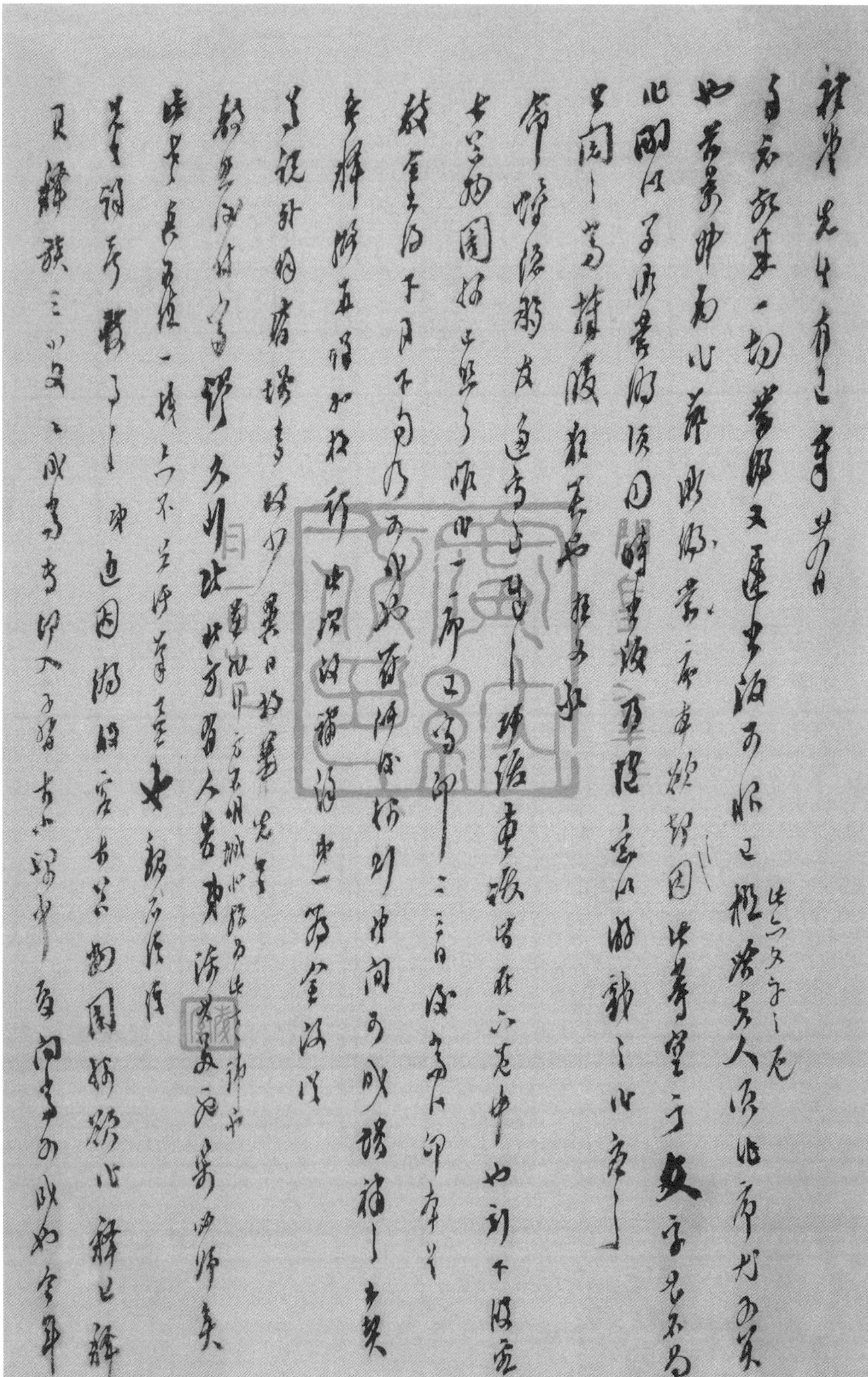

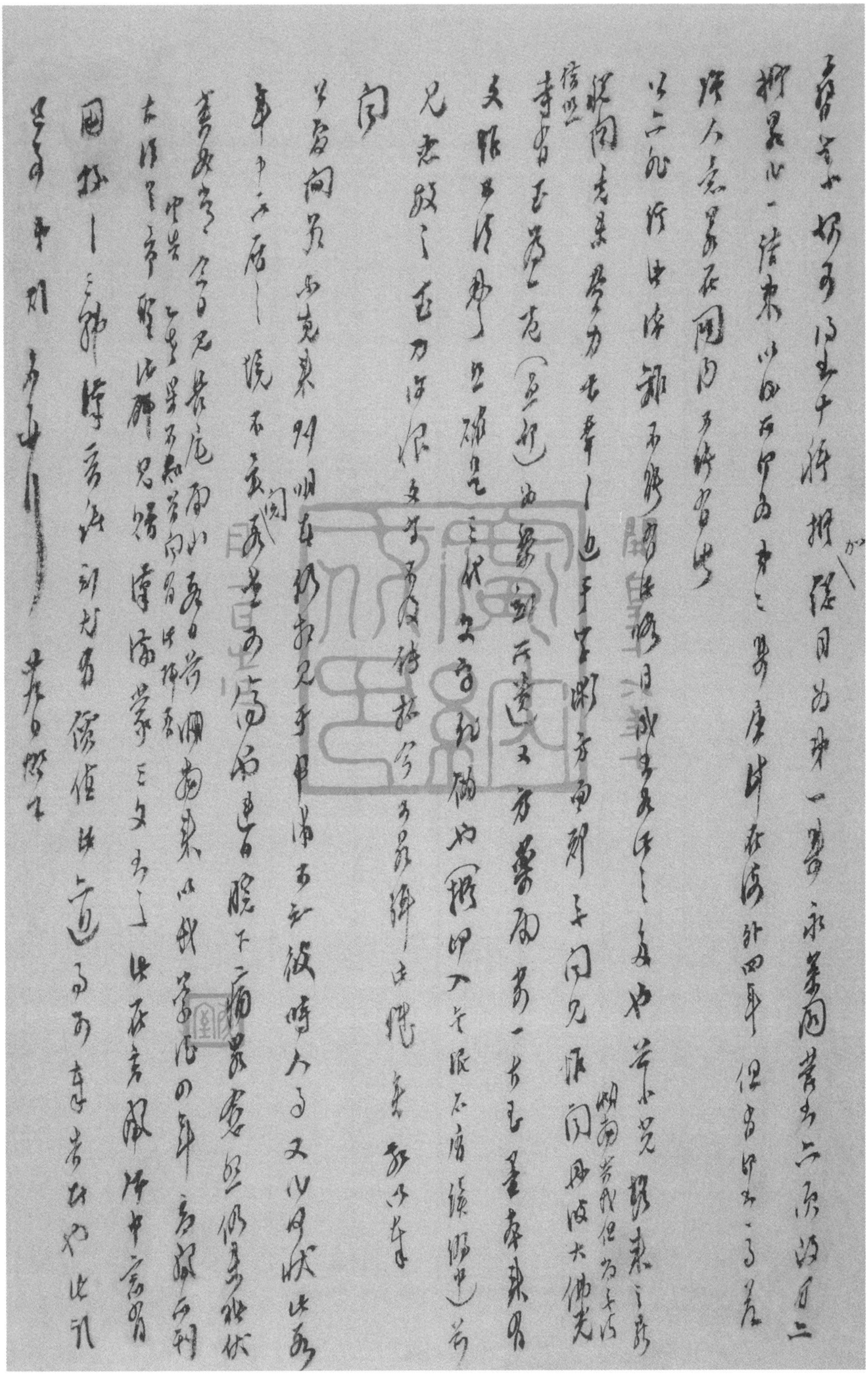

釋文

禮堂先生有道

奉廿四日手示，敬悉一切。《叢編》又遲出版，可恨已極，此亦文字之厄。哈夫人須作序，尤可笑也。前景叔屬作《藝術叢編》序，本欲却之，因此等空言文字，甚不易作，嗣以《學術叢編》須同時出版，乃隨意以游戲之作應之。公閲之，當捧腹狂笑也。

拙文承命蟫隱夥友迻寫，至感至感。碑跋畫跋，皆在六卷中也。刻下《殷虚古器物圖録》已照了，昨作一序已寫印，二三日後當以印本呈教。全書約下月下旬乃可成也。《符牌後録》則望間可成。增補之《書契考釋》擬再詳加校訂，此次改補，除第一篇全改從尊説外，餘皆增多改少。異日校畢，先呈教，然後付寫。

繆久到此，並非行方不明，城北殆爲此老諱也。北方有人告弟，陳其美死，渠必歸矣。此老真不值一錢，亦不足污筆墨也。

魏石經經先生詳考，快事快事。弟近因編《殷虚古器物圖録》，欲作《釋匕》、《釋貝》、《釋族》三小文，文成當專印入《蒿古小録》中，夏間當可成也。今年《蒿古小録》可得書十種，擬加總目爲第一集，《永慕園叢書》亦須改目，亦擬略作一結束，以後所印爲第二集。屈計在海外四年，但有印書一事，差强人意，若在國内，不能有此。公亦非經此流離，不能有此暇日成書如此之多也。

前小兒攜來之鼎，税關竟未費力，甚幸甚幸。近于學術方面，都無聞見，惟聞丹波大佛光寺有《玉篇》一卷（魚部）爲黎刻所遺。湖南告我，但尚無法借照。又方藥雨寄一古玉墨本來，有文，惟不清楚，然確是三代文字，非僞也（擬印入《金泥石屑續編》中）。前見忠敏之玉刀，深恨文字不及傳拓，今可略弭此憾矣。敬以奉聞。

公夏間若不克來，則明春仍相見于申浦，不知彼時人事，又作何狀。此數年中所歷之境，不異閱數世，可傷也。連日脘下痛略愈，然仍未能伏案如常。今日見長尾雨山。數日前，湖南來，以我崇德四年高麗所刊大清皇帝聖德碑見贈，漢滿蒙三文書之，望告乙老，渠不知曾聞有此碑否？此在高麗碑中最有用，較之三韓漢晉諸刻，尤有價值。此亦近事可奉告者也。此請

道安

弟期名再拜　廿九日燈下

信札十七

羅振玉致王國維

一九一六年六月五日

札高二五·七　寬一七·二厘米　三開

靜安先生史有道席

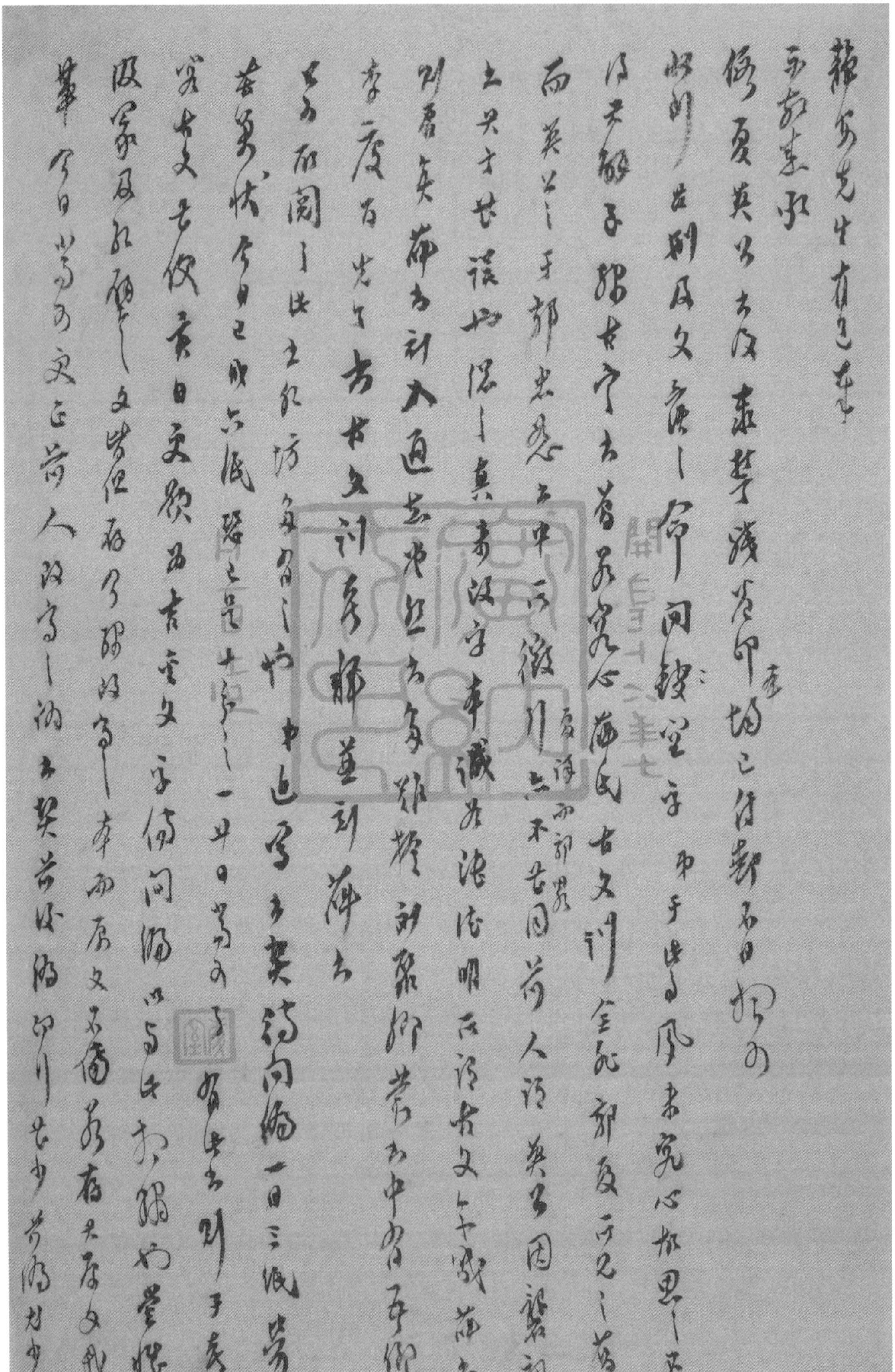

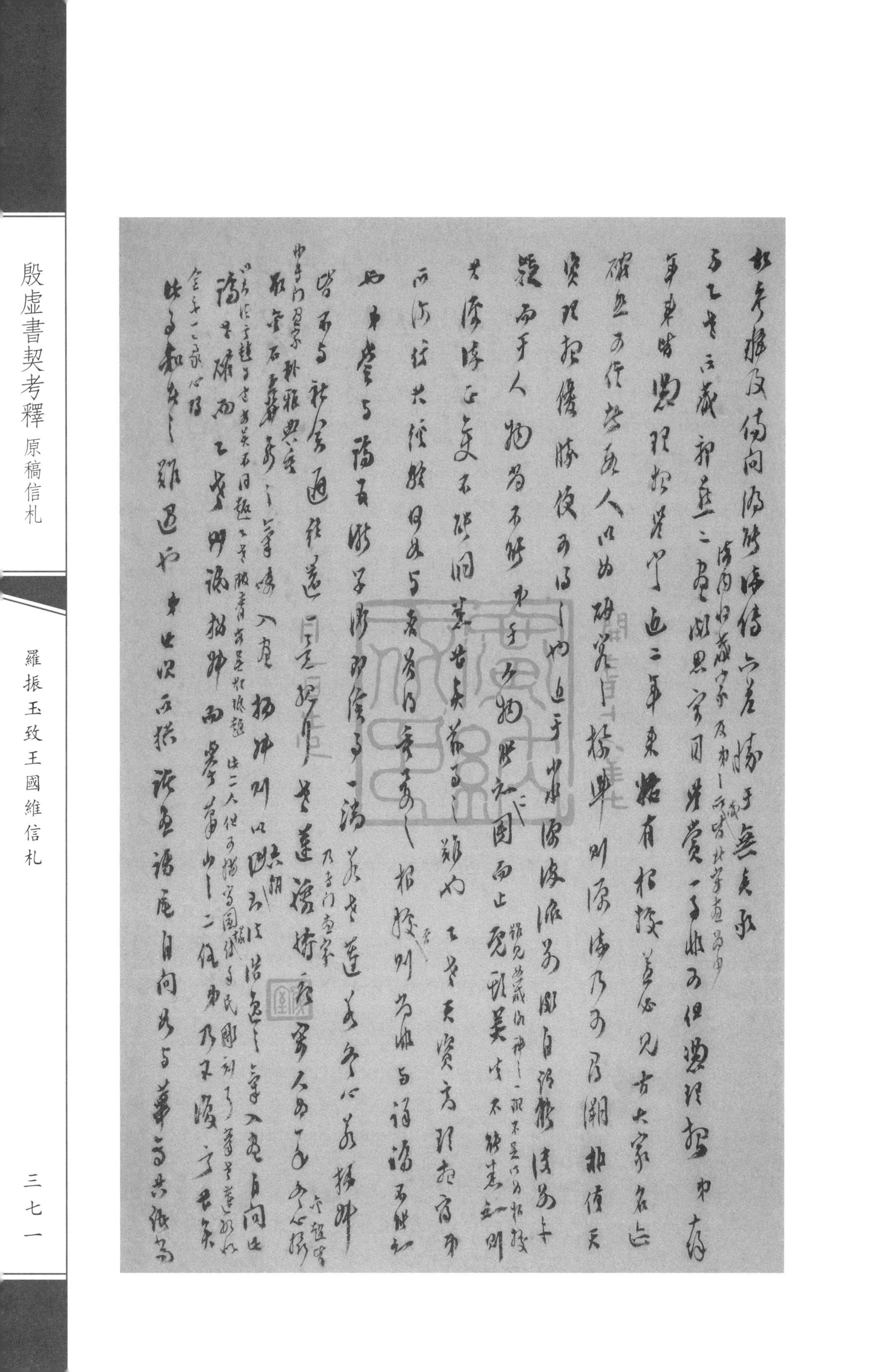

[illegible]

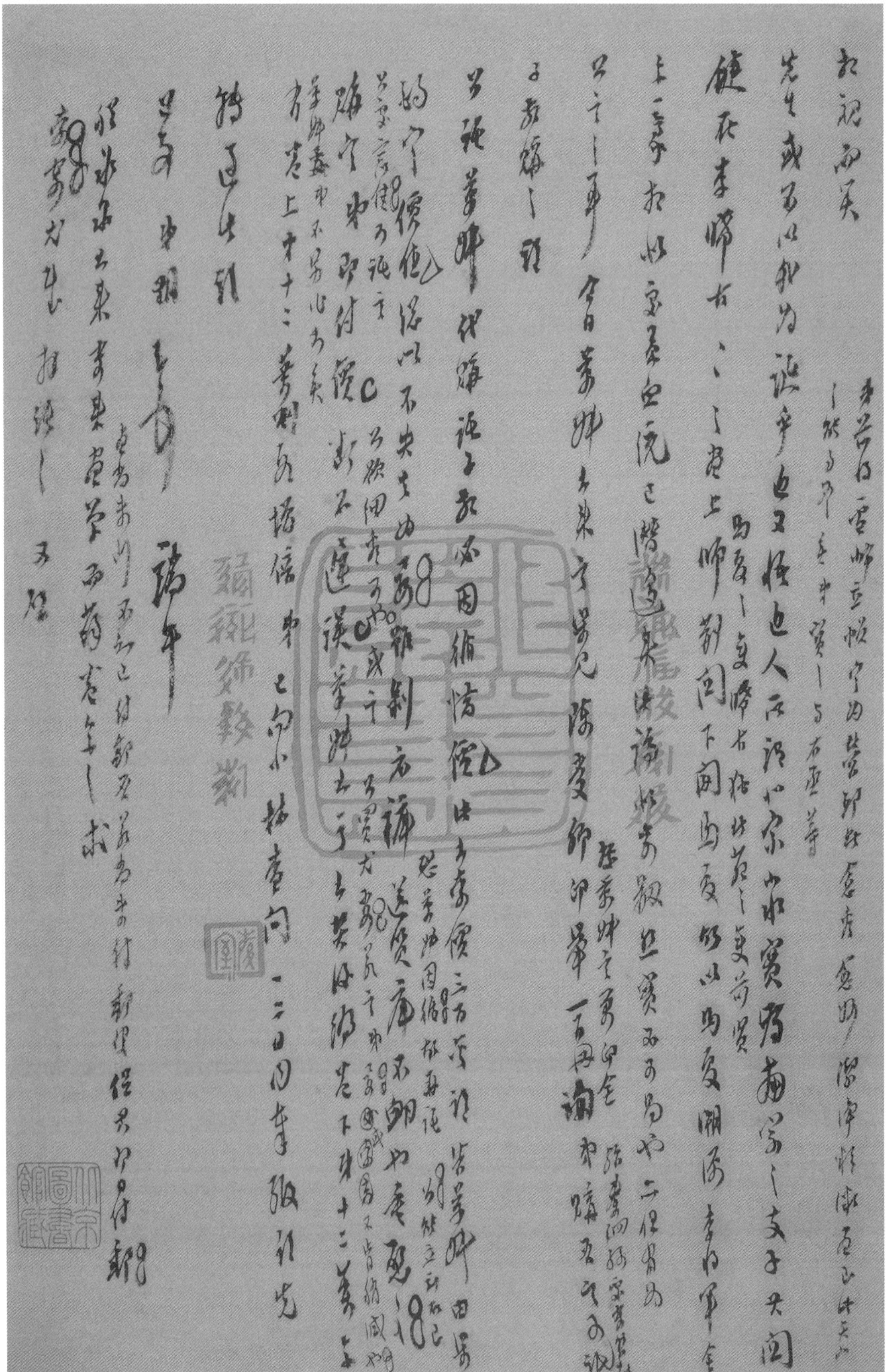

釋文

静安先生有道

奉示敬悉。承假夏英公書及《泰誓》殘卷印本，均已付郵，不日想可收到。《吕刑》及《文侯之命》間空字，弟于此事夙未究心，故思之不得其解。至隸古定『書』，曾略究心，薛氏《古文訓》，全非郭、夏所見之舊，而英公之于郭忠恕書中所徵引，亦不甚同，夏詳而郭略。前人謂英公因襲郭書，其言甚誤也。總之真未改字本，誠如陸德明所謂古文無幾，薛書則否矣。薛書刻入《通志堂》，然書多難檢，劉聚卿叢書中有吾鄉李慶百先生《書古文訓考釋》，並刻薛書，公可取閲之，此書各坊多有之也。

弟近寫《書契待問編》，一日三紙，勞苦萬狀，今日已成六紙，恐已是十分之一，廿日當可了，有此書，則于考究古文甚便，異日更欲爲《吉金文字待問編》，以與此相補也。嘗憾汲冢及孔壁之文，皆但存今隸改寫之本，而原文不備，若存其原文，我輩今日當可更正前人改寫之譌。《書契前、後編》印行甚少，《前編》尤少，故《考釋》及《待問編》能流傳，亦差勝于無矣。

承示乙老所藏郭、燕二畫，頗思寓目。海内收藏家及弟之所藏，皆北宗畫爲少。鑒賞一事，非可但憑理想，弟十餘年來，皆憑理想鑒定，近二年來，始有根據。蓋必見古大家名跡確然可信者數人，以爲研究之標準，則源流乃可尋溯，非僅天資理想優勝，便可得之也。近于山水源流派別，頗自謂能决别無疑，而于人物尚不能。弟于人物，能知二周而止，虎頭、吴生不能悉知，雖見《女箴》、《洛神》之一斑，不足以爲根據。則其源流正變，不能洞悉，甚矣，兹事之難也。乙老天資高，理想富，弟所深信，其經驗何如與否？曾得重要之根據否？則尚非與詳論，不能知也。弟嘗與論吾浙學術，即繪事一端，若老蓮、若冬心、若撝叔，皆不與社會通往還，一意孤行。老蓮乃專門畫家鎔鑄唐宋人爲一手，冬心攝取金石彝鼎之氣味入畫，撝叔則以六朝書法浩逸之氣入畫，金、趙皆非專門畫家，樸雅典重。自問此論至確，而乙老則詆撝叔而譽蕭山之二任。以書法言，趙與包安吴不同趣，乙服膺安吴，故詆趙。此二人但可描寫圖樣付手民雕刻耳，摹老蓮形似，全無一豪心得，弟乃不復言。甚矣！此事知者之難遇也。弟此次所撰諸畫跋尾，自問如與華亭共語，當相視而笑。先生或不以我爲誕乎？近又悟近人所謂北宗山水，實爲南宗之支子，其關鍵在李晞古。晞古之畫，上師荆、關，下開馬、夏，馬、夏之變晞古，猶北苑之變前賢。故以馬、夏溯源李將軍，全無一豪相似處，蓋血統已潛逡矣。此語似奇創，然實不可易也。亦但有爲公言之耳。弟前將雪峰立幀定爲營丘者，愈看愈妙，潔净精微，畫至此，天人之能事盡矣，弟寶之與右丞等。

今日景叔書來，言渠見陳受卿《印舉》一百册，據景叔言萬印全，殆秦絧孫處寄售者。詢弟購否，言可託子敬購之。請公託景叔代購，託子敬，必因循惜價。此書索價三百金，請告景叔，由渠酌定價值，總以不失去爲要。雖剥衣褲送質庫，不恤也。重懇重懇。恐景叔因循，故再託公，能立刻取至公處最佳，可託言公欲細看可也，或言公買尤妥。若言弟要，或不肯稍減也。景叔處，弟不另作書矣。購定，弟即付價，斷不遲誤。景叔書言《書契後編》卷下第十二頁無有，卷上第十二頁則數增倍，弟已向小林查問，一二日内奉報，請先轉達。此請

道安

弟期玉頓首　端午

程冰泉書來，寄來畫單而蘇卷無之，求索寄尤感。畫尚未到，不知已付郵否？若尚未付郵，望促其即日付郵。拜託拜託！又啓。

信札十八

羅振玉致王國維

一九一七年八月十六日

札高二三·三　寬一一·八厘米　二開

札高二五·三　寬一一·七厘米　二開

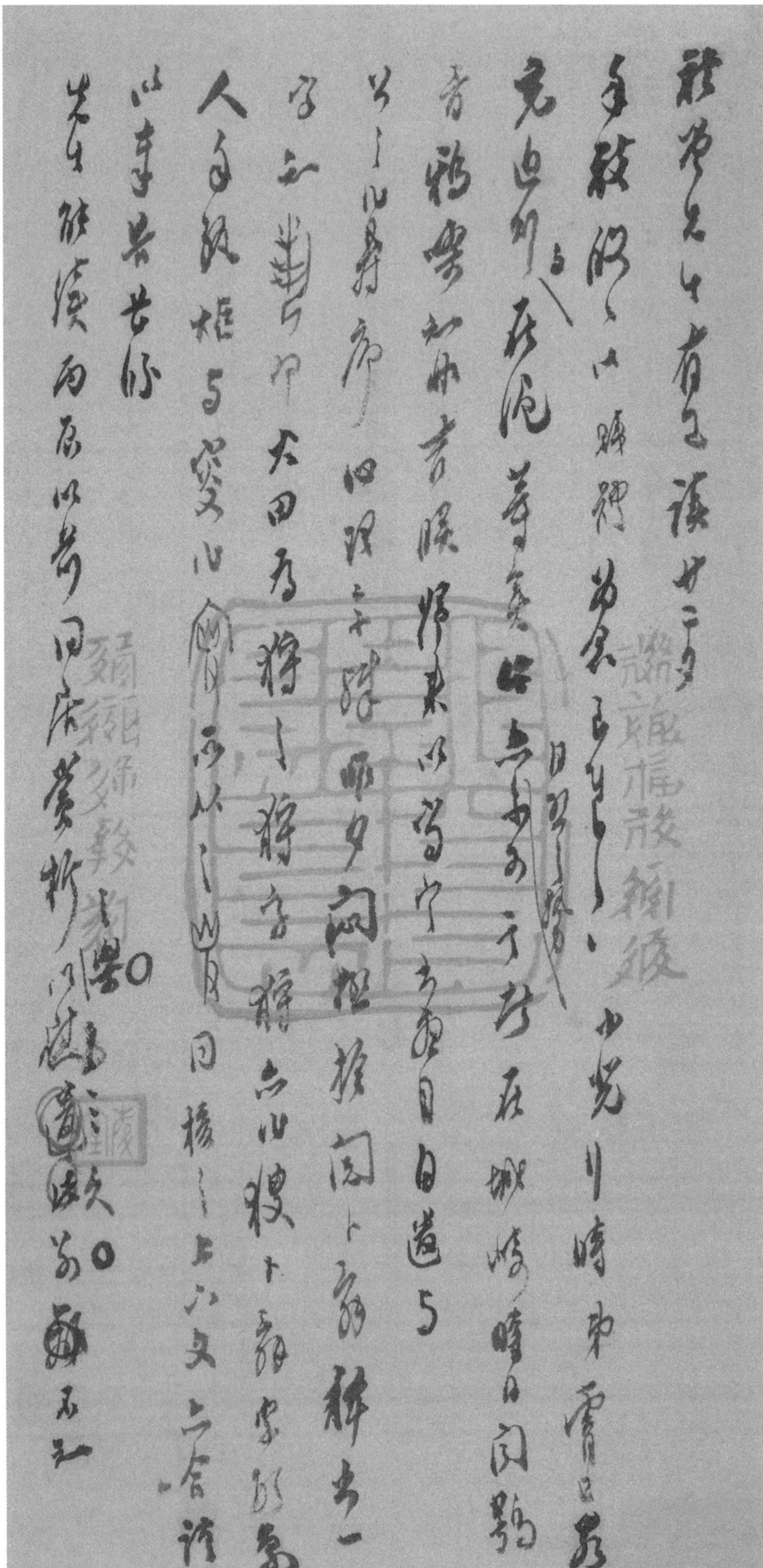

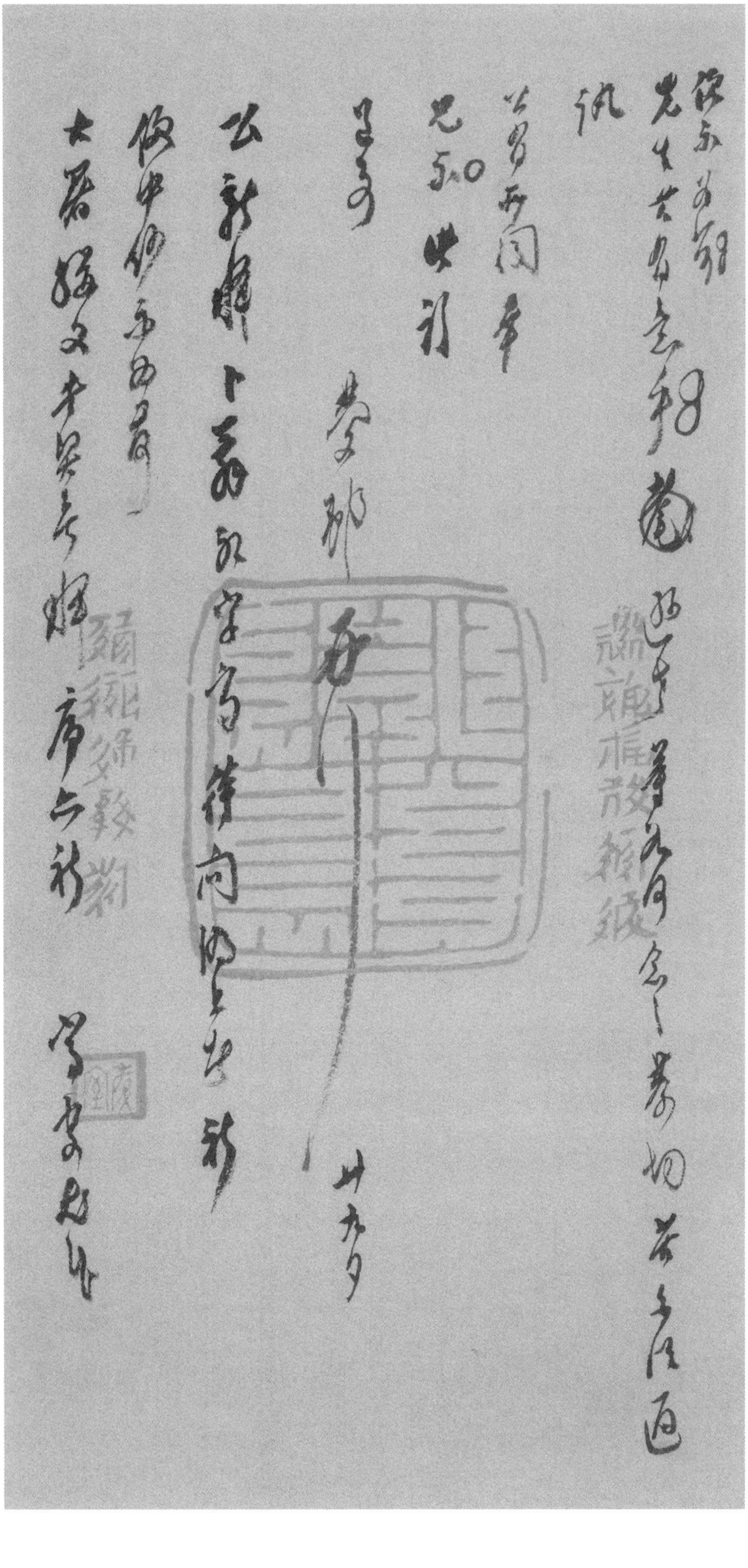

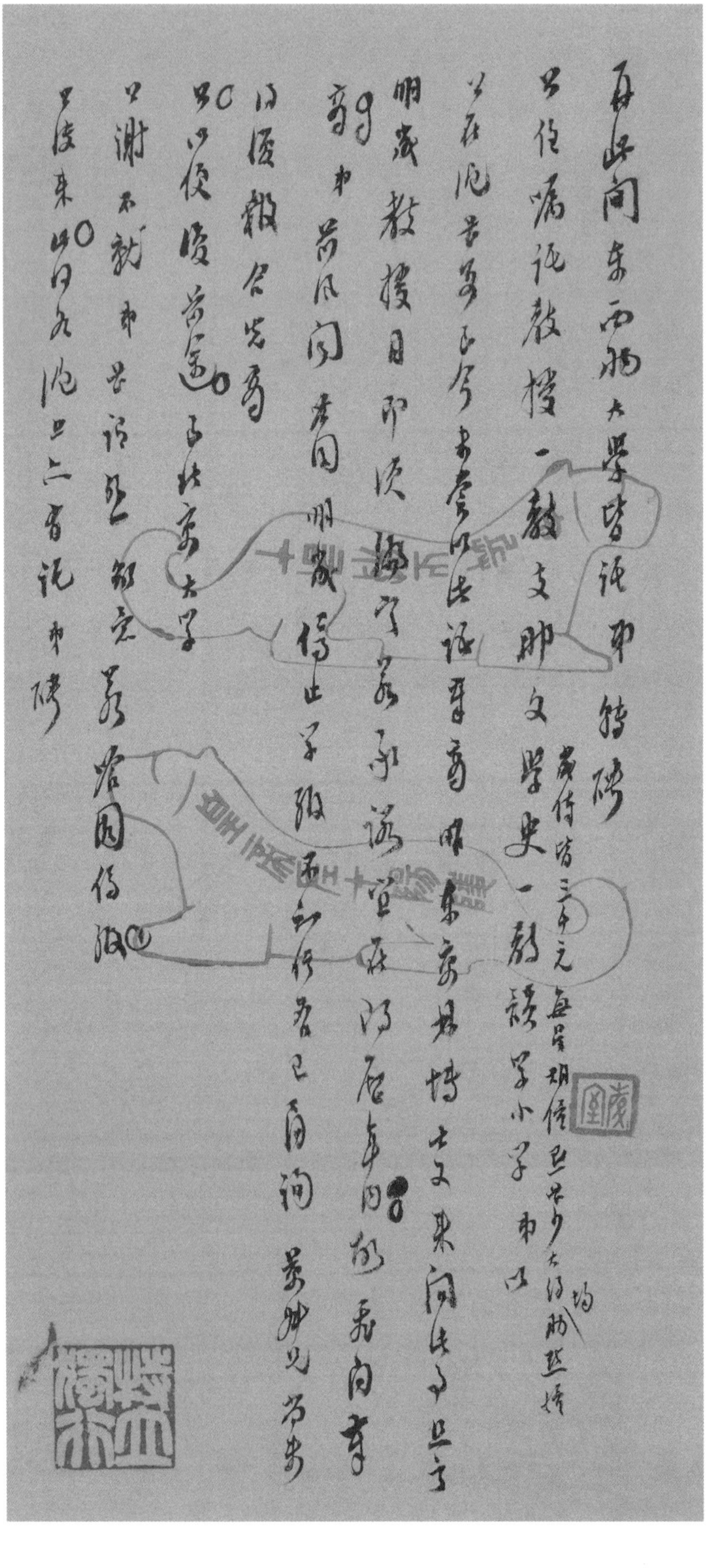

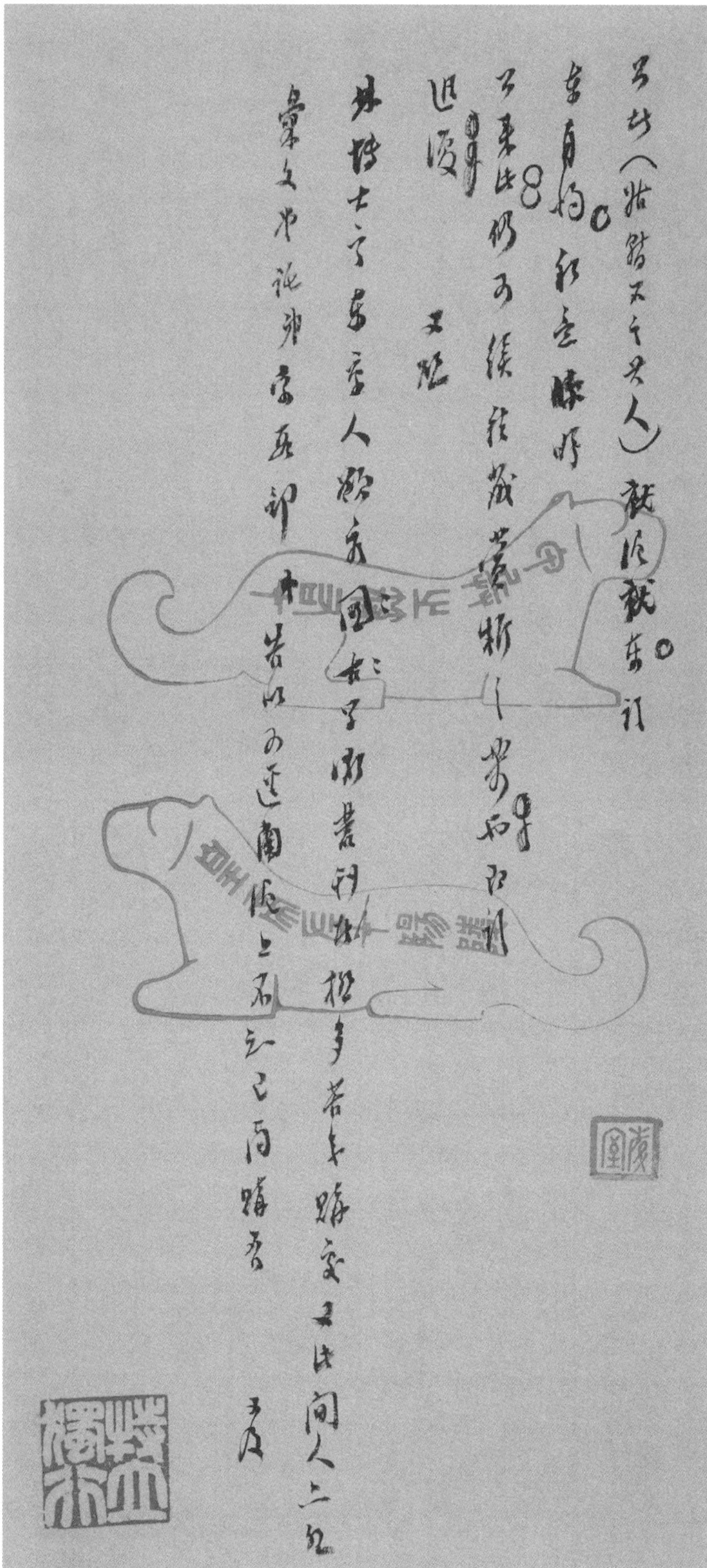

釋文

禮堂先生有道

讀廿二夕手教，殷殷以賤體爲念，至感至感。小兒行時，弟膚已若充，近則與在滬等矣，此亦自然之勢，無可言者。在城崎時，日聞鴞音鴉噪，知非吉朕，歸來以寫定《書畫目》自遣，與公之作壽序，心理無殊。

昨夕悶極，檢閱卜辭，釋出一字，知即『火田爲狩』之狩字。狩亦作獀，卜辭象形，象人手執炬，與叜作所从之同。核之上下文亦合，謹以奉告。甚盼先生能續丙辰以前同居賞析之樂，以慰久別。不知先生其有意乎？便示爲荷。

遜老等如何，念之綦切，苦無從通訊，公有所聞，幸見示。此請

道安

夢郼再拜　廿九夕

公新釋卜辭數字，寫《待問編》上者，祈便中抄示爲荷。大著駢文《書契考釋序》[一]亦祈寫寄，尤感。

再，此間東西兩大學皆託弟轉聘公任囑託教授，一教支那文學史，一教韵學小學，歲俸皆三千元，每星期鐘點甚少，大約均兩點鐘。弟以公在滬甚安，至今未嘗以此語奉商。昨東京林博士又

來問此事，且言明歲教授目即須編定，若承諾，宜在陽曆年内，故飛函奉商。弟前風聞哈園明歲停止學報，不知信否？已函詢景叔兄，尚未得復報。合先商公，以便復前途。至北京大學，公謝不就，弟甚謂然。鄙意若哈園停報，公便來此，何如？滬上亦有託弟聘公者（姑暫不言其人）。就滬就東請東(公)〔二〕自酌。私意深盼公來此，仍可續往歲賞析之樂也。即請迅復。又啓。

林博士言，東京人欲看『學術叢刊』者極多，苦無購處。又此間人亦然。彙文堂託弟索數部，弟告以可徑函滬上，不知已函購否。又及。

〔一〕此即《殷虛書契考釋》王跋。

〔二〕原誤作『東』。

附録

《殷虚書契考釋》甲寅初印本跋

王國維

余為商遺先生書殷虚書契考釋竟作而歎曰三代以後言古文者未嘗有是書也夫先生之於書契文字其蒐集流通之功蓋不在考釋下即以考釋言其有功於經史諸學者頗不讓於小學以小學言其有功於篆文者亦不讓於古文然考釋之根柢在文字書契之文字為古文故姑就古文言之我朝學術所以超絶前代者小學而已順康之間崑山顧先生實剏為説文音韻之學説文之學至金壇段氏而洞其奥古韻之學經江戴諸氏至高郵王氏棲霞郝氏而窮其用使世無所謂古文者謂小學至此觀止焉可矣古文之學萌芽於乾嘉之際其時大師宿儒或殂謝或篤老未遑從事斯業儀徵之書亦弟祖述宋人略加銓次而已而俗儒鄙夫不通字例未習舊埶者輒以古文所託者高知之者鮮利荆棘之未開喜鬼魅之易畫遂乃肆其私臆無所忌憚至莊述祖龔自珍陳慶鏞之徒而古文之厄極矣近惟瑞安孫氏頗守矩矱吳縣吳氏獨具懸解顧未有創通條例開拓閫奥如段君之於説文戴段王郝諸君之於聲音訓詁者余嘗恨以段君之邃於文字而不及多見古文以吳君之才識不後於段君而累於一官不獲如段君之優游壽考以竟其學遂使我朝古文之學不能與説文古韻方駕豈不惜哉先生早歲即治文字故訓繼乃博綜羣籍多識古器其才與識固段吳二君之儔至於從

容問學厭飫墳典則吳君之所有志而未逮者也而此書契文字者又段吳二君之所不及見也物既需人人亦需物書契之出適當先生之世天其欲昌我朝古文之學使與說文古韻匹抑又可知也余從先生游久時時得聞緒論比草此書又承寫官之乏頗得窺知大體揚搉細目竊歎先生此書詮釋文字恒得之於天人之表而根源脈絡一一可尋其擇思也至審而收效也至宏蓋於此事自有神詣至於分別部目創立義例使後之治古文者於此得其指歸而治說文之學者亦不能不探源於此竊謂我朝三百年之小學開之者顧先生而成之者先生也昔顧先生音學書成山陽張力臣為之校寫余今者亦得寫先生之書作字拙劣何敢方力臣而先生之書足以彌縫舊闕津逮來學者固不在顧書下也宣統甲寅十二月祀竈日海甯王國維

憶羅師

商承祚

我父親衍鎏（字藻亭，生于同治十三年公元一八七四年，卒于一九六三年，八十九歲），爲清代最末一科甲辰年（光緒三十年公元一九〇四年）的探花。供職翰林院編修時，奏諸清廷，清廷同意了，瞭解一下日本明治維新後在政治上及各方面取得的新成果。回來後，認爲日本廣開門户，吸引了歐美各國的先進科學，補充和改進自己的不足與缺點，中國應向日本學，不應再閉關自守。既然要向人家學，首先要學好外文，打通這一關，即使不出國，也可以讀人家的科技書。將這些意見，條陳清廷，希予採納，但收效甚微。于是在教我們兄弟的中文教師外，又聘請一位英文教師，教我四個哥哥（其中親兄一）。並認爲日本人身體强健，重視體育之故，體質是人的本錢，這點不可忽視，復請了個谷師傅隔晚教我們打短拳，還買了一匹小馬，鍛煉我們的膽識。其深謀遠慮，無微不至的安排，不外爲我們迎接新社會的來臨做好準備。

辛亥革命，避地青島。民國元年（公元一九一二年）我父赴德國漢堡大學講學，攜兄同行，藉此給他以留學機會。我與大姐侍母返鄉廣州，不幸因患嚴重肺結核，乃見背于海輪上。安葬後，伯父衍瀛（字雲亭）挈我返回青島，時年十歲，日附讀于鄰家，夜取家中書架上段玉裁（字若膺，號茂堂，雍正十三年公元一七三五年生，嘉慶二十年公元一八一五年卒，八十一歲）

《説文解字注》及阮元（字伯元，號芸臺，乾隆二十九年公元一七六四年生，道光二十九年公元一八四九年卒，年八十一歲）《積古齋鐘鼎彝器款識》反復檢閱，儘管對這書的内容不理解，還是愛不釋手。每日下午，常至海邊的長堤垂釣。堤長裏餘，寬約兩三丈（此堤至今尚在，並未有變化），所得皆黄蟮無另種魚。我又歡喜放風箏。風箏又名紙鳶、紙鷂，其品種有鷹、雁、蝴蝶等。童年時多動手自己製作，搭架時，應左右相等；糊製時，須用兩條相等的綫，在翼上拉好；糊紙時力求相等，否則飛上高空會不斷翻跟鬥，見者知其技術不過關。我有鑒及此，爲之精心改進，放之高空，很爲穩定，見之稱贊。民國三年（公元一九一四年）第一次世界大戰爆發，翌年，日本侵入青島，伯父率我們避地青州，轉徙曲阜，在孔廟見到纍纍的漢碑及篆書况其卿墳壇刻字等，愛好甚，開始學篆隸。早在八九歲時，見書齋懸有孫星衍（字淵如，乾隆十八年公元一七五三年生，嘉慶二十三年公元一八一八年卒，六十六歲）篆書聯，喜其筆勢繚繞美觀，結體匀稱，在不斷瞻仰下，或指劃肚揣摩其文，或臨摹以肖其形。至親朋家，見壁上懸有篆書軸，字雖不識，必徘徊其下不忍去。在曲阜，從勞健（字篤文，浙江桐鄉人，音韵學家，拼音文字提倡者，民國十年卒，享年八十八歲）學刻印，日摹漢印十餘方。復積一月早點錢（五十枚銅板）于街頭買得『繇通之印』銅印以示篤文，查了下桂馥（字未谷，乾隆元年公元一七三六年生，嘉慶十年公元一八〇五年卒，七十歲）的《繆篆分韵》曾收入此印，乃懸諸腰間，以示慶幸。在街上，見人家住宅墻基、階石，有些上面刻人物、鬼神、鳥獸像等等，不勝詫異。問人，始知是漢墓中物，而該墓是用此類石條砌成的，可惜當日不懂椎拓，失去這寶貴的研究資料。又聽説東門外田邊有不少陶豆。急馳往，斷豆柄滿地，豆盤則破碎不成形，豆柄上有的還印有文字，乃選拾數枚歸。陳置案頭，兄姊皆笑弄之，不理解我爲什么愛上此無用之物。除夕，特别是年初一，鞭炮之聲不絶于耳，十五歲時，自編自唱過六句歌：『爆竹聲盈耳，聲聲入碧天，遠方疏欲斷，近處又相連，聽覺心歡暢，祝君高華年。』自認爲佳作，揚揚自得。

民國四年（公元一九一五年）八月，父親返自德國，我由天津隨侍南京。翌年兄亦歸，教我德文，因性不近，一見到書本就感覺頭腦發脹，數月幾無所得。我父嘆曰：『學外文不成，那就學中國文學吧，日後小成，還可謀得秘書之職以糊口，大成做個名學者，但不要做官！宦海浮沉，一朝天子一朝臣，風險多，一時不慎，還會影響品德。對待人們所提的意見呢，《荀子·修身篇第二》有幾句話，「非我而當者吾師也，是我而當者吾友也，諂諛我者吾賊也。」即是説：「我做錯了事或説錯了話，敢于向我提出恰當的批評和指責，這種人是我的老師。我事做對了，話説對了，他肯定我，鼓勵我前進，這種人是我的朋友。聳起肩膀，裝出笑臉，逢迎恭維我的人，是來賊害我的，必須提高警惕。」』後來我將之寫成條幅，懸爲座右以相警。父親又教導我爲人：『嚴以律己，寬以待人。謙虛謹慎，戒驕戒躁。埋頭工作，不爲名利。是非分明，從善如流，嫉惡如仇，毫不退縮。』我永志不忘。

我是『學書不成去學劍』，學劍亦不成的一個人，到底學什么？值得即早取决。我對古文物及古文字學的印象很深，念兹在兹，乃决心朝這方面走下去，禀告父親。我父聽後，微微地嘆口氣説：『你學這行是找不到飯吃的，只能做個名士，名士也要生活啊！你既决心走此路，是你的志願，我有什么話好説？由你去罷。』爲求深造，民國十年（公元一九二一年）再次去天津，住伯父家，拜羅振玉（字叔藴、一字叔言，號雪堂，晚號貞松老人，同治五年公元一八六六年生，一九四〇年卒，七十四歲）先生爲師，學古文字學，目的終于實現其喜可知。及見《殷禮在斯堂》所藏之甲骨文和纍纍的青銅器，真如饑兒得餅，窮人暴富，使手足無所措。

羅師容顔清臞，言語温和，平易近人，即使盛怒，從未見其呼喝。其生活習慣與常人殊，每夜最多睡四個小時，兩小時也就够了。睡兩小時必醒，再閉目，如能睡，繼睡兩小時，睡不着，就起來工作。由此可見，羅師的工作時間要比常人多百分之五十到百分之八十。我目前日眠十小時尚嫌不足，把大好光陰都浪費掉，以視羅師，能不愧怍。

羅師在天津自建二層樓房一幢于法租界三十一號路秋山街，面積有五百多平方米左右，作口字形的走馬樓，樓上書庫兼書室，將書分門别類有條不紊地安排在各房間，研究哪方面的問題就在哪室寫作。日夜不輟，坐擁書城。羅師告我，你有事可上樓找我。

羅師之字常見，書法極精，我收藏羅師之各體書法多達四十餘幅，而師之畫，稀如星鳳。我于一九六三年在北京開全國政協時，由琉璃廠舊人告知，在一估客手中見到一幅高六四·四、寬三三·五公分灑金箋的松石圖，左上署『松壽』二字篆書，下題『甲子春三月貞松老人作此遣興』，甲子爲民國十三年（一九二四年），又題爲『余本不善畫，以意爲之也。近于百花齋見黄文節公畫卷。筆意荒率，逸氣盎然，此皆得之八法，古人每云，能書即能畫，洵之不虚也。』款署『乙丑秋貞松篝鐙記』。乙丑爲民國十四年（一九二五年）。三題爲五絶詩一首：『頭顱今若何，相見不相識，欲知故人心，蒼蒼歲寒色。』款署『松翁羅振玉雨窗題于遼東魯詩堂中』，時年五十九歲。這是我所見羅師唯一的畫作，認爲可寶也，乃以重值得之。『文革』期間，藏之高閣，中山大學對我衝擊不算太大，尚能保存下來，今懸諸客室。

在羅師門下真正的受業弟子，據我所知只有柯昌泗（字燕舲，號謐齋。父柯劭忞，字鳳孫，《新元史》的作者）及我是正式叩拜的。柯天資聰穎，閲讀幾乎過目不忘。在學時我們舉問些文字上的片段，他多數能回答出在某某書中，因此，我們稱他爲『活圖書館』。但官癮特大，治學爲副，本末倒置。在北洋軍閥時代，宋哲元任察哈爾省政府主席，他做過察哈爾教育廳廳長；在褚玉璞手下做過河北省建設廳廳長。他有事路過天津，必找我陪同去拜謁羅師。羅師很摯情而又嚴肅地教育他説：『你比錫永聰明得多，可是他有自知之明，苦攻讀，而你沉迷宦海，毁了自己，太可惜了，何不急早回頭，達登彼岸，作個學者。』柯不接受羅師的援手及友朋的規勸，其結果湮没于宦海之中。晚年幾無法生活，依靠親朋相助，寂寂無聞以終，惜哉！

羅師對好學的青年是無比愛護和獎掖的，如對唐蘭、對容庚兄弟等。對我更是愛護備至，收藏的圖書資料等對我全部開放，並交代開『貽安堂』書店的長子福成説：『錫永需要什么書，就給他什么書。』因此，即使十分名貴的書籍，如《殷虛書契》、《殷虛書契後編》等等，我都可以從書架上取下拿回家中閲讀。羅師還把他作釋文和王國維（字静安，一字伯隅，號觀堂，光緒四年公元一八七八年生，民國十六年公元一九二七年卒，五十歲）先生作過眉批箋注的《殷虛書契考釋》、《殷虛書契待問篇》交給我參考。我于是考慮先古後今，先難後易，以甲骨文爲主。白天在羅師家學拓銅器銘文，或雙鈎舊銘文拓本，入夜讀羅師的《殷虛書契考釋》。其書將文字納入六類之中：一、帝系。二、京邑。三、祀禮。四、卜法。五、官制。六、文字。檢閲起來不方便，于是我據《説文》爲之編次，並補入異體字，如對這個字有我的體會看法，則加『祚案』二字以示區别。每晚九時起，爲我的正式工作時間，一直寫到鷄鳴始息，如是者期年，成《殷虚文字類編》十四卷，《待問篇》一卷，羅師的《殷虚書契考釋》一卷，共十六卷，呈視羅師，爲之軒顔首肯，欣後繼之有人，勉以再接再厲，切莫自滿。

我第一次拜謁王國維先生是民國十一年（公元一九二二年）夏六月，執羅師信函拜謁的。那時他住在愛文義路的吴興里。一九一六年王先生由日本歸國就任猶太人哈同開辦的倉聖明智大學教授。由于羅師的介見，王先生很客氣地接見，並讓至其書房。書房不大，雖不算整齊，但擺放的書籍也算是井井有條。記得那次與我談話，講的是甲骨文與古文獻的關係，談到卜辭與《史記》的相互論證，並涉及《竹書紀年》、《世本》，特别還擴大到銅器銘文。先生學問淵博，論述宏富，使我這廿歲的青年如醍醐灌頂，茅塞頓開。先生接見我的情况，容貌、笑聲、至今猶在眼前。後來我才知道那時他已準備去北平清華大學任教，而他當時與我講的一些内容，正是以後在清華講課《古史新證》的内容。至今我仍保存王先生給我的一封信。今録全文：

錫永仁兄姻大人閣下：

前蒙莅滬見訪，甚感盛意，傾誦手書，敬悉一切。尊編《殷虚書契説文類編》中下各册已有雪翁寄滬，拜讀一過，甚佩甚佩，已略有箋識。新將首册寄滬，以便通校，其中弟的釋各字亦多見有説，散見弟所編《觀堂集林》中。此書現已付印，明春當可印竣，當奉寄，備採擇。其《戩壽堂殷虚文字》一書亦當索取奉呈。肅復敬候

侍祺不一

弟王國維頓首 六月廿一日

此信當寫于一九二二年，六月廿一日是農曆。

我之《殷虚文字類編》是羅王二位共校，並加以增補評薦數十條，也删去若干條誤錯，所以這本書也是在羅王兩位指導下完成的，也可以説是『羅王之學』的結晶。此外羅師又致書王先生，請其爲本書作序。

王國維先生之序云：『他日所得，必將有進于是篇者，余雖不敏，猶將濡毫而序之。』他們對肯于讀書的青年，是如何的關懷愛護和期望！暑假回南京（那時家住南京），將書稿呈父親看，他很高興地説：『我還有點積蓄，把它印出來。』結果花了八百餘元，于民國十二年（公元一九二三年）問世（自序將『癸亥』年誤刻『癸丑』）。爲什么刻木？父親説：『印數可以自己掌握。多銷多印，少銷少印，不銷不印。若是石印，滯銷占地堆積，暢銷不敷又需再版，豈不麻煩。』第一次印了一百部連史紙，並印宣紙本三十部（此後没再印宣紙本），前後約印了五百部，日本銷了百餘。在刻板時，每頁左下角正面鎸有『决定不移軒』字樣，是我早期的齋名，印

了二百部之後，將之鏟掉。印刷裝訂工作，都在貽安堂書店完成的，書版也存在該店，我離京之初，他們印了近百部毛邊紙本（我未印過毛邊紙），以四五元一部的散頁賣給北京的書店。嗣後我將書版運回南京，抗日戰爭時期，家被人占住，把版破來當柴燒了。當時民族危機，國難家破，何惜這幾塊書版呢？

羅王交情之深是人所共知的，然而王國維之死，謡言蜂起，甚囂塵上，最引人注目者，莫過于郭沫若謂王之死，乃羅振玉逼債造成的慘劇。這種純屬係風捉影之談，影響很壞，遍及全國。無知之徒，復爲之深文周納，胡説什么『王先生將清華月薪三百元還不够付羅的息錢』。我們試以當時每月每元三分高利貸計算，本金需要一萬元。王因何事使用這筆巨款？！既講不過去又難以令人置信的。羅對王一向很尊重，不論在文字上和與人言談之中都流露出來。王對羅亦復如是。兩人道義之交是互相輝映的。在十年浩劫極左思潮中，把羅駡得一文不值，批評得體無完膚，認爲不如是，不是一個革命者。這種『退人若將墜深淵』（《禮記·檀弓下》），『惡之欲其死』（《論語·顔淵》）的思想行爲，既無以服人，而且令人反感。這還不算，更進一步造謡説《殷虚書契考釋》乃王著而爲羅竊有。

余八十年代初客寓港島，見臺北聯經出版公司有《傅斯年集》，録傅氏讀《殷虚書契考釋》

之札記，此記全文甚長，然誹言全出于此，今抄録之：『民國十六年夏，余晤陳寅恪于上海，爲余言王死故甚詳，此書（即指《殷虚書契考釋》）本王氏自作、自寫，受羅貲，遂以畀之，託詞自比于張力臣，蓋飾言也。後陳君爲王作挽詞，再以此事叩之，不發一言矣。此書再版，盡删附注葉數，不特不便，且實昧于此書著作之體，舉證孤懸，不登全語，立論多難復核矣。意者此亦羅氏露馬脚處乎。十八年九月十四日。』陳氏與王先生私交深淺如何，不得而知，而僅是當時社會流傳之小道息消一而再，再而三（此種説法在傅氏著作中有六處之多）重復此種『王氏之作，羅氏竊名』之論調，並且或言『寅恪云：「王説，羅（氏）以四百元爲贈」』，或云『羅以五百元餽王（王爲陳寅恪言之）』，即購買王書，而列名羅氏。受貲者連四百抑五百都記不清，使人很懷疑是否事實，因爲當時一百元不是個小數目，記得當時的物價是四元大洋買一袋上優面粉，而北大職員月薪爲八元，也就是説這一百元足够一個普通人一年的工薪，足以養活一家人一年多的生活。王先生是位老式學者，從其内向性格，對此類事，如果真有其事，很難啓齒向外人透露，更何况在儒家論理看來，這種作法大有兩面三刀、出賣朋友之嫌，對王本身名譽亦有一定損失，這是常理，與情理相違悖。更使我驚訝的是傅氏從十六年購書到十九年批書，在整整的四年多時間，並没有去讀書，並没有認真的去讀《殷虚書契考釋》。《殷虚書契考釋》初版出于民三年，爲王國維寫本，民十二年又附于我之《殷虛文字類編》之後，言明《殷虛書契考釋》一卷，爲上虞羅振玉叔藴考釋（我是見過羅師手稿的）。這裏包括《考釋》初版面世以後的研究成果，而更有王先生在這本書序所言參事（指羅師）『甲寅（即公元一九一四年）復撰《殷虛書契考釋》，創獲甚多』。又説『參事與余續有所釋，皆箋識其上，其于《考釋》一書，又大有增删。錫永乃匯諸書以《説文》次序編之。』此處王先生言之《殷虛書契考釋》乃羅師所著，言之鑿鑿。

一九二七年王先生的學生趙萬里在乃師去世後編就的《王觀堂先生校本批本書目》上列《殷虛書契考釋》一册，注明『有眉識』。從所言趙本人是看過此書的，才如實地説：《考釋》一册，王先生有『眉識』的批校本保存下來的（見民國十六年十月三十一日出版《國學月報》第二卷第八、九、十號合刊之《王静安先生專號》）。真正的歷史悲劇是不讀書，不認真去讀書，並借他人之口，不負責任地製造事端。其後更是人云亦云，甚至再添油加醋，這些都是不負責的。

正在這種狂妄叫囂中，我在北京，有一天，途遇陳夢家，他悄悄地同我説：『《殷虛書契考釋》的稿本被我買到了，完全是羅的手筆，上有王的簽注，印本即根據此稿寫定的。您有空，請到我家看看。』因該書是羅請王爲之謄正，並加入王説而付印。那些頭腦簡單和從惡意出發的人，以爲王寫的就是王著，得此『證據』，如獲至寶，從表面上看問題，其笨拙可憐亦復可笑。將來有一日，將羅師的《殷虛書契考釋》手抄原稿與王國維先生的手寫印本相互對照，我相信這一千古學術的冤案，終有一日會真象大白于天下。事實勝于雄辯，造謡者可以休矣！

羅、王爲兒女親家（王是男方），有時兩人因兒女瑣事發生矛盾，不通音問（那時王住上海），過一段時期，多數是由羅去信而言歸于好。最後一次，經年無書信來往，直至王死，噩耗傳來，羅先生爲之五中摧痛，對于既往，似有懺悔之心，乃爲之經辦身後，無微不至，殆所以報亡友之思也。

（摘編自《我的大半生》，原載《商承祚文集》。此次刊入由商志𩡝摘編，標題也是摘編者擬定的）

雪堂先生的學術貢獻

羅福頤

近來有人問我說：『你父親平生著作是不少的。然總其平生著作中，能總結出對社會科學和語言學上重要的貢獻，有幾條呢？我們現在只談學術，需要深入認識專家們爲學的途徑、著作的内容思想、影響于學術界的大小、要實事求是的，你能協助我們的需要嗎？』

我不學無術，未能繼承先人學術上的萬一，是慚愧無地的。回憶先人的一生，自命在文字方面得天獨厚，現在總結平生自著和校刊的書，有近三百種。在社會科學、語言學上的貢獻，舉其大要，有這麽五條：

一、甲骨的研究和影印流傳。

二、《三代吉金文存》之編纂與指導研究。

三、流沙墜簡、漢晉木簡之研究與印行。

四、敦煌石室秘籍之印行與研究。

五、清大庫明清史料之搶救和資料的公佈。

我認爲，單這五條就可以説，是有功于社會科學及語言學，並影響于後世學者是不小的。現在就我所知的一知半解，略爲把以上幾條前後事實略述于下：

一、甲骨的研究和影印流傳

河南安陽之出龜甲獸骨，在清光緒廿五年，傳説當地人初發見時呼之爲龍骨，售與藥材商以入藥。後來有人發見甲骨上有文字，于是龍骨一變爲骨董商人之販賣品。第一位藏甲骨的，是天壤閣王氏，繼之是丹徒劉鐵雲氏。甲骨文是清末歷史界、學術界的偉大發見，不只于漢唐學者所未知見，即清初學者，也夢想不到的。至于它出土年代，與《鐵雲藏龜》之印行，見《殷虛書契前編》序，開首一段説：

> 光緒廿有五年，歲在己亥，實爲洹陽出龜之年，越歲辛丑，始于丹徒劉君處見墨本。作而嘆曰：此刻辭中文字，與傳世古文或異，固漢以來小學家，若張、杜、楊、許諸儒，所不得見者也。今幸山川效靈，且適當我之生，則所以謀流傳而攸遠之者，其我之責也夫！于是盡墨劉氏所藏千餘，爲編印之，而未遑考索其文字也。

由上可知，先人之初見甲骨時在辛丑（公元一九〇一年），越三年癸卯，《鐵雲藏龜》始印行。至宣統二年夏《殷商貞卜文字考》出，序中即肯定説：

> 此卜辭者，實爲殷室王朝之遺物，太卜之所掌，可正史家之違失，考小學之源流。

至次年正月編《國學叢刊》，即據自藏甲骨，編印《殷虛書契前編》，方成三卷。辛亥冬即寓居日本。壬子歲乃棄盡前稿，重編《殷虛書契前編》八卷，用珂羅版精印。再三年，編《殷虛書契菁華》一卷。至丙寅，成《殷虛書契後編》二卷。又越十五年癸酉（公元一九三三年）居旅順時，成《殷虛書契續編》六卷，郵寄日本精印。當甲寅冬（公元一九一四年），著《殷虛書契考釋》。越年成《殷虛書契待問編》。以上六種書，爲先人畢生精萃之作，貢獻于史學與古文字學影響極大。使後進得見到精印甲骨拓本者，猶其餘事耳。在先雖有《鐵雲藏龜》，及孫氏《契文舉例》之作，只是研究的開端，是不應埋没者。自《殷虛書契考釋》出，于是甲骨文字之研究，乃奠定基礎。加以近數十年來學者研討，莫不承認殷虛甲骨文字，是爲祖國殷代史之科學見證，一洗過去以爲中國古史，始于周代之説。今得甲骨文字，能進一步充實祖國史實，其貢獻之偉大，或非當日所能逆料者，是固有近世群賢之力，而創始之功，必有公論也。

至于近世飛語，有《殷虛書契考釋》，乃出于王觀堂之手筆。這類市虎之談，原不足辯。然今日無言，或將以爲子孫默認。今度其原因，厥有二端：（一）因考釋出于王氏所校寫，而有此疑。今查原書，王之後序中，有一段説：『昔顧先生音學五書成，山陽張力臣爲之校寫。余今者亦得寫先生之書，作書拙劣，何敢方力臣！而先生之書，足以津逮來學者，固不在顧書下也。』閲此段可知如書出王氏手，觀堂焉能作此語乎？（二）有人謂《殷虛書契考釋》王氏序跋，均不見于《觀堂集林》中。案《集林》觀堂生前手訂本爲廿四卷。至一九五九年中華書局影印本，則删去末二卷《綴林》一、二，今查《殷虚書契考釋序跋》，正在廿三卷中。殆近人只見書肆節本，未睹原書故耶！是正類甲骨文及毛公鼎初出土時，有人誣其出于僞造。是不過惑人于一時，固不足辯也。

二、《三代吉金文存》的印行，與研究的方法

自宋代人起，即研究銅器銘文。直至清末著録銅器銘文的，大小有廿餘家。先都是影摹文字，後來有了石印，于是少數有影印拓本者。自《三代吉金文存》出，于是集一時之大成。《商周彝器通考》上説：『此書搜羅之富，鑒别之嚴，印刷之佳，洵集金文之大成。』可見此書爲學者之所重視矣。先是當乙亥歲（公元一九三五年），時家寓旅順，日本商人來東北影照《清實録》之便，先人約其至旅順，屬照家藏金文拓本，令頣選所藏墨本中，無論前人已著録與未著録者，督工拍照。編《三代吉金文存》，實頣任其役。時家藏拓本凡數百册，爲先人五十年來所收集，其中重出者固不少，以頣曾從事金文著録表之作，于是以數月之力，交照完成。日本工人歸國後數月，又寄曬片來，頣又貼册，分門别類，訂爲二十卷。工作彌年方竣事。事後統計所照，由彝器至兵戈雜器凡得四千八百多種，在一九三七年書在日本印成。

既先人又爲之序，略謂：前人之考古彝器文字者，咸就一器爲之考釋，無會合傳世古器文字，分類考釋之者，今宜爲《古金文通釋》，更略舉其凡可見足文字之繁變云。案此書内容宗旨、編輯

意義，由此序可知，希望後學由此書得睹傳世金文之全面，其對于考古文字、研究古史，厥功匪淺。所以此書出版後，四十年來，香港、臺灣、日本均有翻印本，大小有十數種之多，于此可見，此書影響之巨。回看此書成後不三年，先人棄世；越四年，家書庫罹灾，所有金石拓本，散失殆盡。若當年不急影印行世，奚止一生集聚，瞬付雲烟，使後進研究者，更有莫大之損失矣。

三、流沙墜簡、漢晉木簡之研究與印行

在清光緒卅四年（公元一九〇八年），英國人斯坦因在我國新疆、甘肅發掘，得到此漢晉人手書木簡，後來由法國人沙畹，寄與先人影本。這是中國人初次見到漢晉人的手跡。因遺簡的出土地是新疆境内白龍堆沙漠一帶，此地古名叫做流沙，其木簡都是漢晉時期屯戍軍隊烽燧之餘，所以書名爲《流沙墜簡》。當一九一四年編印《流沙墜簡》是與王觀堂合著的。王觀堂考屯戍叢殘及簡牘遺文；先人考小學術數方技書，並考釋，凡成七卷，精印以饗後學。當時曾在自序中説道：

> 在光緒戊申，聞英人斯坦因博士，在我國新疆、甘肅一帶發掘，得獲漢晉人手書木簡，載歸彼都，神物去國，爲之悵望。既又聞考訂之事，正由法儒沙畹爲之。因函沙氏乞爲寫影。既得復書云，將付影印。越五年，始得郵寄手稿本，讀之再周竊嘆以爲千年神物，出世之後，即近澌滅，載籍所記，可爲殷鑒。沙氏以歐文撰述，東方人士

不能盡窺爲恨！因與王静安徵君，分端考訂，别爲三類，寫以邦文，校理之功，匝月而畫。乃知遺文所記，禆益甚宏，如玉門之方位，烽燧之次弟，西域二道之分歧，魏晉長史之治所，都尉曲候，數有前後之殊，海頭樓蘭，地有東西之異，可補記載之失，訂史氏之遺。

由此可見，先人著此書之意義，就是要公佈遺文，不止是使後學得見到漢晉人的手跡，更要知考證之結果，能補史籍之缺佚。且此類古物，出土後即近澌滅之期，不能不藉楮墨以延其壽。先人這種貢獻于史學和文藝界之苦心，都表露在自序的字裏行間，是不言而喻的。

四、敦煌秘籍的研究與印行

甘肅敦煌縣之東南三十里，有鳴沙山。山下有三座廟宇，俗名上寺、中寺、下寺。上、中寺是道觀，下寺是僧刹。寺之附近多佛像洞窟，俗名千佛洞，古代稱爲莫高窟。傳説在光緒廿六年以掃除磧沙，發見石洞中有一複壁，更深入有一石室，其中堆滿了古寫本，有道經，佛經、卷軸，以至佛畫、幡蓋、刺綉等件。在光緒三十三年，有法國人伯希和過此，曾從主持王道士手，購去古寫本及卷軸若干，幾居全部三之一，均寄回法國巴黎圖書館。

當敦煌寶藏之初發見，曾經國外人之取求，以至英、法、德、俄、日莫不參與，我國人士初且不知。在宣統元年（公元一九〇九年），法國伯希和博士由敦煌返國過北京，伯希和始告先人，並示所記草目，兼示其行篋所帶遺物。先人視爲奇寶，亟求寫影本，得他的允許。久之，伯氏次弟郵致。至壬子冬，實先人居日本之次年，乃據影本，先取佚書十八種，編爲《鳴沙石室佚書》四册。于丁巳三月，成《佚書續編》一册，又薈萃群經叢殘與群書叢殘三十種，爲《鳴沙石室古籍叢殘》凡六册。又活字本印《敦煌零拾》一册（内七種）。又編《敦煌石室碎金》一册（内容有十六種）。有以上各書之公佈，國人始知敦煌石室卷軸之重要。當伯希和過北京時，並告先人：敦煌石室中，還餘寫本約八千卷，曷不言之當道，令人運取來京？先人乃火急報告學部，而官府濡滯，至民國初，方令人運京，聞轉運時，一路散失不少。迨抵京又爲人所竊取菁華，不足數者，則以長卷斷爲三四次足之。剩餘所得佛經居多，現北京圖書館藏者是也。先人所印行秘籍，内容多是關于四部，對學術上之重要，固不待言。其主要意義，自是流傳古籍，冀後進得此，能繼續深入研究，其貢獻于社會科學之功績，自匪淺鮮。迨民國中世，政府雖特派人員，分頭至英法拍照古卷軸，闕照得不少，然經年以來，亦無人主持影印刊行事，積年既久，只禁閉于圖書館善本書室，得窺見者稀，于此益知昔日，先人之公佈者，爲可貴矣。

五、清大庫明清史料之搶救和整理

清内閣大庫，是明清藏書籍檔案之庫房。當清末有人建議焚毁。當時先人在學部，見到既力請保留，因移置國子監。到民國初年，又幾經轉移，卒由歷史博物館，將史料售與同懋增紙莊。于是先人又作第二次的搶救。以至後來，卒歸中央研究院。其本末略述如下：

當清末宣統嗣位，内閣要在大庫中，覓攝政的典禮，叫人到内閣大庫中查舊宗卷，乃閣臣以庫中汗牛充棟，無從查起，于是覆命説没有。且建議舊宗卷太多無用，應予焚毁。時先人以學部屬官入庫，見文籍山積，皆奏准焚毁者，抽審宗卷，皆當時歲終繳進之本，排比日月，具有次弟，認爲是均史料，何以云無用！亟請于張之洞，力乞保留。乃幾經曲折，用米袋八千盛史料，運存學部。後來又移國子監敬一亭。清社既屋，民國初，國子監擬改圖書館，又將史料移至午門與端門之門洞中。民國二年，午門城樓爲歷史博物館。至民國十年冬（公元一九二一年），以館中經費不足，得教育部之許可，乃將門洞所存史料當廢紙出售于同懋增紙莊，凡七千蔴袋計十五萬斤，得價四千元。在次年，先人至北京，于琉璃廠見到洪承疇揭帖等，認爲大庫物，追問來源，方知多數在同懋增紙莊。先人乃急與友人金梁、寶熙，同至紙莊探問。據説紙莊買得後，將分運定興與唐山兩處造『還魂紙』，同時也零星售出些。現該店尚存數蔴袋，先人立許五百元購其殘存者，並囑追回運出部分，當三倍其值以酬之。往返兼旬，居然陸續運回，堆置彰儀門貨棧三十餘屋，連前後五院，高與檐齊，即付價萬二千金，移存商品陳列所大樓。招集十餘人檢視，即發見此重要資料，于是知者絡繹請觀，甚至國外人具重金求讓，清史館亦商請收購，先人均婉謝之。

這時商品大樓忽稱要用，勒令遷出，乃更覓善果寺餘屋，連夜遷入。更取少部分運津整理，多數仍存善果寺中。運津部分，整理月餘，所得以題本爲多，乃擇其關于明清史尤重要者，編爲《史料叢刊初編》，此不過千萬分之一，開始介紹于學界而已。思籌金築館，而個人財力有限，加以睹時事之動蕩，更知保存整理之事，非一二人所能任。適江西李氏（盛鐸）願出籌劃，任整理之勞，先人乃據所有全讓諸李氏，以不得轉售與國外人爲約，時在甲子爲民國之十三年也。至以後的歸宿，詳見于徐仲舒教授著《内閣檔案之由來及整理》，今簡録一段于下：

> 羅氏兩次保存内閣檔案的偉績，已足紀念他了。不過巨量檔案之整理傳佈，終非私人力之所能任。羅氏以檢視所得，編印爲《史料叢刊初編》，他在這書序裏，對于自己這樣整理辦法，也很失望。時同寓天津之李盛鐸氏，聞知此事，急求讓于羅氏。李氏爲國内有名的收藏家，不過檔案在李氏處，也因覓屋堆存已很困難，又幾經遷移，只見檔案充盈，絶無片地可供整理之用。因此他除開一兩袋外，也就没有翻動了。後來李氏在民國十七年，又將全部檔案，讓歸中央研究院歷史語言研究所。李氏中間保存檔案的功績，也是不可埋没的。

當一九三三年，先人在旅順又將家殘存的明清檔，借屋開辦『庫籍整理處』，招集數十人，整理出明史料五百多件，清史料詔諭試卷等七百七十多件。先人又作《順康兩朝會試制度考》，得證《清文獻通考》之誤失。二年間，乃印成《史料匯目》六卷。外《史料匯目續編》編成三十七卷，未及印行，原物皆一一編號，盛紙袋内，原存瀋陽圖書館，今聞均歸明清檔案館了。此一小部分整理比較完善，有號碼、有目録。

以上就是清大庫史料，由清末到民國，從大庫出來後，旅行了十幾年，終歸公物公有。據説在數次搶救中，消耗了約二萬多斤。從以上的五條，以我的一知半解，認爲這些是先人貢獻學術界，貢獻社會科學的成績。其他著作，關于影響社會的，自還不少。我現在也不必贅述。有這五條，我看已充分的認識先人對將來學界的希冀，同一生著作的中心思想，全是熱心于嘉惠士林，傳古之功自難磨滅。這些，正不必由後人的渲染，好學之士，自有公論的。

一九八一年新正記于北京寓居

（本文原名《我的一知半解》，見于《中國語文研究》一九八四年第五期）

編後記

羅隨祖

去歲冬日，志禕表兄來京，與商、羅姐妹齊聚一堂。座上表兄倡議爲紀念先祖一百四十壽誕，暨其父錫永五舅贄啓八十五年，請將雪堂公《殷虛書契考釋》手稿影印出版，以作紀念。其後，又得到文物出版社蘇士澍先生讚賞支持，於是由隨祖文理周羅，表兄籌謨集附。乃盡半年之力，不負衆望，整理付梓。

先祖此手稿於上世紀五十年代初歸陳夢家先生，幸先人早年留有影本，雖經百年滄桑，今得以刊行於世，或可以告慰先人。

先祖編撰甲骨的著述，始自一九零四年爲劉鶚手拓編次《鐵雲藏龜》。其後主要有八部：一九一〇年著《殷虛貞卜文字考》。一九一一年初編《殷虛書契前編》成三卷。一九一二年重編《殷虛書契前編》八卷。一九一四年作《殷虛書契考釋》，由王國維手抄石印刊行。一九一五年編成《殷虛書契菁華》，同時考訂完成《殷虛書契待問篇》。一九二六年刊《殷虛書契後編》。一九二七年改訂刊行《增訂殷虛書契考釋》三卷，由東方學會影印出版。一九三三年編成《殷虛書契續編》。

《殷虛書契考釋》的編撰，本是一件順理成章，極簡單明瞭之事。先祖在完成了《殷虛書契前編》以後，爲搜討甲骨文之規律，且爲釋讀開一途徑。『感莊生「吾生有涯」之言，乃發憤鍵户者四十餘日，遂成考釋六萬餘言。』至其中甘苦，一如初印本自序所言：『或一日而辨數文，或數夕而通半義，譬如冥行長夜，乍覩晨曦，既得微行，又蹈荆棘，積思若痗，雷霆不聞，操觚在手，寢饋或廢。以兹下學之資，勉幾上達之業，而既竭吾才，時亦弋獲，意或天啓其衷，初非吾力能至。但探賾索隱，疑蘊尚多，覆簣爲山，前修莫竟，繼是有作，不敢告勞，有生之年，期畢此志，訂譌補闕，俟諸後賢，它山攻錯，歧予望之。』此一百五十餘言將漫漫長夜，孤獨求索，殫精竭慮之辛勞躍然紙上。

然而近世以來，卻因爲種種人爲因素，坊傳飛語，謂此書非先祖所著，乃王著而冠以羅名者，其流毒頗廣。對此先人謂之：『這類市虎之談，原不足辨。』然仍條理分析，度此謡言所出有二因。而先舅在其自傳中，曾記述在編著《殷虛文字類編》過程中，參閲先祖眉批箋注的《殷虛書契考釋》及《殷虛書契待問篇》。更憶及上世紀五十年代末，在北京翠花胡同偶遇夢家先生，陳先生告以得到《殷虛書契考釋》手稿，『完全是羅的手筆』之事。〔一〕先人自述中也説：『先人因授（錫永）以《殷虛書契考釋》兼治金文，並教以拓銅器銘文。學習經年，（錫永）乃請取《考釋》中釋文字一部分，依《説文》類次作《殷虛文字類編》十四卷，先人領之。』〔二〕先舅並將《殷虛書契考釋》獨立一卷，收入《殷虛文字類編》第五册。

於一九二七年出版的《增訂殷虛書契考釋》三卷本中，末頁注明『男福頤恭校』，可知在增訂本梓傳前，先人曾將該書手稿與王觀堂先生抄本詳加校勘。至於觀堂先生在甲寅（一九一四年）初刊本的《後序》中言『余爲商遺先生書《殷虛書契考釋》』，譬諭張弨爲顧炎武抄謄《音學五書》爲例，『余今者亦得寫先生之書，作字拙劣，何敢方力臣』。如此説明《考釋》爲先祖著作，更明確用正楷抄謄《考釋》的事實。近重查閲一九二三年北京學述社出版《王静安先生專號》，內有王氏弟子陳萬里、姚名達先生撰《王觀堂先生校本批本目録》、《王静安先生年表》。前者云『《殷虛書契考釋》一册，有「眉識」，與《廣雅》、《戴東原集》歸爲一類。』後者言：王先生是年三十八歲，甲寅（年），民國三（年），仍在日本，『冬，爲羅振玉寫定《殷虛書契考釋》。』〔三〕此《專刊》爲王先生自沉昆明湖後五個月出版，當不會有誤。

然而在王氏卒後未久，有傳聞謂《殷虛書契考釋》乃王作，由羅貲購而署其名。稱王之《後序》爲『託詞自比于張力臣，蓋乃飾言』云云。此種無稽之談以後卻添枝加葉，到了上世紀中，再度泛起。

王世民教授近期發表《〈殷虛書契考釋〉的羅氏原稿與王氏校寫》、〔四〕《羅振玉〈殷虛書契考釋〉稿本校勘記》兩文，〔五〕其在上世紀九十年代將先祖手稿與王先生迻寫本逐條加以對照校勘，發現有四百六十六處改動，並將王氏的改動原稿歸爲四類：一、進行文字加工和潤色。二、訂正筆誤、查核引文和統一體例。三、爲使表達簡明，作適當删改。四、而幅度較大改變，或增益或删簡的部分，只有十九處，但對整體著作並無大的影響。王世民先生在校勘後，同意早年陳夢家先生在《殷虛卜辭綜述》所言：『由（羅氏）稿本與（王氏抄本）初刊本相校，王氏在校寫時對於行文字句的小小更易是常有的，但並未作出重大的增删。』因此認爲從『以上事實充分説明，《殷虛書契考釋》確爲羅振玉所著，並不存在名爲羅著實爲王作，或羅王協力合作的問題』之結論。胡厚宣先生在一九八四年的文章中，也有如是的看法。〔六〕

王世民教授曾説：作上述兩文校勘的目的，是『以期没有機會目睹該稿本的學者得以瞭解其全面情况』。現在我們將先祖的手稿全文影印出版，就是讓研究甲骨學的學者，得以看到此書成熟過程的全貌，以期對甲骨學史研究有更深入的瞭解。

本書收録了先祖當年寫作《殷虛書契考釋》過程中與王國維先生的有關書信十八通。這一批書信的寫作時間，集中於一九一四年春至一九一七年八月，其間先祖主要居住于日本京都。其內容都與撰寫《殷虛書契考釋》有關，函中多處與王觀堂先生討論甲骨文字的具體考釋、囑王在抄謄時的具體更改，用紙的安排，以及其他出版計劃。體現事無巨細的親力親爲，如第三、五、六、七、十一、十三、十四、十八札。有述及連日考釋、書寫『憊甚』、『勞苦萬狀』衷言的第一、九、十五、十七札。其中第四札可證是書于王謄正後，再由先祖親自補填甲骨文原字。

從這批信札中，可以看出在撰寫《殷虛書契考釋》的過程中，逐步增進認識，計劃編作《殷虛書契待問篇》、進而明確《增訂殷虛書契考釋》三卷本的改訂出版，如

第七札：

> 燈下校補《書契考釋》，所增不少。……擬俟《後編》印成，將《考釋》校補，梓之於木，以爲定本。

第八札：

> 公所著《殷禮徵文》此次雖散入《考釋》中，然異日仍須爲《續考》，因此次新材料不少，必有新知也。

第十札：

> 連日校《書契後編》卷上，將可識之文字及人名、地名《前編》所無者，補入《考釋》，而《卜辭》篇所增，幾及前次四分之一。今年擬將《考釋》改訂爲三卷，第一至第四爲一卷，文字篇（第五）爲一卷，第六至第八爲一卷。

第十二札：

此次增訂《書契考釋》，補人名廿、地名卅四，可識之字卅六，尚有未盡者，大約總可補四十字。前序言『遂幾五百』再板時當改『逾五百矣』。

第十三札：

近十日間，將《書契前後編》又翻閲一過，將《考釋》修改增補，竟補可識之字五十餘，居以前所釋，得什之一，可謂出之意外矣。即擬屏除一切，將《考釋》寫定一清本，……用金屬版印百部，俟第三次修正，然後刊版也。

第十六札：

增補之《書契考釋》擬再詳加校訂，此次改補，除第一篇全改從尊説外，餘皆增多改少。

細覽以上書札，則對于《殷虛書契考釋》的成書過程，再無疑義。凡能客觀地閲讀此批材料，即可見先祖踔躅獨行，探賾索隱之艱辛情景仿若眼前。亦可看出先祖眼中能協助其完成甲骨學探索者，唯王觀堂先生一人而已。故在第十三札中，先祖殷殷以導之曰：

回憶此事研究，先後垂十年，積銖累黍，遂有今日。當今之世，舍公而外，尚無能貫徹此書者。譬猶以數分鐘觀博物館，徒訝其陳列之衆，竟無人肯以長久之時日，一一細尋覽之者。不知異世有潛心搜討如公與弟者否？弟竊謂考古之學，千餘年來，無如此之好資料，無如此之關係重大，無如此之書癡爲之始終研究。今有之，而世人尚罕知貴重，可哀也。但此次考證，既竭吾才，尚求公再加討索，以竟此事。弟不過闢蠶叢，通塗術而已。今世士人竟弟之業者，舍公外無第二人，幸屏他業，以期早日成就，何如？至成就以後，存亡絶續，則聽之天命，我無責焉矣。當今海内外相距數千里，而每月通書數十次，以商量舊學，舍公與弟外，恐亦無第三人也。

先祖期許厚望之心情，溢之言表。

先祖與觀堂先生關係之緊密，通書論學之頻繁，於此批信札中亦可見一斑，如：

函成未發，今日又得十八日手書。（八札）計此書到日，當尚可得公一書。（三札）書成，又發見一事，甚可快。（十札）得尊書，衿抱始略開。……夏間擬將《考釋》增修，增修以後暫且束手治他事，此事專請公補加考證，則殷虚文字不虚出矣。（十一札）弟每得公來書，必立復，又憶一事即作一函。弟閒人也，故可如此。公撰述有程期，請不必函到立復，以暇時總答可也。然每得公一書，如與公對談一次，非不欲常有書來，又恐太勞，故有此請也。（十二札）小園近因驟暖，群花怒發，桃已大放，玉蘭、海棠、絲纓，均欲吐色，恨公不得共賞。（七札）聞公夏間或可來此消夏，甚盼甚盼。若能於緑陰如幄中坐磐石，追涼風，談二千年以上事，賞奇析抑，作半月之談，豈不樂哉。翹足以俟。（十四札）公夏間若不克來，則明春仍相見于申浦，不知彼時人事，又作何狀。此數年中所歷之境，不异閲數世，可傷也。（十六札）甚盼先生能續丙辰以前同居賞析之樂，以慰久别。（十八札）

先祖與王觀堂先生往來信札，雖經滄桑磨礪，存世尚有可觀。如國家圖書館所藏，羅振玉致王國維信札有一大册及四函十六册兩種，皆用『清華學校』竪格稿紙粘貼。信箋多爲羅氏自印箋，内容以論學爲主，餘及時事、家事而已。舊有傳聞謂：羅王失和，王氏將羅札邊撕邊焚之於火，此説今知臆測也。先人曾以羅王書信多論學、少空文，亦曾抄謄存册王觀堂致先祖信札三百餘通。

在此手稿之中，亦夾有先祖三札，系釋某字作某字，囑補于何字之後等。想系王觀堂先生在抄謄時，隨手粘貼于手稿之中。如：

第一百一十三頁：

曰杞　杢（《前編》）卷二第八葉。《説文解字》杞，枸杞也，從木己聲，文從木旁。己，杞白敦作杢，從己在木下，與此同。應補入植物類。

昨談甚快，頃檢得二字，應補入前稿，録奉求賜復。肅上

禮堂先生侍安

弟玉頓首。

第一百二十三頁：

曰敝　敝《書契菁華》。《説文解字》：敝，帗也，一曰敗衣。從攴從㡀，㡀亦聲。此從㡀省。此條求補入服用類『帛』字後。敬上。

禮堂先生文席

弟玉頓首。

第一百二十四頁：

曰戎　戎（《前編》）卷八第十一葉。《説文解字》：戜，兵也。從戈，從甲。古金從戈從十，卜辭與同。十，古文甲字，今隸戎字尚從古文甲，亦古文多存於今隸之一證矣。此條補入器物部兵器之首。此上

禮堂先生文席

弟玉頓首。

於此更可見當時編纂及抄謄之細節。

在編纂《殷虛書契考釋》的過程中，羅王二人往來信札，當然遠遠不止此，然僅此足以想見當時之真實情景。於今日而言，則可使讀者對《考釋》一書的形成過程，有更加全面而系統的瞭解。故而，有學者認爲，此十八通函札，其重要性，也毫不遜色于原手稿矣。

這批書信的釋文，經過核對《羅振玉王國維往來書信》〔七〕與書札照片，發現前者錯佚較多。如：『四』誤爲『中』、『執』誤爲『酬』、『並』誤爲『蓋』、『散片』誤爲『骨片』、『本無』誤爲『幸無』、『不從』誤爲『名從』、『前編』誤爲『長編』以致『十』誤爲『廿』、『皕』誤爲『百』、『十五日』誤爲『十七日』等，會引起文義理解錯誤。至於形義相近字如『殆』誤爲『始』、『雖』誤爲『惟』、『録』誤爲『鈔』、『辨法』誤爲『作法』等更多。還

有不少佚字、衍生字情况。更如《書札九》（《往來書信》一一零札），釋文只存一半，佚失下半部二百八十五字。

有鑒於此，故重做釋文，除依照原文使用繁體字外，對釋文的行文儘量忠實于原札，對於釋讀過程中的個别字，疑而未安者，則暫作存疑，不爲强釋。相比較《往來書信》的釋文，除《書札九》下半通以外，更正一百七十餘處。釋文過程中，特請故宫博物院書畫部華寧副研究員，反復研究、核對釋文，對于華寧女士的辛勤工作，謹此致以誠摯感謝！但是由於編者學識有限，錯漏難免，乞望讀者教正。

本書的出版，還應該感謝文物出版社及張小舟編審，是他們的大力支持和辛勤工作，使先祖的這本手稿沉薶百年後，得以重顯在廣大讀者面前。

丙戌年六月二十八日書於北京之寓居

時祖父百四十誕辰之日

〔一〕商承祚《關于王國維先生之死》，載《晉陽學刊》一九八三年第二期。

〔二〕羅福頤《傻翁昔夢録》，紫禁城出版社《羅福頤集》（待刊）。

〔三〕《國學月報》第二卷第八、九、十號合刊第五〇三頁。一九二三年十月。

〔四〕王世民《〈殷虛書契考釋〉的羅氏原稿與王氏校寫》，見《胡厚宣先生紀念文集》。

〔五〕王世民《羅振玉〈殷虛書契考釋〉稿本校勘記》，見《商承祚教授百年誕辰紀念文集》，文物出版社，二〇〇二年。

〔六〕胡厚宣《關于殷虛書契考釋的寫作問題》，《社會科學戰綫》一九八四年第四期。

〔七〕《羅振玉王國維往來書信》，東方出版社，二〇〇〇年

装帧设计　解金兰　刘 远
责任印制　梁秋卉
责任编辑　张小舟

圖書在版編目（CIP）數據
殷虛書契考釋原稿信札／羅振玉撰著.—北京：
文物出版社，2008.5
ISBN 978-7-5010-2403-2
Ⅰ.殷… Ⅱ.羅… Ⅲ.甲骨文-研究 Ⅳ.K877.14
中國版本圖書館CIP數據核字（2007）第202484號

殷虛書契考釋原稿信札
羅振玉 撰著

出版發行　文物出版社
北京東直門内北小街二號樓　郵編：100007
www：wenwu.com
E-mail：web@wenwu.com
制版印刷　北京聖彩虹制版印刷技術有限公司
經銷　全國新華書店
開本　889×1194　1/16
印張　29 印張
版次　二〇〇八年五月第一版
印次　二〇〇八年五月第一次印刷
定價　一五〇圓